3ステップで最短合格！

食生活アドバイザー®検定 3級 テキスト&模擬問題［第5版］

一般社団法人 FLA ネットワーク協会
食生活アドバイザー® 公認講師
村井 美月

秀和システム

スマホでも勉強して合格力アップ！
無料特典のダウンロードについて

読者の皆様への無料特典として、「直前対策のための用語集＆１問１答チェックテストPDFファイル」をご用意いたしました。下記のURLからダウンロードしてご活用ください。

食生活アドバイザー® 検定試験は、どれだけ用語をきちんと覚えているかが勝負です。この用語集には、過去に出題された特に頻度の高い用語を100近く厳選し、また１問１答チェックテストを掲載しているので、直前対策に最適です。スマホやタブレットでも見やすいシンプルな構成にしてありますので、移動中にもぜひお使いください。

●ダウンロードURL

https://www.shuwasystem.co.jp/support/7980html/6902.html

本書は執筆当時（2023年１月）の情報を基本として制作されております。可能な限り、最新情報を掲載するよう努めておりますが、頻繁に法律が変わることにより、本書の内容と差異が出る場合がございますのでご了承ください。なお法規につきましては、試験前に下記ホームページ等で最新情報をご確認いただくことをお薦めいたします。

■主な食品・衛生管理・健康に関する法規掲載サイト

◆消費者庁（食品表示関連）
https://www.caa.go.jp/

◆農林水産省（ＪＡＳマーク・トレーサビリティ法・食料自給率関連）
https://www.maff.go.jp/

◆厚生労働省（食品衛生法・HACCP・健康増進法関連）
https://www.mhlw.go.jp/

はじめに

年々、生活習慣病が増加傾向にあったり、朝食をとらない若い人達が増えたり、と食生活の乱れが問題になっています。原因の一つとして、栄養や体のことに無頓着で、食生活の悪習慣が自分の体にどのような影響を及ぼすのかについて、きちんと把握できていない人が多いことにあるのだと思います。もっと意識して情報を活かし実践していかなければ、いつまでたっても食生活の現状は変わらないことでしょう。病院や一部の学校では、栄養士などによる講座や指導が行われていますが、そこへ参加しなくても、誰もがその人に合った食に関する知識を身に付けられ、日常生活で実践していく力が必要です。そこで、各家庭からはじまり地域や自分の勤める会社などで、正しい知識を伝え、実践していくための提案や指導をしていく食生活アドバイザー®が重要なポジションにいるのだと思います。検定の試験範囲は広範囲に渡りますので、トータル的にものごとを考え提案できるアドバイザーになることができます。私も2003年に2級と3級の両方を取得し仕事の幅を広げることに大いにつながりました。現在、公認講師として食生活アドバイザー®検定に合格するための講座を、約17年前から各地で担当していますが、どうすればみなさんが合格できるのかを、私なりにずっと考えてきた結果、この本が生まれました。

お蔭様で初版から増刷されて、多くの皆様に試験対策本としてご利用頂けました。

初版からいく度か法律改正等もあり、また本試験の傾向も少しずつ変化してきているように見受けられるため、この度、改訂版を出版することになりました。さらに皆様のお役にたてるよう、テキスト本文やStep2要点チェック、直前対策②③および予想模擬問題に渡り改訂を行いました。直前対策のための用語集PDFファイルも1問1答チェックテストを追加して前回同様にダウンロードできるようになっており、試験対策本として一層の強化を図っています。

この本が、皆様のお役に立てれば嬉しい限りです。試験を受けるためだけではなく、あらためて日々の食生活の大切さに気づいて頂けましたら幸いです。

2023年1月

一般社団法人FLAネットワーク協会　食生活アドバイザー®公認講師

村井　美月

食生活アドバイザー®の資格の活かし方

食生活アドバイザー®の知識や資格は、次のようなさまざまな場で活かすことができます。

学校

教育現場で食育の企画・実施ができます。子どもたちに旬の食材を使った食育を施したり、行事食を通して日本の食文化を継承することにもつながります。また、将来の健康管理のための基本を身に付けさせる提案や指導も考えられます。

家庭

食品選択をする際の知識の活用、家族の健康管理を考え実践し、より豊かで質の高い食生活へ向かうために活かせます。

医療・福祉・介護等の現場

複合資格でよりよい提案を（主な資格との例）。

栄養士・保健師

その人のライフスタイルに合わせた食生活の提案ができます。

看護師

患者さんの退院後の食生活におけるアドバイスが可能になります。

薬剤師

服薬指導の際に、食事や栄養、休養、運動などトータルなアドバイスができます。

介護福祉・ホームヘルパー

食事の問題において、解決策を検討・提案できます。

臨床心理士・産業カウンセラー

心と栄養・休養のトータルでアドバイスができれば、精神的な回復力が早くなり、うつ病予防につながります。

生産の現場

消費者は食生活において何を求めているか?どんな問題点があるか?を知ることで、商品開発や商品の提供の仕方の提案につながります。

流通において

環境を考えた輸送や配送の検討。商品別の温度管理など、安全で安心な物流体制について検討できます。

販売の現場

スーパーマーケットやデパートなどで、お客様への食品説明や家庭で食べる際の活用方法を提案できます。また、健康面からのアドバイスもできることでしょう。

飲食店など

食材の仕入れ、メニューやレシピの考案、食中毒を防ぐ衛生管理、店舗運営のための維持、分析、改善に活かせます。

就職

食品メーカー、飲食産業、医療関係や介護・福祉関係などの就職活動の際に、強力なアピール材料となります。

食生活アドバイザー®検定 受験ガイド

受験資格

年齢、学歴、性別不問。食生活に興味のある方なら誰でも受験可能。

受験科目（3級・2級共通）

科　目（ ）内は3級タイトル	範　囲
栄養と健康 （ウェルネス上手になろう）	栄養・病気予防・ダイエット・運動・休養など
食文化と食習慣 （もてなし上手になろう）	行事食・旬・マナー・調理・献立・食の言葉など
食品学 （買い物上手になろう）	生鮮食品・加工食品・食品表示・食品添加物など
衛生管理 （段取り上手になろう）	食中毒・食品衛生・予防・食品化学・安全性など
食マーケット （生き方上手になろう）	流通・外食・中食・メニューメイキング・食品販売など
社会生活 （やりくり上手になろう）	消費経済・生活環境・消費者問題・IT社会・関連法規など

出題形式と試験時間、合格ライン

3級　マークシート形式による選択問題が50問出題されます。

2級　マークシート形式による選択問題（42問）と記述式問題（13問）

試験時間　90分（3級、2級共通）

合格ライン　3級、2級共に合計点数の60%以上を正解

検定実施日

実施月	6月	11月
実施日	毎年、最終日曜日	毎年、第4日曜日

受験料

	3級	2級	併願
受験料	5,500円（税込み）	8,000円（税込み）	13,500円（税込み）

３級、２級の同時受験ができます。

受験会場

一般受験会場は、札幌、仙台、さいたま、千葉、東京、横浜、新潟、金沢、静岡、名古屋、大阪、神戸、広島、福岡があります。受験会場は、追加・変更になる場合がありますので、詳細については、受験案内でご確認ください。

合格証の発行

合格者には、合格証が発行されます。

お申し込み・お問い合わせ

一般社団法人　FLAネットワーク協会　食生活アドバイザー® 検定事務局

フリーダイヤル　0120-86-3593（月～金曜日 10～16時）
〒160-0023　東京都新宿区西新宿 7-15-10　大山ビル２F
ホームページ　https://flanet.jp

【ご注意】
受験願書請求期限などが設定されていますので、詳しくは食生活アドバイザー® 検定事務局ホームページ等にてご確認ください。

食生活アドバイザー®検定 試験までの流れ

食生活アドバイザー®検定事務局の**ホームページ**で受験願書を請求する

↓

受験願書を請求すると検定事務局に**登録**される

↓

受験願書が**送付**される

↓

願書に必要事項を記入する ＋ 受験料を指定口座に振り込む

↓

検定日の約7日前までに、**受験票**が到着する予定

↓

受　験

※受験願書の請求はホームページのみです。

【ご注意】

願書請求後１週間たっても届かない場合は、検定事務局まで至急お電話でご連絡ください。

※特に、願書請求期限日の直前に請求された方は、必ず、至急お電話ください。

※クレジットカードによるお申込も可能です。詳細は公式サイト にて ご確認ください。

本書の使い方

本書は単元ごとにStep1 基本解説とStep2 要点チェックに分かれており、さらに各章末にStep3として演習問題を付けています。また、直前対策としてよく出題される重要用語を、違った角度から覚えやすい図式で掲載、○、×で答えさせる各章の重要項目チェックテストを付けています。さらに、Final Stepとして予想模擬問題を、本試験と同様な問題数（50問）で付けてあります。

また、本書中の重要な語句は赤字にしていますので、出てくるたびにどんどん覚えていってください。付属の赤シートをお使いになると良いでしょう。本書を使いこなせば、合格に確実に結びつくことでしょう。

各Stepと巻末「直前対策」、「用語集＆1問1答チェックテストPDFファイル」の使い方

● Step1 基本解説

3級で出題されやすい項目の解説を載せています。なお、各章の扉には、★マークにより試験頻出度を表示しています。特に赤字の用語がある部分はその前後を繰り返し読むようにして用語を覚えると共に、意味を把握しておきましょう。また「試験予想Check！」には必ず目を通し、ご自分でも用語をインターネットで調べる、ノートにまとめるなどして項目内容の知識を広げておくことをお勧めします。

その年によって、あらたな内容が本試験に加わったり、視点が変わって出題されたりしますが、その場合でも対処できるようにしておくことが大切です。そのため本書では、過去問で扱われた言葉をStep1には掲載できなかった代わりに、Step2やStep3、Final Stepで補足として掲載しています。

● Step2 要点チェック

Step1 基本解説のところから穴埋め問題として作成してあります。赤字部分の重要語句が覚えられているかを、ここでチェックしていきます。用語が思い出せない場合は、Step1 基本解説を読み直すなどして復習してください。

● Step3 演習問題と解説

本試験に似せた問題を作成してあります。解説も詳しく載せていますから必ず、問題にチャレンジしたあとは、正解できたとしても解説を読むようにしてください。

また「もっとも不適当なものを選びなさい」という問題の場合は、それ自体が情報、または解説ですので、問題の各設問自体を読み、覚えておくことで本試験に対処できます。まるまる覚えるぐらいな心構えで、何回も読んでおきましょう。

なお、各問題に付けている「試験対策のポイント」は、その問題に関連する対策等について書かれています。こちらも必ず読み、それに即した準備をしておきましょう。

● 直前対策

直前対策①②では、Step1 から Step3 で学んだ知識を再確認するために、もっともよく出題される重要語句を図式にしたり、対比する意味を持つ用語同士を組み合わせたりして覚えやすくまとめています。今までと違った視点で、関連性を確認しながら覚えてみましょう。その後は、直前対策③で、本試験の問題に類似した設問文章の誤りを見つけることができる知識に深まっているかどうかを、適当（○）か、不適当（×）で答え、チェックしてみてください。分からなかった問題は、その章の Step1 に戻り理解を深めてから、予想模擬問題にチャレンジしましょう。

● Final Step　合格！のための予想模擬問題＆解答と解説

本試験と同じように、時間を計測してぜひチャレンジしてみてください。問題文を読むだけでもかなり時間が掛かることで、最初は驚いてしまうかもしれません。しかし、Step1 や Step2、Step3 をしっかり勉強していれば、かなり向かいやすくなっているはずです。

半分も正解にならなかった場合は、再度 Step1 から復習していきましょう。そして再度、予想模擬問題にチャレンジしてみてください。

● 用語集＆１問１答チェックテスト PDF ファイル

ファイルをダウンロードして、移動時間や空き時間にスマホ等でもぜひ勉強してください。試験対策としては、用語とその意味をどれだけ覚えているかが勝負です。また、１問１答で過去に出題された頻度の高い設問にもいち早く慣れて試験に臨みましょう。

目次

はじめに……3
食生活アドバイザー®の資格の活かし方……4
食生活アドバイザー®検定受験ガイド……6
食生活アドバイザー®検定試験までの流れ……8
本書の使い方……9

第1章 ウエルネス上手になろう

1-1 食生活（栄養と栄養素）

Step 1 基本解説……20
■健康とは ■栄養と栄養素 ■栄養学と食生活学 ■食育基本法 ■食生活指針
■食事バランスガイド ■孤食と個食 ■平均寿命と健康寿命 ◎試験予想チェック！
● Column 1日3回の食事で体の調子を整える

Step 2 「食生活（栄養と栄養素）」の要点チェック……26

1-2 栄養素の役割（5大栄養素）

Step 1 基本解説……27
■栄養素の役割 ■たんぱく質 ■脂質 ■炭水化物（糖質＋食物繊維）
■食物繊維 ■その他の栄養素 ◎試験予想チェック！

Step 2 「栄養素の役割（5大栄養素）」の要点チェック……32

1-3 ビタミンとミネラルの働き

Step 1 基本解説……35
■ビタミン ■ミネラル ◎試験予想チェック！
● Column ビタミンを上手にとるためのコツは？

Step 2 「ビタミンとミネラルの働き」の要点チェック……41

1-4 代謝

Step 1 基本解説……43
■代謝とエネルギー代謝 ■ダイエットとリバウンド ■消化・吸収
■栄養素の吸収率 ◎試験予想チェック！

Step 2 「代謝」の要点チェック 51

1-5 病気と食事の関係

Step 1 基本解説 52

■病気予防にもなり、発病を招くこともある食事　■生活習慣病の原因
◎試験予想チェック！

Step 2 「病気と食事の関係」の要点チェック 57

1-6 健康（運動と休養）

Step 1 基本解説 59

■運動と休養から考える健康　◎試験予想チェック！

Step 2 「健康（運動と休養）」の要点チェック 62

Step 3 演習問題と解説 63

第2章 もてなし上手になろう

食文化と食習慣

2-1 四季と行事食

Step 1 基本解説 78

■ハレとケ　■節句と年中行事　■通夜料理　■行事食の色　◎試験予想チェック！

Step 2 「四季と行事食」の要点チェック 82

● Column　まとめ食いは脂肪がたまりやすい

2-2 賀寿のお祝いと通過儀礼

Step 1 基本解説 84

■賀寿　■通過儀礼　◎試験予想チェック！

Step 2 「賀寿のお祝いと通過儀礼」の要点チェック 87

2-3 郷土料理

Step 1 基本解説 89

■郷土料理　■土産土法　■土産土法に関連する言葉
■スローフード　◎試験予想チェック！

Step 2 「郷土料理」の要点チェック 92

2-4 食材とおいしさ

Step 1 基本解説 94

■旬の野菜・果実・魚介　■旬を感じさせる言葉　■多様化する栽培方法
■おいしさの要因　■おいしさと五感　■味の相互作用　■食品などの数え方
◎試験予想チェック！

Step 2 「食材とおいしさ」の要点チェック 100

調理と料理

2-5 日本料理の特徴

Step 1 基本解説 102

■日本料理　■本膳料理　■会席料理　■会席料理の構成　■懐石料理
■精進料理　■卓袱料理　■食の国際化　■世界の料理　■世界の食べ物・飲み物
◎試験予想チェック！

Step 2 「日本料理の特徴」の要点チェック 107

2-6 調理方法(器具と食材の切り方＆調理法の種類)

Step 1 基本解説 108

■調理の目的　■調理器具のいろいろ　■包丁の役割と種類
■包丁の主な部位と使い方　■材料別の切り方　■調理方法　◎試験予想チェック！
● Column　料理の基本

Step 2 「調理方法(器具と食材の切り方＆調理法の種類)」の要点チェック 118

2-7 盛り付けと器の種類

Step 1 基本解説 120

■盛り付けの基本　■日本料理の盛り付け　■西洋料理の盛り付け
■中国料理の盛り付け　■器の種類と特徴　◎試験予想チェック！

Step 2 「盛り付けと器の種類」の要点チェック 124

2-8 食事とマナー

Step 1 基本解説 ……125

■マナーとエチケット ■食事マナーのTPO ■日本料理のマナー ■箸の使い方
■箸使いのタブー ■西洋料理のマナー ■中国料理のマナー ■食卓の席次
■食べ物にまつわる言葉 ◎試験予想チェック！

Step 2 「食事とマナー」の要点チェック ……136

Step 3 演習問題と解説 ……137

第3章 買い物上手になろう

3-1 食品の分類

Step 1 基本解説 ……150

■食品の分類法 ■生鮮食品 ■加工食品 ■食品加工の目的 ■食品加工の種類
◎試験予想チェック！

Step 2 「食品の分類」の要点チェック ……153

3-2 食品表示（生鮮食品・加工食品・期限表示）

Step 1 基本解説 ……154

■食品の表示制度 ■生鮮食品の表示 ■農産物の表示 ■水産物の表示
■畜産物の表示 ■和牛とは ■加工食品の表示 ■製造年月日・加工年月日の表示
■生鮮食品と加工食品の区別 ■加工食品の原料原産地表示 ■食品表示の省略
◎試験予想チェック！

Step 2 「食品表示（生鮮食品・加工食品・期限表示）」の要点チェック…164

3-3 成分表示（アレルギー表示・栄養成分表示）

Step 1 基本解説 ……167

■アレルギー表示 ■栄養成分表示 ■フードファディズム ◎試験予想チェック！

Step 2 「成分表示（アレルギー表示・栄養成分表示）」の要点チェック…170

3-4 食品マークと表示（有機JASマーク他）

Step 1 基本解説 ……171

■食品マーク　■有機 JAS マーク　■有機農産物とは　■特定保健用食品
■特別用途食品　◎試験予想チェック！

Step 2 「食品マークと表示（有機JASマーク他）」の要点チェック 175

Step 3 演習問題と解説 176

第4章 段取り上手になろう

4-1 食中毒（食中毒の種類と特徴）

Step 1 基本解説 186

■食中毒とは　■食中毒の原因　■主な細菌とウイルスの特徴　■病原菌の増殖
◎試験予想チェック！

Step 2 「食中毒（食中毒の種類と特徴）」の要点チェック 191

4-2 食中毒の予防

Step 1 基本解説 192

■予防の 3 原則　■家庭で行う食中毒予防　■殺菌の種類　■洗浄の重要性
◎試験予想チェック！

Step 2 「食中毒の予防」の要点チェック 197

4-3 食品の化学変化と保存方法

Step 1 基本解説 199

■微生物が作用して起きる食品の化学的変化　■食品の保存方法
■冷凍食品とチルド食品　◎試験予想チェック！

Step 2 「食品の化学変化と保存方法」の要点チェック 203

4-4 食品の安全

Step 1 基本解説 205

■遺伝子組換え　■食品添加物　■環境ホルモン　■残留農薬　■ BSE
■新型インフルエンザ　◎試験予想チェック！

Step 2 「食品の安全」の要点チェック 212

Step 3 演習問題と解説 214

第5章 生き方上手になろう

5-1 食マーケット（消費者意識の変化）

Step 1 基本解説……224

■ライフスタイルと消費者意識の変化 ■食事の区分 ■ミールソリューション
■POS システム ■顧客管理の多様化 ■商品陳列と販売戦略
◎試験予想チェック！

Step 2 「食マーケット（消費者意識の変化）」の要点チェック……230

5-2 業種から業態へ

Step 1 基本解説……232

■販売形態の変化 ■販売形態とその特徴 ■レギュラーチェーン
■フランチャイズチェーン ■無店舗販売 ■電子マネー ◎試験予想チェック！

Step 2 「業種から業態へ」の要点チェック……237

5-3 日本の商慣行と特徴

Step 1 基本解説……239

■日本的商慣行 ■主な商慣行と特徴 ◎試験予想チェック！

Step 2 「日本の商慣行と特徴」の要点チェック……241

5-4 流通の機能（流通と物流）

Step 1 基本解説……242

■流通とは ■流通の役割 ■流通が持つ４つの機能 ■流通経路
■進む卸の中抜き（直接流通） ■環境問題とフードマイレージ ■かんばん方式
■ロジスティックスとは ■温度管理が新鮮さの決め手 ■多様化する物流システム
◎試験予想チェック！

Step 2 「流通の機能（流通と物流）」の要点チェック……249

Step 3 演習問題と解説……251

第6章 やりくり上手になろう

6-1 家計と経済

Step 1 基本解説 ……258

■価格と物価 ■その他の経済指標 ■インフレとデフレ ■円高と円安
■消費者は何を求めているのか ■所得と税金 ■可処分所得 ■国税・地方税
■直接税と間接税 ■税金に関する主な用語 ◎試験予想チェック！

Step 2 「家計と経済」の要点チェック ……264

6-2 生活の中の消費者問題

Step 1 基本解説 ……266

■暮らしの中の契約 ■クーリングオフ制度 ■問題になっている商法
◎試験予想チェック！

Step 2 「生活の中の消費者問題」の要点チェック ……271

6-3 食品の安全と環境問題

Step 1 基本解説 ……273

■ HACCP ■食品表示法 ■ JAS 法 ■食品衛生法 ■健康増進法
■景品表示法 ■食品安全基本法 ■ PL 法 ■食品リサイクル法
■容器包装リサイクル法 ■循環型社会への取り組み ◎試験予想チェック！

Step 2 「食品の安全と環境問題」の要点チェック ……282

6-4 生活と IT 社会

Step 1 基本解説 ……284

■ e コマース（EC） ■ブロードバンド ■セキュリティ技術 ■消費とカード社会
◎試験予想チェック！

Step 2 「生活とIT社会」の要点チェック ……287

6-5 食料自給率

Step 1 基本解説 ……288

■食料自給率の推移 ■食料自給率を向上させるために ◎試験予想チェック！

Step 2 「食料自給率」の要点チェック ……291

Step 3 演習問題と解説 ……292

直前対策① 図でまとめて覚える！ 用語ポイント……299

直前対策② 対比で覚える！ 重要用語……303

直前対策③ 試験直前よくでる重要項目チェックテスト……311

Final Step 合格！のための予想模擬問題＆解答と解説

合格！のための予想模擬問題……320

予想模擬問題　解答と解説……338

索引……351

著者紹介……363

ウエルネス上手になろう

1-1　食生活（栄養と栄養素）★★★

「健康」の定義と、健康と栄養の関係、食スタイルの変化などから起きている問題が何かを学びます。

1-2　栄養素の役割（5 大栄養素）★★★★

身体に欠かせない 5 大栄養素が何かを学び、そのうちの 3 大栄養素の役割と特徴、過不足時の影響についても学びます。

1-3　ビタミンとミネラルの働き ★★★★

5 大栄養素の中のビタミンとミネラルについて、その役割と特徴、過不足時の影響を学びます。

1-4　代謝 ★★★★★

エネルギーの代謝の意味を知り、肥満を防止するためのダイエットに活かします。また、消化・吸収や栄養素の吸収率についても学びます。

1-5　病気と食事の関係 ★★★★

健康の 3 大要素（栄養・運動・休養）の「栄養」は、いい換えれば「食事の内容」ともいえます。ここでは、病気を予防するための食事と生活習慣病について学びます。

1-6　健康（運動と休養）★★★

健康の 3 大要素の「運動」「休養」について、運動の効果と種類、休養の効果と種類を学びます。

※★マーク（1つ～5つ）の数が多い程、試験頻出度が高くなります。★マークが多くついているものは特に、繰り返し熟読し覚えるようにしてください。

頻出度★★★

1-1 食生活（栄養と栄養素）

Step 1 基本解説

健康とは

健康の基準を病気か病気でないかにより判断しがちですが、世界保健機関（WHO）の憲章では、次のように定義しています。

健康とは**肉体的、精神的、社会的**に完全に良好な状態であって、単に疾病や病弱の存在しないことではない。

このように、本当の意味での健康とは、肉体的、精神的、社会的の３つともに良好な状態だといえます。

栄養と栄養素

栄養とは、そもそもどういう意味なのでしょうか？　栄養と栄養素とでは、意味が違います。

栄養とは、成長や生命活動に必要な食物を体内に取り入れて消化吸収し、骨や筋肉、血液などを作り、発育させるといった**状態**のことをいいます。

栄養素とは体内での栄養に必要な、体外から摂取する**物質**です。例えば、みかんに含まれるビタミンＣは食品特有の栄養素であって、栄養ではありません。

「栄養のあるもの＝体に良い」とする傾向がありますが、必ずしも正しいとはいえません。また「○○は血液をサラサラにする」というように、栄養素に効能があるように語られているのを多く目にしますが、食品を薬のように考えるのは、避けるようにしなければなりません。食事には栄養素以外にもいろいろな物質があることを、忘れないようにしたいものです。

栄養学と食生活学

食生活というと、食品やそこに含まれる栄養素だけに目がいきがちですが、生活全体の問題を考えなければなりません。**食生活学**とは「いつ寝ていつ起きるか、ストレスはあるか、どんな食事をし、いつ食べているのか」などという食生活について研究することで、かなり**主観的**な部分が中心となります。また食生活とは、「どう生きるのか」という**ライフスタイル**のことだといえるでしょう。

栄養学とは、食品に含まれる栄養素そのものの働き、栄養素がどのように体や健康に関係しているかを客観的に研究する学問です。

栄養学では栄養素という物質の面から考えるのに対し、食生活学では健康に活動する状態を考えていきます。健康は肉体的な健康だけを指すものではなく、精神的にも健康であることが大切です。心と体の両方の視点を忘れずに、食生活について考えることが重要になってきます。

食育基本法

食育基本法が、2005（平成17）年7月に施行されました。国民が生涯にわたって健全な心身を培い、豊かな人間性を育むための食育の推進を目的としています。国や自治体に食育推進施策を義務付け、農林水産業者や食品業界には、安全な食の提供を求めています。また食育基本法に基づき、食育推進基本計画も2006（平成18）年に策定されました。

▼食育基本法の基本理念

①国民の心身の健康の増進と豊かな人間形成（第二条関係）
②食に関する感謝の念と理解（第三条関係）
③食育推進運動の展開（第四条関係）
④子どもの食育における保護者、教育関係者等の役割（第五条関係）
⑤食に関する体験活動と食育推進活動の実践（第六条関係）
⑥伝統的な食文化、環境と調和した生産等への配慮及び農山漁村の活性化と食料自給率の向上への貢献（第七条関係）
⑦食品の安全性の確保等における食育の役割（第八条関係）

食生活指針

健康維持・増進ないし生活習慣病予防のためには、厚生労働省、農林水産省、文部科学省が共同で策定した、次の「食生活指針」の10項目を押さえておきましょう。

①食事を楽しみましょう。
②１日の食事のリズムから、健やかな生活リズムを。
③適度な運動とバランスの良い食事で、適正体重の維持を。
④主食、主菜、副菜を基本に、食事のバランスを。
⑤ごはんなどの穀類をしっかりと。
⑥野菜・果物、牛乳・乳製品、豆類、魚なども組み合わせて。
⑦食塩は控えめに、脂肪は質と量を考えて。
⑧日本の食文化や地域の産物を活かし、郷土の味の継承を。
⑨食料資源を大切に、無駄や廃棄の少ない食生活を。
⑩「食」に関する理解を深め、食生活を見直してみましょう。

※2016（平成28）年6月一部改正

食事バランスガイド

食事バランスガイドは、農林水産省と厚生労働省が2005（平成17）年６月に策定したもので、コマをイメージしたイラストを用いて、望ましい食事のとり方や１日に何をどれだけ食べたらよいかの目安をわかりやすく示したものです。

このコマのイラストは、主食、主菜、副菜、牛乳・乳製品、果物の５つの料理区分を基本とし、各区分ごとに１日にとる料理の組み合わせと量を示したものです。単位を1SV（サービング）といい、1SVの量と１日に必要な摂取量が示されます。

▼食事バランスガイド

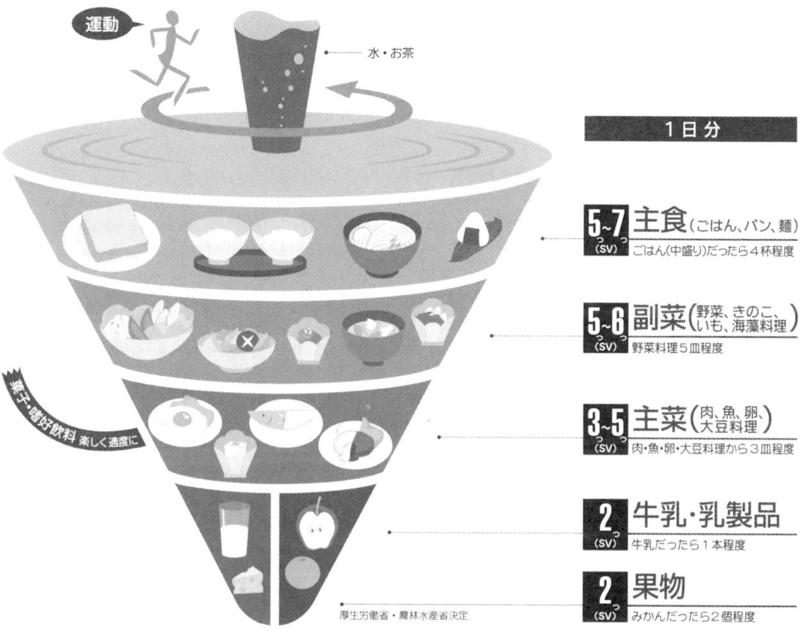

出典：厚生労働省・農林水産省ホームページ

■料理例

主食	1つ分＝ ごはん小1杯＝おにぎり1個＝食パン1枚＝ロールパン2個 1.5つ分＝ ごはん中1杯　2つ分＝ うどん1杯＝もりそば1杯＝スパゲッティー
副菜	1つ分＝ 野菜サラダ＝きゅうりとわかめの酢の物＝具だくさん味噌汁 ＝ほうれん草のお浸し＝ひじきの煮物＝煮豆＝きのこソテー 2つ分＝ 野菜の煮物＝野菜炒め＝芋の煮っころがし
主菜	1つ分＝ 冷奴＝納豆＝目玉焼き　2つ分＝ 焼き魚＝魚の天ぷら＝まぐろといかの刺身 3つ分＝ ハンバーグステーキ＝豚肉のしょうが焼き＝鶏肉のから揚げ
牛乳・乳製品	1つ分＝ 牛乳コップ半分＝チーズ1かけ＝スライスチーズ1枚＝ヨーグルト1パック 2つ分＝ 牛乳びん1本
果物	1つ分＝ みかん1個＝りんご半分＝かき1個＝なし半分＝ぶどう半分＝もも1個

孤食と個食

食事のあり方は、心身の健康維持にとても重要で、楽しい食事は気持ちを満たし、また食卓はいろいろなルールや対人関係を学習する場でもあります。

しかし、社会･経済の変化と家族の変容によって、家族で食卓を囲むスタイルから、個々で食べるスタイルへ変化しており、それが理想的な食事形態を崩す要因の一つになっています。

一人だけで食事をする**孤独な食事**のことを、**孤食**といいます。核家族化や両親の共働きが増えていることから、孤食をする子どもが増加しています。引きこもって自分の部屋で一人で食事をする場合も、これにあたります。

子どもの場合、家族との時間の中で心と体が育つ場面が多く、孤食ではそれが身に付きづらく、不規則な食事時間、食べ残し、栄養の偏り、食事マナーが身に付かない、などの問題が見落とされがちです。また、食欲の減退や寂しさなど、心の状態に影響をおよぼすことも指摘されています。

ライフスタイルの変化などにより、家族が揃う食卓でも、個々が異なる時間に食事をしたり、それぞれ異なるメニューの食事をとるような場合を、**個食**といいます。

楽しみながらする食事は、栄養の吸収率もアップさせる効果があり、心と身体の健康にとても大事なものですので、楽しく食べることで、**健康寿命**を延ばしたいものです。

平均寿命と健康寿命

健康寿命とは、健康上の問題で日常生活が制限されることがなく生活できる期間をいいます。厚生労働省が公開した資料「第16回健康日本21（第二次）推進専門委員会資料（令和3年12月）」によると、平均寿命と健康寿命の差が下記の通りです。

▼日本人の平均寿命と健康寿命の差（2019（令和1）年）

項目	平均寿命	健康寿命	差年
男性	81.41歳	72.68歳	8.73歳
女性	87.45歳	75.38歳	12.06歳

試験予想チェック!

食生活に関する誤った考え方についての出題が予想されます。
食生活全般に関して、栄養と栄養素の違い、健康の定義、孤食と個食についてなどは要注意の範囲です。

1日3回の食事で体の調子を整える

1日3回の食事が望ましいとされているのはなぜでしょうか？

それは、人間の体に備わっている生体リズムに合わせて3食とることが、体にとって良いとされているからです。人の体には体内時計が備わっているといわれていますが、生体リズムを作っているのがこの体内時計で、食事・活動・睡眠の生体リズムをコントロールしています。

また、体内時計は活動期や夜間の休養期に合わせて、体温調節、各種器官の働きなど、体の諸機能もコントロールしています。朝・昼・夕の3回の規則的な食事によって基礎代謝や身体活動に必要な栄養素を過不足なく補給することで、1日の生体リズムが守られ整えられています。例えば、朝食は、午前中に必要なエネルギーを補給し、身体機能を活性化させ、体温の維持や身体活動のためのウォーミングアップ効果をもたらす役割があるのです。

食べ方としては、朝食は軽めで、昼食はしっかりとって、夕食は軽めにというのが良いでしょう。また夕食は遅くとも就寝の3時間前に終わらせるのが理想です。食べ過ぎたり、食後すぐに寝たりすると、エネルギーは消費されず体脂肪となって、太りやすくなります。

Step 2「食生活（栄養と栄養素）」の要点チェック

チェック欄
1回目　2回目

□／□ 栄養とは、（　**生命**　）を維持していくために必要な食べ物を体内に取り入れて（　**消化**　）・（　**吸収**　）し、骨や筋肉や血液を作り、発育させるといった状態のことをいいます。

□／□ 栄養に必要な物質のことを（　**栄養素**　）といいます。

□／□ 食生活とは、どう生きるかという（　**ライフスタイル**　）といえます。

□／□ 子どもだけで食事をしたり、自分の部屋で引きこもって食事をしたりすることを（　**孤食**　）といいます。

□／□ 家族が一緒の食卓を囲んでいるものの、それぞれが別々の料理を食べることや、ライフスタイルの変化により家族揃っての食事ができず、個別に食事をすることは（　**個食**　）といいます。

□／□ 食生活を研究することが（　**食生活学**　）です。いつ寝て､いつ起きるか、どんな食事をし、いつ食べるか、ストレスはあるかないかといった、（　**主観的**　）な部分が中心です。

□／□ 栄養学とは、食品に含まれる栄養素そのものの働きや、体や健康と栄養素がどのように関係しているかを（　**客観的**　）に研究する学問です。

□／□ WHOの憲章では、健康とは、肉体的・（　**精神的**　）・（　**社会的**　）の３つとも良好な状態であると定義しています。

1-2 栄養素の役割（5大栄養素）

Step 1 基本解説

栄養素の役割

栄養素は人が生命活動を維持し、成長し、活動するのに必要なエネルギーや体の組織が生まれ変わるときに必要な成分です。人の体に必要な栄養素は約40種類あるといわれますが、そのうち**炭水化物・脂質・たんぱく質**が**3大栄養素**、さらに**ビタミン**と**ミネラル**を加えたものが**5大栄養素**といわれます。

5大栄養素の役割には、大きく分けて次の3つがあります。

▼5大栄養素

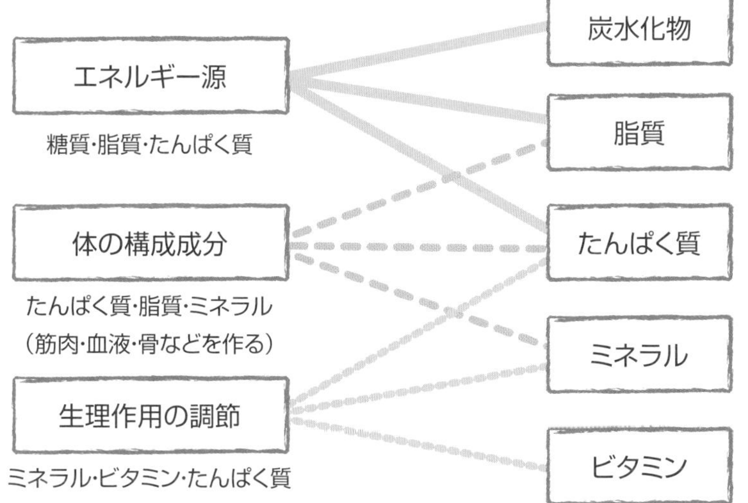

これらの栄養素は互いに補い合い、影響し合って作用しています。

例えば、糖質がエネルギー源として役立つためにはビタミンB_1が欠かせませんし、またカルシウムの吸収をよくするにはビタミンDが必要なのです。このようなことから、栄養素をバランスよくとることは、摂取した各栄養素の働きを高めるためにも重要なのです。

たんぱく質

たんぱく質とは、アミノ酸が多数結合した高分子化合物です。炭素・水素・酸素の他、**窒素（平均 16%含む）**やイオウを含むのが特徴です。人の体は約 10 万種類ものたんぱく質で構成されていますが、基となるアミノ酸はわずか 20 種類です。

私たちが肉、魚、穀物などを食べると、そのたんぱく質は 20 種類のアミノ酸に分解され、体の中で再び、筋肉など人体を構成するたんぱく質（体たんぱく質）に組み換えられます。20 種類のうち **9 種類**は、体内で合成できないので食品から摂取する必要があります。このように、体内で合成できないものを**必須アミノ酸**と呼んでいます。

たんぱく質は肉類、魚介類、卵類、大豆製品、乳製品に多く含まれます。

▼必須アミノ酸

イソロイシン、ロイシン、リジン、メチオニン、フェニルアラニン、スレオニン、トリプトファン、バリン、ヒスチジン※

※ヒスチジンは、成人になると必要に応じて体内で合成されます。

● たんぱく質の働き

たんぱく質は皮膚や髪の毛、筋肉、消化器、臓器などの体を構成する重要な成分です。酵素、ホルモン、免疫抗体などの原料にもなります。血液中にも存在し、体内で起こるさまざまな合成や分解などの代謝反応の触媒でもあります。たんぱく質は体内で病気や感染から体を守り、治癒力を高めたり、消化や体温調節などの働きを助けたり、脳の働きを活性化したりと、いろいろな働きをしています。また、必要に応じて**たんぱく質は、1g 当たり 4kcal** のエネルギー源になります。

たんぱく質が不足すると、体力や免疫力が低下したり、成長障害を起こしたりします。また過剰になると、腎機能障害などを引き起こす場合があります。

脂質

脂質は動物性脂肪のバター、ラード、植物性脂肪の大豆油、ごま油、菜種油、オリーブ油といった油脂類に多く含まれています。また穀類、豆類、牛乳や卵にも含まれています。

脂質は細胞膜や核酸・神経組織などの構成成分として重要で、**1g当たり9kcal**というエネルギー源になります。皮下脂肪になって体温を維持したり、内臓を守るクッション役になったりします。また、脂溶性ビタミンの吸収を助ける働きもします。

脂質のとり過ぎは、エネルギー過多につながり、肥満を引き起こします。総摂取エネルギーのうち脂肪エネルギー比率が30%を超える食習慣では、糖尿病や脂質異常症、動脈硬化が起こりやすいといわれています。逆に脂質が不足すると、エネルギー不足になる他、血管や細胞膜が弱くなり、脳出血を起こしやすくなります。また、脂溶性ビタミンの吸収が悪くなったり、肌荒れや便秘なども引き起こしやすくなったりします。

炭水化物（糖質＋食物繊維）

穀類やいもなどに多く含まれる炭水化物は、糖質と食物繊維を合わせた成分で、炭素・水素・酸素からなる栄養素です。主にエネルギー源として体内で利用される糖質は、人をはじめとする動物の体内には、わずかしか含まれていません。そのため、緑色植物が光合成で作ったデンプンなどの糖質をエネルギー源として摂取し利用しています。

糖質は1g当たり4kcalのエネルギーになります。食べ物からとった糖質の多くは、消化・吸収された後、最終的にブドウ糖に分解され血液を通して各細胞に運ばれて、エネルギーとして利用されます。

同様に、エネルギー源となる脂質に比べて分解・吸収が早く、即効性があるのが特徴です。

日本人は、**全エネルギーの約60%弱を糖質から摂取**しているといわれ、大切な栄養素です。

● 過剰摂取は肥満の原因

余ったブドウ糖は、肝臓や筋肉に**グリコーゲン**として蓄えられ、必要に応じて消費されますが、さらに余ると**脂肪**に合成されて脂肪組織に運ばれ、体脂肪として蓄えられます。そのため、とり過ぎると肥満の原因になります。

また、不足すると人体を構成する体たんぱく質や体脂肪が分解され、エネルギー源として充当されます。体たんぱく質の大量の分解は、筋肉を減少させます。

● 朝の脳はエネルギー不足

脳のエネルギー源として、通常の状態ではブドウ糖が利用されます。睡眠中も脳ではエネルギーが消費され、朝にはブドウ糖はほとんどなくなっている計算になります。朝食でブドウ糖が補給されると脳も活性化します。朝食抜きは、脳が上手く働かない原因となります。

食物繊維

食物繊維※は、熱やエネルギー、体の構成成分にはならず、また人間の消化液では消化されない難消化性の成分ですが、近年では6番目の栄養素として重要視されるようになりました。食事のカサを増したり、糖質の吸収を遅延させたり、コレステロール※の排出を促進します。便通をよくし、発がん物質をやわらげる働きもあり、**生活習慣病予防**でも注目されています。

食物繊維には、水に溶け食品の水分を抱き込んでゲル化する性質のある**水溶性食物繊維**と、水に溶けず、水分を吸収して膨らむ**不溶性食物繊維**とがあります。

※食物繊維は、英語では「ダイエタリーファイバー（Dietary Fiber）」といいます。
※コレステロールは、脂質の一種で、体の細胞膜や性ホルモンなどの材料になる大切な栄養素です。ただし、コレステロール値が高くなり過ぎると動脈硬化などの原因になります。

▼食物繊維の種類と働き

種類	主な働き	多く含まれる食品
水溶性食物繊維	血中コレステロール値を低下させ、糖質の吸収を抑える	熟した果実、植物の種子・葉（春菊など）・根（エシャレットなど）
不溶性食物繊維	便秘予防や改善	野菜、穀類、豆類、きのこ類、タケノコなど

その他の栄養素

5大栄養素の他に、免疫力を高めたり、活性酸素を防いだりする、栄養素と似た働きを持った食品因子（フィトケミカル※）があり、注目されています。また、水は栄養素としての役割はありませんが、生きていく上で欠かせない物質です。

水は人（成人）の体重の**60%**程度を占め、栄養素の運搬や老廃物の排泄、消化液の分泌、体液のpH調節、発汗による体温調節などを担っています。

※フィトケミカルには食物繊維、ポリフェノール、カロテノイドなどがあります。

試験予想チェック!

5大栄養素に関する問題は、毎回のように出題されています。特に最近の傾向では、肥満や病気予防との関連で出題されることが多くなってきています。脂質、糖質、たんぱく質はしっかりと覚えておく必要があるでしょう。また、日本人は野菜不足の傾向がありますが、食物繊維と生活習慣病予防との関わりも注目されていますので、ここも外せないでしょう。

Step 2 「栄養素の役割（5大栄養素）」の要点チェック

チェック欄

1回目　2回目

□／□ 炭水化物、（　**脂質**　）、（　**たんぱく質**　）は（　**3大栄養素**　）といい、（　**ビタミン**　）、（　**ミネラル**　）が加わったものは（　**5大栄養素**　）といいます。

□／□ エネルギー源になるものは（　**炭水化物**　）、（　**脂質**　）、（　**たんぱく質**　）です。

□／□ 生体の構成成分となるものは（　**脂質**　）、（　**たんぱく質**　）、（　**ミネラル**　）です。

□／□ 体の調子を整えるものは（　**ビタミン**　）と（　**ミネラル**　）と（　**たんぱく質**　）です。

□／□ 水は人の体重の（　**60%**　）程度を占め、栄養素の（　**運搬**　）、老廃物の排泄、消化液の分泌、（　**体液のpH**　）調節、発汗による（　**体温調節**　）を担っています。

□／□ たんぱく質とは（　**アミノ酸**　）が多数結合した（　**高分子化合物**　）です。

□／□ 人の体を構成するたんぱく質は、基となる（　**アミノ酸**　）は（　**20種類**　）で、その組み合わせによって形成されています。

□／□ 肉や魚などを食べると、そのたんぱく質は（　**アミノ酸**　）に分解され、体の中で再びたんぱく質（　**体たんぱく質**　）に組み換えられます。

□／□ 体内で合成できないアミノ酸を（ **必須アミノ酸** ）といい、（ **9種類** ）あります。

□／□ たんぱく質は肉類、魚介類、（ **大豆製品** ）、（ **卵** ）、（ **乳製品** ）に多く含まれます。

□／□ たんぱく質は必要に応じて１g当たり約（ **4kcal** ）のエネルギー源になります。

□／□ たんぱく質は皮膚や筋肉、臓器などの体を構成する重要な成分で、（ **酵素** ）、（ **ホルモン** ）、免疫抗体などの原料にもなります。

□／□ たんぱく質が不足すると（ **体力** ）や（ **免疫力** ）が低下したり、成長障害を起こしたりします。過剰になると（ **腎機能障害** ）などを引き起こす場合があります。

□／□ 脂質は（ **細胞膜** ）や核酸・（ **神経組織** ）などの重要な構成成分で不足すると血管や細胞膜が弱くなり（ **脳出血** ）などを起こしやすくなります。

□／□ 総摂取エネルギーのうち脂肪のエネルギー比率が（ **30%** ）を超える食習慣では、（ **糖尿病** ）や（ **脂質異常症** ）、（ **動脈硬化** ）が起こりやすくなるといわれます。

□／□ 炭水化物は（ **糖質** ）と（ **食物繊維** ）を合わせた成分です。

□／□ 糖質は（ **脳** ）や（ **筋肉** ）の活動に必要不可欠な栄養素で、1g当たり（ **4kcal** ）のエネルギーになります。
食べ物からとった糖質は消化・吸収された後、（ **ブドウ糖** ）に分解され、（ **血液** ）を通して各細胞に運ばれてエネルギーとして利用されます。脂質に比べ分解・吸収が（ **早く** ）即効性があります。

□／□ 余ったブドウ糖は（ **肝臓** ）や筋肉に（ **グリコーゲン** ）として蓄えられ必要に応じて消費されます。さらに余ると（ **脂肪** ）に合成され、（ **脂肪組織** ）に運ばれ（ **体脂肪** ）として蓄えられるため、（ **肥満** ）の原因になります。

□／□ 食物繊維には、水に溶ける（ **水溶性食物繊維** ）と、水に溶けない（ **不溶性食物繊維** ）とがあります。

□／□ 食物繊維には（ **糖質** ）の吸収を遅延させたり、（ **コレステロール** ）の排出を促したりする働きがあり、（ **生活習慣病** ）予防で注目されています。

□／□ 5大栄養素の他に、栄養素と似た働きを持った食品因子である（ **フィトケミカル** ）があり、（ **活性酸素** ）を防ぐなど、注目されています。

頻出度★★★★

1-3 ビタミンとミネラルの働き

Step 1 基本解説

ビタミン

人に不可欠なビタミンは現在、全部で**13種類**あり、その物理的特徴から、水溶性、脂溶性に分けられます。体の機能を調節したり、維持したりするために欠かせない**微量栄養素**です。ビタミンは**有機化合物**ですが、体内ではまったく合成できないビタミンもあるため、食品からとる必要があります。

多くのビタミンは、糖質・脂質・たんぱく質の代謝を円滑に行わせる**潤滑油**のような働きをしています。また、血管や粘膜、皮膚、骨などの健康を保ち、新陳代謝を促す働きにも関与しています。不規則な食生活を続けるとビタミンが不足し、欠乏症を引き起こすことがあるので注意が必要です。

ビタミンは**水溶性ビタミン**と**脂溶性ビタミン**とに分けられますが、水溶性ビタミンの特徴としては、水に溶けやすく、油脂には溶けにくい性質を持ち、過剰にとっても体内に蓄積されずに排出されてしまうので、食事ごとに食べ物から一定量をとる必要があります。

それに対して、脂溶性ビタミンは水に溶けにくく、アルコールや油脂に溶ける性質を持つビタミンで、肝臓に蓄積されるため、とり過ぎると頭痛や吐き気などの**過剰症**を起こすものがあります。通常の食事ではとり過ぎの心配はありませんが、サプリメントなどで大量にとる場合は注意が必要です。

特に、ビタミンAの大量摂取は胎児奇形のリスクを高めるため、妊娠初期においては摂取量の注意が必要です。

▼ビタミンの種類と働き

	ビタミン名	主な働き	主な欠乏症	多く含む食品
水溶性ビタミン	ビタミンB_1	糖質の代謝を促す／補酵素として働き、神経機能を正常に保つ	脚気・神経障害	豚肉 玄米ごはん うなぎの蒲焼き
	ビタミンB_2	糖質・脂質・たんぱく質の代謝を促す／過酸化脂質を分解	口角炎・口内炎・皮膚炎・子どもの成長障害	レバー うなぎの蒲焼き 牛乳 チーズ 卵
	ビタミンB_6	アミノ酸の再合成を助け、神経伝達物質の合成にも働く	皮膚炎・貧血・手足のしびれ	牛レバー カツオ マグロ 牛乳
	ビタミンB_{12}	さまざまな反応に関わる補酵素／赤血球の合成に働く	悪性貧血・神経障害	いくら 牛レバー サンマ カキ アサリ
	ビタミンC	皮膚や筋肉・血管・骨などを強化／過酸化脂質の生成を防ぐ／コラーゲンの生成	壊血病・歯茎や皮下の出血・骨の形成不全	柿 みかん レモン ブロッコリー ピーマン
	ナイアシン	糖質・脂質・たんぱく質の代謝に関わる補酵素／血行を良くする	ペラグラ・皮膚炎・神経障害	カツオ マグロ タラコ 牛レバー
	パントテン酸	糖質・脂質・たんぱく質の代謝に関わる／HDLコレステロールを増加	成長障害・副腎機能の低下	鶏レバー 子持ちガレイ タラコ 納豆

	ビタミン名	主な働き	主な欠乏症	多く含む食品
水溶性ビタミン	葉酸	赤血球や核酸(DNA)の合成に関わる／皮膚の健康を保つ	巨赤芽球性貧血・口内炎・皮膚の異常	牛レバー 菜の花 ほうれんそう モロヘイヤ 枝豆
	ビオチン	糖質、脂質、たんぱく質の代謝に関わる／髪や皮膚を健やかに保つ	皮膚炎・食欲不振・脱毛	レバー 卵 イワシ カリフラワー クルミ
脂溶性ビタミン	ビタミンA(レチノール)	皮膚や粘膜を健康にし、網膜色素の成分になる／抗がん作用	夜盲症・成長障害	レバー うなぎの蒲焼き 卵黄 にんじん モロヘイヤ 西洋かぼちゃ
	ビタミンD	カルシウムの吸収促進／血中カルシウム濃度を調整	成人の骨軟化症・子どものくる病	魚類(サケ・イワシ・サンマ) きのこ(干ししいたけ・白きくらげ)
	ビタミンE	強い抗酸化作用があり、赤血球を保護する働き	赤血球の溶血・神経障害	アーモンド ひまわり油 かぼちゃ
	ビタミンK	出血時の血液凝固に必要／カルシウム結合たんぱく質の生成	新生児メレナ・新生児の頭蓋内出血・血が止まりにくくなる	納豆 ほうれんそう あしたば 春菊

ミネラル

人体を構成している元素のうち、炭素、水素、酸素、窒素を除いた成分を**ミネラル**（**無機質**）といいます。人に必須のミネラルは16種類が知られていますが、体内では合成できないので食品からとらなければなりません。

ミネラルには、主に次のような働きがあります。

- 骨や歯などの体の構成成分になる
- 体液のバランスを調節する（血液・体液のpHや浸透圧を正常に保つ）
- 酵素の成分になったり、酵素反応の手助けをしたりする
- 神経や筋肉の働きを調整する

● 欠乏症、過剰症

日本人には、カルシウムや亜鉛の不足、ナトリウムやリンの過剰という傾向があります。

ミネラルの欠乏症では、ヨウ素不足による甲状腺腫や鉄欠乏性貧血、カルシウム不足での骨粗しょう症がよく知られています。欠乏症が起こらなくても、慢性的な不足状態が続けば不調をもたらし、さまざまな疾病を引き起こす可能性があります。

過剰症では、ナトリウムのとり過ぎにより高血圧を招き、心臓病や脳卒中の一因となることがよく知られています。

● 加工食品を避けてバランスの良い食事を心がけること！

体に必要なミネラルは、食事の改善で充分にとれます。サプリメントを利用する場合は、食事でとれない量を簡単にとれてしまうので過剰症に注意が必要です。

また、ミネラルは食品の精製・加工のたびに失われ、一方、食塩（ナトリウム）や食品添加物（リンが多い）などは加工時に付加されます。ファミリーレストランやファストフード、コンビニ弁当などはこの典型で、ミネラルのバランスを崩しやすくする一因となります。3食は無理としても、なるべく加工の少ない食品を調理した食事を取り入れるようにしましょう。

▼必須ミネラルの特徴と主な働き

ミネラル名	主な生理作用	欠乏症	多く含まれる主な食品
カルシウム(Ca)	骨や歯を形成／神経の興奮を鎮める／血を固めて出血を防ぐ	骨粗しょう症 不整脈 神経過敏	小魚 乳製品 海藻
リン(P)	骨や歯の形成／リン脂質や核酸の成分、糖質の代謝をサポート	骨粗しょう症 歯槽膿漏	牛乳 魚類 鶏肉
鉄(Fe)	赤血球のヘモグロビンの成分／疲労を防ぐ	鉄欠乏性貧血 集中力・思考力の低下	レバー 魚介類 ほうれんそう
カリウム(K)	細胞内液の浸透圧の維持／心臓や筋肉の機能を調節／血圧の上昇を抑える	血圧の上昇・不整脈 心不全・夏ばて	干し柿 枝豆 納豆
ナトリウム(Na)	細胞外液の浸透圧の維持／神経に刺激を伝達	脱水症状・熱中症 倦怠感・血圧低下	食塩 コンソメスープの素
マグネシウム(Mg)	酵素の活性化／神経の興奮を抑制／筋肉収縮	動悸 不整脈 神経過敏 抑うつ症	アーモンド 豆類
イオウ(S)	皮膚・つめ・髪を形成／酵素の活性化	つめがもろくなる 皮膚炎	チーズ 卵
亜鉛(Zn)	味覚・嗅覚を正常に保つ／ビタミンCとともにコラーゲンを合成	味覚異常 情緒不安定 子どもは成長障害	カキ レバー ホタテ貝
マンガン(Mn)	骨の形成に関与／糖質や脂質の代謝に関与	疲れやすい 平衡感覚の低下	玄米ごはん 大豆 アーモンド
ヨウ素(I)	発育を促進／甲状腺ホルモンを作る原料	甲状腺腫 疲れやすい 機敏さを欠く	昆布 ワカメ のり

ビタミンを上手にとるためのコツは？

現在、日本人には特別に足りないビタミンはありませんが、食生活の乱れやストレス過多などにより、潜在的にビタミンが不足しているといわれています。菜食主義で肉や魚を食べない食生活をしていると、足りないビタミン(ビタミン B_2、B_{12} など)が出てきます。ビタミン不足にならないためには肉・魚・卵・乳製品・野菜・果物・穀類・種実類などをバランス良く食べることが大切です。

■脂溶性ビタミンを上手にとるコツ＆気を付けたいこと

脂溶性ビタミンは、油と一緒にとると吸収率がアップします。

例えば、ほうれんそうやにんじんを食べるときは、油で炒めたり揚げたりする、またゴマや牛乳などの油脂分を含んだ食品と一緒にとるなどすると良いでしょう。

ビタミンEはビタミンCと一緒にとると、ビタミンEの抗酸化作用がアップします。

また、ビタミンEは種実類や植物油などに豊富に含まれていますが、古くなったり加熱したりすると酸化が進むので、早めに使いきることが大切です。

■水溶性ビタミンを上手にとるコツ＆気を付けたいこと

水溶性ビタミンは、一般的に水に溶けやすく熱に弱いため、すばやい調理が必要です。水洗いを手早くし、ゆでたり炒めたりする加熱時間は短くし、調理したらなるべく早く食べるようにしましょう。

例えば、ブロッコリーをゆでるとビタミンCは生のときの３分の１程度に減ってしまいますが、ゆでる時間が短いほど、その損失を抑えることができます。

また、調理の際はビタミンが溶け出すので、汁やスープと一緒に食べられる料理がお勧めです。

試験予想チェック!

ビタミンとミネラルの種類と働きは、ほぼ毎回出題されています。欠乏症とビタミン名との組み合わせ問題、多く含む食品について、それぞれの特徴などが出題されています。

特に、ビタミンではビタミンA、B群、C、D、Eについて、ミネラルではカルシウム、ナトリウム、リン、鉄、カリウムについての問題が多く扱われています。

Step 2 「ビタミンとミネラルの働き」の要点チェック

チェック欄
1回目 2回目

□／□ 水溶性のビタミンには（ **ビタミンB_1** ）、（ **ビタミンB_2** ）、ビタミンB_6、ビタミンB_{12}、ナイアシン、パントテン酸、（ **葉酸** ）、ビオチン、（ **ビタミンC** ）の９種類があります。

□／□ 脂溶性ビタミンには（ **ビタミンA** ）、（ **ビタミンD** ）、ビタミンE、（ **ビタミンK** ）の４種類があります。

□／□ 不規則な食生活を続けるとビタミンが（ **不足** ）し、（ **欠乏症** ）を引き起こすことがあるので注意が必要です。

□／□ （ **ビタミンA** ）の欠乏症は、（ **夜盲症** ）があげられます。皮膚や粘膜を保護する働きもあるので、欠乏すると感染症にかかりやすくなります。

□／□ （ **ビタミンK** ）の不足は血が止まりにくくなります。

□／□ （ **ビタミンD** ）はカルシウムの吸収を促します。不足すると（ **くる病** ）、歯や骨の発育不全を起こします。

□／□ （ **ビタミンC** ）は（ **コラーゲン** ）の生成に役立ちます。たばこを吸ったり、精神的に大きなストレスがかかると大量に消費されるといわれています。欠乏症は（ **壊血病** ）などがあります。

□／□ （ **ビタミンB_2** ）が不足すると口角炎、口内炎、皮膚炎などを引き起こしやすくなります。

□／□ 過剰症を引き起こしやすいのは、（　**脂溶性**　）のビタミンです。

□／□ ミネラルは人の体内に存在する元素のうち、炭素・水素・酸素・窒素を除いたもので、（　**無機質**　）ともいいます。

□／□ （　**カリウム**　）は細胞内の余分な（　**ナトリウム**　）を排出して、血圧を正常に保つ働きがあります。

□／□ （　**亜鉛**　）は（　**味覚**　）を正常に保つ働きがあります。

□／□ （　**リン**　）は、そのほとんどがリン酸カルシウムとして骨や歯の形成に使われます。ただ、とり過ぎると骨からの（　**カルシウム**　）が放出されてしまいます。

□／□ （　**鉄**　）は赤血球の（　**ヘモグロビン**　）を構成する成分です。不足すると（　**貧血**　）を招きます。

1-4 代謝

Step 1 基本解説

代謝とエネルギー代謝

栄養素が分解・消化吸収され、老廃物は排泄されるという体内での物質変化を**代謝**といいます。

食物から摂取されたエネルギーは、**熱エネルギー**（体温保持に使われる）、**仕事エネルギー**（活動に使われる）、**貯蔵エネルギー**（余った分を体内に蓄える）になります。これらのエネルギーを利用する仕組みのことを、エネルギー代謝といいます。

● 基礎代謝とは何か？

私たちの体は、安静時にも呼吸、心臓の動き、体温の維持など、さまざまな生命活動が続いています。このように、生きるために最低限必要なエネルギー代謝のことを、**基礎代謝**といいます。また、基礎代謝によって消費するエネルギーの量を、**基礎代謝量**といいます。

この基礎代謝量は、1日の総消費エネルギー量の約70%に相当するといわれています。1日の総消費エネルギー量は、基礎代謝に身体活動（仕事・家事・運動など）と、**特異動的作用**（食後に亢進する栄養素の代謝）によるエネルギー消費を合計したものです。

基礎代謝は成長するにつれて高くなります。16～18歳前後でピークとなり、40歳を過ぎると急激に下降線をたどります。この事実を無視してエネルギーオーバーの食事を続けていると、体脂肪増加の原因となります。

成人の体の臓器で基礎代謝レベルのエネルギー代謝率が比較的多いのは、肝臓や脳、筋肉などです。歳をとるとともに基礎代謝が低下する理由の一つは、筋肉が衰えて減少することです。同じ体重でも脂肪が少なく筋肉質の人ほど、基礎代謝が高くなります。女性が男性より基礎代謝が低いのは、体脂肪が多く、筋肉が少ないからです。

　ダイエットをする際は、筋肉量を増やし、脂肪を効率よく燃やすための運動を取り入れたダイエットを続けるのがコツです。主食抜きなどの無理なダイエットをすると、基礎代謝に必要なエネルギーすら補給されなくなり、生命維持活動に影響しかねませんので注意が必要です。

▼基礎代謝の特徴

- 同じ体重であれば、筋肉量が多い人の方が高い
- 女性より男性の方が高く、老人より若者の方が高い
- 夏より冬の方が高い
- 睡眠中は、起きているときよりも基礎代謝量がさらに下がる

● 安静時代謝量

　座って安静にしている状態で消費されるエネルギー量のことで、一定の姿勢を保つ際に使われる筋肉の**緊張エネルギー量**を、基礎代謝量に加えたものです。

● 運動時代謝量

　運動や何かの作業を行っているときの代謝量を、安静時代謝量に加えたものです。

基礎代謝 ＜ 安静時代謝量 ＜ 運動時代謝量

ダイエットとリバウンド

ダイエットとは、太りやすい生活習慣を改善して肥満防止・肥満解消をし、太りにくい習慣を身に付けることをいいます。食事制限だけでなく、運動も併せた、健康的に肥満を防止・解消する方法をとりましょう。

● 陥りがちなダイエットの失敗例

「ダイエット＝減量」ととらえがちで、極端な食事制限をして減量する人が未だに多くいますが、食事制限のみの方法はとても危険です。

食事を制限することで摂取エネルギーは減りますが、運動をしないと筋肉量が減っていきます。筋肉量が減ることで基礎代謝が落ちるため、消費エネルギーが減り、脂肪が増えていきます。筋肉が脂肪より重いため一時的に体重が減って、ダイエットが成功したと勘違いするのですが、筋肉が脂肪に変わっただけの減量のため、実は太りやすい体質に変化しているのです。

また、摂取エネルギーが減ると体は生命の危機を感じ、脂肪を溜め込みやすい体質になるため、より太りやすい体質になり、一時的に減った体重が元に戻ったり、元よりも増えてしまったりします。これを**リバウンド**といいます。

太りづらい習慣や体質を作り上げていくという本来のダイエットの意図とは真逆の、太りやすく痩せづらい体質になってしまいます。

特に、子どもに対しての極端な食事制限は、成長過程に必要な栄養素が不足し、集中力の低下や発育不全など、不健康になる可能性があるため、より注意が必要です。

また理解不足のまま行うダイエットや過度なダイエットは、時に**摂食障害**に陥ることがあります。摂食障害には、極端な食事制限をする**拒食症**（神経性食欲不振症）、衝動的にむちゃ食いをして、下剤などを用いたり、吐き戻したりする**過食症**（神経性大食症）があります。精神的な要因が大きいため、食生活の改善のみならず、医療や心のケアが必要な場合があります。

▼食事制限のみのダイエットによる失敗のサイクル

❶食べる量を減らす／欠食する

↓

❷極端な食事制限により活力・意欲が低下し、動くことが億劫になる

↓

❸動かなくなることで主に筋肉が落ち、基礎代謝量も減る

↓

❹重量は脂肪より筋肉の方が重いため、筋肉量の減少により一時的に体重が減る

↓

❺体重が減り、ダイエットが成功したと勘違いしたり、油断したりし、食事量が増える

↓

❻脂肪が付きやすい体質で食事量が増えるため、体重が増える

↓

❼体重が増えたため、また食事制限をしようとする

❶へ戻り、❼までを繰り返す。

このサイクルの繰り返しにより、脂肪が多く筋肉量が少ない、すなわち基礎代謝量も少ない**痩せにくく太りやすい体**になっていくのです。また見た目は痩せていたり、普通だったりするが、体脂肪率が高いことを**隠れ肥満**といいます。生活習慣病などを引き起こす原因にもなりますから注意が必要です。

● ダイエットのルール

失敗例でわかるように、太りづらく脂肪燃焼しやすい体にするためには、筋肉量を落とさないようにしなければなりません。そのためには、適度な運動が必要です。

ダイエットの基本は、適度の運動で**消費エネルギーを増やし**、栄養面や量を考慮した食事での**ゆるやかな摂取エネルギーの減少**（腹八分目にするなど）を、同時に行うことです。

急激な摂取エネルギーの減少は活力・元気を奪い、運動意欲が落ちる場合もありますので、食事制限は質と量を考えて行う必要があります。ダイエットは短期間で行うと失敗するだけでなく、体や心を壊すことにもなりかねないため、時間をか

けて行う方が安全です。

以前は、健康的な体を作る食事療法を、ダイエットとして表現しているイメージがありましたが、現在は、生活習慣の改善としてとらえ、これまでのダイエットのイメージ自体を変えていく必要があります。

現代は、**飽食時代**ゆえに高カロリーのものが昔よりも多く、食欲の誘惑がとても多い日常です。また、ライフスタイルの変化で、食事時間や睡眠時間が不規則になりがちです。ダイエットはそういったことも含め、健康を意識した改善が必要で、それが生活習慣として身に付いたときに初めて、成功したといえるでしょう。

消化・吸収

消化とは、食物中の栄養素を分解して吸収されやすい形にする過程です。

消化作用には、**機械的消化**（物理的消化：歯による咀しゃく※・舌で食物と唾液を混ぜる・胃や腸のぜん動運動で食物を消化液と合わせて先に送るなど）、**化学的消化**（消化酵素による分解作用）、**生物学的消化**（大腸内に存在する腸内細菌による消化）の3つがあります。

このように、食物は消化管の中を移動しながら段階を追って分解されていきます。5大栄養素のうち、消化されるのは糖質、たんぱく質、脂質で、分子の小さいビタミンやミネラルはそのまま吸収されます。

● 口腔内での消化

食物が口に入ると、歯で噛み砕いたり、すりつぶしたりして消化の準備をします。唾液腺からは反射的に唾液が分泌され、舌を使って唾液とよく混ぜられ飲み込みやすくし、食道へ送ります。十分に咀しゃくすることにより、食物の可溶性成分を溶かし出し、食物の味やにおいを感知して食欲を増進させ、ときには異物混入や腐敗の有無を知ることもできます。

唾液には**アミラーゼ**という消化酵素が含まれ、穀物のデンプンや魚肉のグリコーゲンを分解します。

※噛み砕くことを、咀しゃく（咀嚼）といいます。

● 咽喉と食道

咀嚼した食物は口腔から食道へ送り込まれますが、この輸送運動を嚥下運動といいます。そして、食物は嚥下(えんげ)運動や蠕動(ぜんどう)運動により、さらに食道を通って胃まで送り込まれます。

※口の奥の部分で、喉のことを咽喉といいます。

● 胃での消化

胃は食物と胃液を混ぜ合わせて攪拌(かくはん)し、ドロドロのおかゆ状にして、十二指腸での本格的な消化・吸収に備えるのが主な役割です。食物が胃に入ってくると、その刺激で胃腺（胃の内壁に多くある分泌腺）から胃液が分泌されます。

胃液の主成分は、塩酸、ペプシノーゲン、粘液です。胃液の塩酸はpH 1.0 ～ 2.5とかなり強い酸性で、食物を殺菌し、腐敗や発酵を防いでいます。ペプシノーゲンは、塩酸によって活性化されると、**ペプシン**という消化酵素に変わり、たんぱく質を分解し始めます。しかし、ペプシンはすべてを分解することはできず、多くのたんぱく質がそのまま小腸へと送られます。

● 小腸での消化

小腸とは、十二指腸、空腸、回腸の３つの部分からなる消化管です。小腸での消化は、まず小腸上部の十二指腸で、胃から送られてきた食物と、すい臓、胆のうからそれぞれ分泌されるすい液、胆汁が混ざり合うことから始まります。すい液中の酵素には、脂肪を分解するリパーゼ、たんぱく質を分解する**トリプシン**、キモトリプシン、エラスターゼ、デンプンを分解するアミラーゼなどがあります。

胆汁には消化酵素は含まれていませんが、脂肪を消化されやすく乳化して、リパーゼを働きやすくします。食物は十二指腸と空腸で消化をほとんど終え、空腸の内壁にびっしり生えた絨毛と呼ばれる小突起で栄養素が吸収されます。

回腸では、主として空腸で吸収されなかった栄養素の吸収が行われます。

このように、栄養素の大部分は小腸で吸収されます。

▼消化器官の図

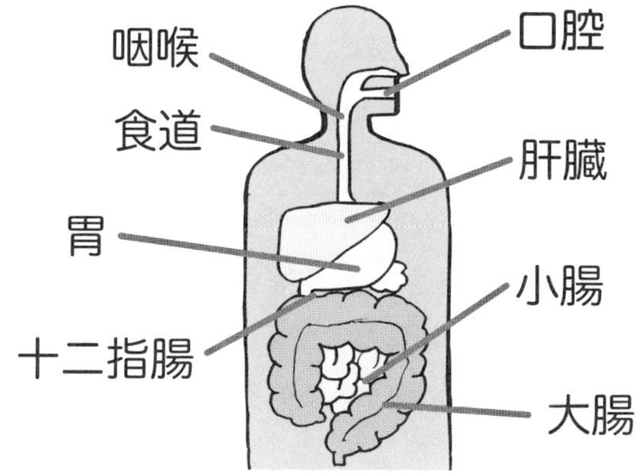

● **大腸**

小腸で栄養素の吸収が終わった後、余分な水分が大腸で吸収され、食物の残りカスが糞便となり、排泄されます。食後、便として排泄されるまでには、**24～72時間（1～3日）**かかります。

※大腸では、**約80%**の水分が吸収されます。

栄養素の吸収率

栄養素が体に吸収されて活用される率は、食物によって異なります。特に現代人が不足しがちな栄養素であるカルシウムや鉄分は、食品によって吸収率が極端に低いものもありますから、吸収率を上げるための工夫や注意が必要です。

● **カルシウムと吸収率**

カルシウムを含む食物とその吸収率は、**乳製品**で**約40～50%**、**小魚**で**約30%**、**青菜類**では**約18%**です。カルシウムは、肉や魚などのたんぱく質と一緒にとると吸収率が上がります。ただし、たんぱく質の過剰摂取は、逆にカルシウムの吸収率を下げることもあります。注意しましょう。

● 鉄分と吸収率

鉄分は、**ヘム鉄**と**非ヘム鉄**の2つに分けられます。ヘム鉄は、肉・レバー、魚などの動物性食品に多く、吸収率は、**約15～25%**です。非ヘム鉄は、野菜、穀類などの植物性食品に多く、吸収率は**約2～5%**です。動物性食品に多く含まれるヘム鉄は、吸収率が高いため、過剰症に注意が必要な場合があります。

代表的な過剰症には、**神経痛**、**筋肉痛**、**知覚異常**などがあります。

鉄分不足の初期症状には、**体がだるい**、**疲れやすい**といったことがあります。疲れやすい人は、その原因の一つとして、鉄分不足が考えられます。

試験予想チェック!

代謝とは何かを問われる問題が出題されています。基礎代謝と肥満の関係、ダイエットの原則について知っておきましょう。また、消化管の役割、消化酵素について、栄養素はどこで吸収されるのかについても覚えておきましょう。

Step 2 「代謝」の要点チェック

チェック欄
1回目 2回目

□/□ 栄養素が分解・消化吸収され、老廃物は排泄されるという体内での（ **物質変化** ）を（ **代謝** ）といいます。

□/□ 私たちの体は、安静時にも呼吸、心臓の動き、体温の維持など、さまざまな生命活動が続いています。このように生きるために（ **最低限必要** ）なエネルギー代謝のことを（ **基礎代謝** ）といいます。

□/□ 同じ体重でも脂肪が少なく（ **筋肉質** ）の人ほど、基礎代謝が高くなります。女性が男性より基礎代謝が低いのは、（ **体脂肪** ）が多く、筋肉が少ないからです。

□/□ （ **消化** ）とは、食物中の栄養素を分解して吸収されやすい形にする過程です。

□/□ 消化には、歯による咀しゃく・舌で食物と唾液を混ぜる・胃や腸のぜん動運動で食物を消化液と合わせて先に送るなどの（ **機械的消化** ）、消化酵素による分解作用の（ **化学的消化** ）、大腸内に存在する腸内細菌による消化の（ **生物学的消化** ）の３つがあります。

□/□ 唾液には（ **アミラーゼ** ）という消化酵素が含まれ、穀物の（ **デンプン** ）や魚肉のグリコーゲンを分解します。

□/□ 食物は十二指腸と空腸で消化をほとんど終え、空腸の内壁にびっしり生えた絨毛と呼ばれる小突起で栄養素が（ **吸収** ）されます。

□/□ （ **リバウンド** ）とは、ダイエット前の体重に戻ることや、元よりも増えること。ダイエットの基本は、ゆるやかな（ **摂取エネルギー** ）の減少と（ **消費エネルギー** ）の増加を同時に行うことです。

1-5 病気と食事の関係

Step 1 基本解説

病気予防にもなり、発病を招くこともある食事

皆さんは、普段から健康維持を意識して食事をとっているでしょうか？

食事を通して病気にかかりにくい体質を作ったり、自然治癒力を高めたりすることは十分可能です。ただし、「この食べ物は、これに効く」といった、あたかも食事を特効薬のようにとらえるのは大きな誤りです。なぜなら、健康な人でもカロリーの過剰摂取から肥満を招き、さらに高血圧症・脂質異常症・糖尿病などの**生活習慣病**を誘発させてしまう、といったことも多いからです。

食事には、とり方によって病気の予防にもつながったり、逆に発病を招いたりするという面があります。食事の役割の重要性を認識しておくことが大切です。

生活習慣病とは、名前の通り、普段の生活習慣が原因となって発症する病気の総称です。以前は成人病と呼ばれていましたが、これは成人にしか発症しなかったためです。現在では、小学生や中学生にも発症する例が多くなり、名称が変更されました。

実際の病名を例にあげると、**肥満症**、**高血圧症**、**脂質異常症**、**糖尿病**などがあります。特にこれら4つは、**死の四重奏**とも呼ばれています。これらの病気は長期間、何も症状が出ないことが多く、気がついたときにはかなり進行している場合があります。また、これらの病気はさまざまな合併症を引き起こす恐ろしい病気です。

生活習慣病の原因

生活習慣病になる原因は、大きく2つ考えられます。

- **原因1：運動量の減少**

現代は便利さを追求しています。この便利さとは、人があまり動かないで物事を

簡単に行うことができるということです。

エレベーターやエスカレーター、電車、バスなどの移動手段の発達や普及により歩行量が減少。家庭においては、家電製品の発達や普及により運動量が減少しています。また、第一次産業の衰退、機械化や自動化により肉体労働も減少しています。私たちの日常生活上の運動量は、ここ数十年でかなり減少しているといえます。

● 原因2：栄養素の過剰摂取

欧米の食文化の日本への導入は年々、増加傾向にあります。欧米の食事は高たんぱく、高カロリーなものが多いことが特徴です。元来、日本人には食べ物を効率よく脂肪にして蓄えることのできる**倹約遺伝子**を持つ人の割合が、欧米の人々より多いといわれています。その遺伝子の働きにより、欧米人と同じ高たんぱく、高カロリーな食事をとっていると、生活習慣病になりやすくなるといえます。

欧米の食文化の導入により、動物性脂肪の過剰摂取になりやすく、逆に日本食を食べる機会が減ったことで、食物繊維の摂取は不足しがちになっています。「**動物性脂肪の過剰摂取**」と「**食物繊維の摂取不足**」だけでも、病気を誘発することがあります。大腸がんを例にすると、1960年代に比べ、約2～3倍に増加しています。

● 肥満の判定方法

肥満の判定方法の国際的なものに、BMI（Body Mass Index）という体格指数判定があります。BMIの数値25以上を肥満と判定し、成人がもっとも病気になりにくい健康的なBMIの数値は、22とされています。

▼BMI数値の算出

BMI= 体重 (kg) ÷身長 (m) ÷身長 (m)

▼標準体重の算出

標準体重 (kg)=22 ×身長 (m) ×身長 (m)

▼主な病気の症状と食事の注意点

病名	病気の説明と主な症状	食事の注意点
糖尿病	すい臓から分泌されるインスリンが不足したり、十分に作用しなかったりすることで、血液中のブドウ糖(血糖値)が異常に多くなる。初期段階ではほとんど自覚症状がなく、進行すると合併症を引き起こす。 〈糖尿病の3大合併症〉 ・神経障害 ・網膜症 ・腎症	①規則正しく、よく噛んで食べる ②腹八分目を守り、控えめに食べる ③いろいろな食品をバランスよく食べる ④食物繊維を多く摂取する ⑤塩分は控えめにする ⑥砂糖の使用を控えめにする ⑦動物性脂肪・高エネルギーの食事を控える
貧血	血液中の赤血球、またはヘモグロビンの濃度が減少し、酸素を運搬する力が低下する。 〈主な症状〉 ・頭痛 ・めまい ・耳鳴り ・全身の倦怠感 ・呼吸困難、頻脈(わずかな運動でも起きる) ・皮膚、顔面、粘膜の赤味が薄くなる	**鉄分が豊富な食品の摂取** ①レバー(豚・鶏)・アサリ・ひじき・納豆・ほうれんそうなどを積極的にとる ※鉄分はビタミンCやたんぱく質と一緒にとると吸収率が上がる ②食後の緑茶・紅茶・コーヒーは控える (緑茶などに含まれるタンニンが鉄分の吸収を妨げる) ③ビタミンB_{12}と葉酸をとる

病名	病気の説明と主な症状	食事の注意点
高血圧症	血液量が増大したり、末梢血管の抵抗が強くなったりし、血圧が異常に高くなる。肥満や遺伝、ストレスの多い生活、飲酒・喫煙習慣があるなどにより起きる。 〈主な症状〉 ・頭痛 ・めまい ・耳鳴り ・肩こり、首筋のこり ＜高血圧の主な合併症＞ 脳卒中、心肥大、心不全、心筋梗塞、腎不全	①たんぱく質を不足させない ②１日の塩分量を控える ③塩の代わりに酢・スパイス・ハーブなどで味にアクセントを付ける工夫をする ④カリウム、カルシウムや食物繊維をとる ⑤肥満の人は、摂取エネルギーを制限し、減量する
脳卒中	脳血管が詰まったり、血管がもろくなったりして、脳の細胞に酸素や栄養素が十分に供給されない状態。 〈主な症状〉 ・脳梗塞（脳血管が詰まり、脳細胞が壊死） ・脳出血（脳血管が破れて出血） ・くも膜下出血（脳を包むくも膜と、脳動脈が破れて出血）	①いろいろな食品をバランスよく食べる ②塩分を控える ③コレステロールの多い食品は避ける ④動物性脂肪ではなく、植物性脂肪をとるようにする

病名	病気の説明と主な症状	食事の注意点
動脈硬化	動脈壁に脂質が付き厚く硬くなって、血管の内側が狭くなり、血液の循環が悪くなる。主な原因に、高血圧、脂質異常症、肥満や遺伝、痛風、ストレス、たばこの吸い過ぎなどがある。 〈主な症状〉 ・脳梗塞 ・狭心症 ・心筋梗塞 ・二次性高血圧 ・腎梗塞 ・大動脈瘤 ・間欠性跛行	①肉の脂身やバターを控えるだけでなく、乳製品や卵類にも気を付ける ②ファストフードの揚げ物やスナック菓子などを控える ③食物繊維を多く含む野菜や果物・きのこ類・海藻類などをたっぷりとる ④内臓類、甘いもの、アルコールを控える ⑤肥満の人は、摂取エネルギーを制限し、減量する
胆石症	胆のうから分泌された胆汁の成分が固まり、胆道内に石ができる疾患。 〈主な症状〉 ・胆のう結石 石が動かないときは、ほとんど自覚症状がないが、胆のう管で石が詰まったときや脂肪の多いものを食べた際に、激しい痛みがある ・総胆管結石 常にジクジクした痛みがある	**動物性食品・刺激のある食品** ①脂肪・コレステロールの多い食品を控える ②香辛料・カフェイン・アルコール類・炭酸飲料などは控える ③食物繊維を多くとる ④規則正しい時間に食事をとり、ゆっくり噛んで食べる

試験予想チェック!

生活習慣の変化は、健康にも影響をおよぼします。生活習慣病を作り出している社会的背景も理解した上で、食事内容のバランスとともに健康をトータルに考えていく必要があります。

食事が病気にどのように影響をおよぼすのかを、54 ～ 56 ページの表を参考につかんでおきましょう。

Step 2 「病気と食事の関係」の要点チェック

チェック欄
1回目　2回目

□／□ 健康な人でも、カロリーの過剰摂取から（　**肥満**　）を招き、さらには高血圧症・（　**脂質異常症**　）・糖尿病などの（　**生活習慣病**　）を誘発させてしまうこともあります。

□／□ 普段の生活習慣が原因となって発症する病気の総称が、（　**生活習慣病**　）です。実際の病名としては、（　**肥満症**　）・高血圧症・脂質異常症・（　**糖尿病**　）などがあります。特にこの４つは、（　**死の四重奏**　）とも呼ばれています。

□／□ 生活習慣病は、かつては（　**成人病**　）と呼ばれていましたが、現在では小学生や中学生にも発症する例が多くなったため名称が変更されました。

□／□ 生活習慣病の原因は、食生活の欧米化による（　**高エネルギー**　）の摂取とともに、生活習慣の変化にともなう（　**運動不足**　）が大きな原因とされています。

□／□ 日本人には元来（　**倹約遺伝子**　）を持つ人の割合が多いといわれています。その遺伝子の働きにより、欧米人と同じ（　**高たんぱく**　）、高カロリーな食事では（　**生活習慣病**　）になりやすいということにつながります。

□／□ 欧米の食文化が導入されたことにより、主に（　**動物性脂肪**　）の過剰摂取になりやすくなっています。

□／□ 日本食を食べる機会が減少したことにより、主に（ **食物繊維** ）の摂取不足になりやすくなっています。

□／□ 高血圧症は（ **塩分** ）のとり過ぎに注意が必要です。余分な（ **ナトリウム** ）を排泄する働きがある野菜に多く含まれる（ **カリウム** ）、また（ **食物繊維** ）をとることなどで、日々の食事での血圧コントロールが肝心です。

□／□ 動脈壁が肥厚・硬化しているために血管の内側が狭くなって（ **血液** ）の循環が悪くなる（ **動脈硬化** ）の食事の注意点としては、動物性食品や（ **コレステロール** ）の高い食品を控える必要があります。

□／□ 貧血は血液中の（ **赤血球** ）の濃度が減少して（ **酸素** ）を運搬する力が低下する疾患で、（ **鉄分** ）が豊富な食品をとることや、食後すぐに（ **タンニン** ）を含む緑茶や紅茶、コーヒーなどを飲まないなどの注意が必要です。

□／□ 糖尿病は、（ **すい臓** ）から分泌される（ **インスリン** ）が不足したり、働きが悪くなったりすることで、血液中の（ **ブドウ糖** ）が異常に多くなる状態です。

□／□ 糖尿病は、初期段階ではほとんど（ **自覚症状** ）はなく、そのままにしておくと（ **神経障害** ）・（ **網膜症** ）・（ **腎症** ）などの合併症を引き起こす可能性があります。

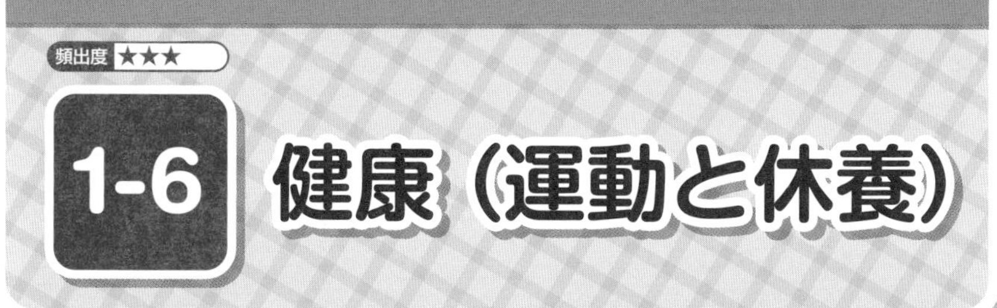

Step 1 基本解説

運動と休養から考える健康

日本人の死因に占める生活習慣病の割合は、約5割といわれています。生活習慣病の改善や生活の質を向上し、**健康寿命**を延ばすための3要素は、**栄養・運動・休養**です。食生活アドバイザーとしてまず最初に注目するのは栄養＝食ですが、食事だけで健康を維持することは難しく、3要素をバランスよく取り入れることが最善といえます。

● **運動の効果と種類**

「心臓や肺の機能が向上する」「血管を丈夫にする」「免疫力が向上する」「骨を丈夫にする」の4つがあげられます。これらが具体的に皮膚、筋肉、骨などの老化を遅らせ、丈夫な体を作ったり、さらに脂肪を減らして筋肉が増え、基礎代謝がアップするなど、目に見える身体の変化を起こすことでその効果を実感することができます。

また、運動の効果は**約72時間**しかもたないといわれ、効果は1度消えると運動前の状態に戻ってしまいます。そのため、**3日に1回以上は運動する**ことが理想です。

ただし、普段運動していない人が急に運動することは、体に負担がかかったり、精神的にストレスが課せられたりする場合もあるため、まずは週に1回程度から始め、徐々に3日に1回以上になるよう自分のペースで運動することが大切です。

▼運動の種類

無酸素性運動
（アネロビクス）

重量挙げや短距離走など一気に力を出す運動で、主に消費するエネルギーは「**糖質**」です。
筋肉量を増やす効果がありますが、筋肉は乳酸※が多量に蓄積すると収縮できなくなるため、継続時間は2〜3分が限度です。

有酸素性運動
（エアロビクス）

マラソンや水泳、エアロビクスなど呼吸をしながら長時間行う運動で、主に消費するエネルギーは「**脂肪**」です。
脂肪燃焼を促進し、代謝UP、体脂肪率の改善効果があります。

※運動をするとグリコーゲンやブドウ糖が使われ、筋肉に乳酸（代謝生成物）が発生します。乳酸の蓄積は疲労の原因になるといわれてきましたが、近年の研究により「乳酸は疲労を抑制する役割を持つ」という以前とは真逆な考えが発表されています。

● 休養の効果と種類

これまで休養は、健康を維持するためのものとしては重要視されていませんでしたが、現在のストレス社会では軽視できないものとなっています。近年、生活習慣病をはじめとした現代病が発生していますが、その原因の一つにストレスがあがっています。上手にストレスを発散することが病気を防ぎ、免疫力を高めることにもつながります。睡眠によって疲れをとることを「休養」ととらえがちですが、体を休めるという意味では重要であるものの、休養の重要な役割としては、明日への活力を養うという「養」の面について目を向ける必要があります。

疲労には、**精神的疲労**と**肉体的疲労**があり、休養を充分にとらない生活を続けると疲労が蓄積して**慢性疲労**となり、体だけでなく精神面にも病的な兆候が現れる可能性があります。疲れは翌日に持ち越さず、その日のうちに回復させる習慣を身に付けましょう。

休養の種類には、次の２つがあります。

▼休養の種類

消極的休養 （肉体的疲労を回復させる）	積極的休養 （精神的疲労を回復させる）

寝たり、何もせずにゴロゴロする休養です。	家族や仲間とコミュニケーションをとりながら、積極的に心身のリフレッシュを図る休養です。

試験予想チェック!

生活習慣病改善やダイエットに対して関心が高まる中、運動と健康に関して食生活アドバイザーがアドバイスを求められる機会も増えています。栄養・運動・休養の関係や、運動の効果、特に脂肪を減らすための運動についての出題が予想されます。

Step 2 「健康（運動と休養）」の要点チェック

チェック欄
1回目 2回目

□／□ 生活習慣病の改善や、生活の質を向上させ（ **健康寿命** ）を延ばすための３要素は、栄養、（ **運動** ）、休養です。

□／□ 運動の効果としては、（ **心臓や肺の機能向上** ）、血管や（ **骨** ）が丈夫になる、（ **免疫** ）力が向上する、などがあげられます。

□／□ 運動をすることで、皮膚・筋肉・骨などの（ **老化** ）を遅らせ、丈夫な体を作り、さらに（ **脂肪** ）を減らして、（ **筋肉** ）を増やす効果もあります。

□／□ 重量挙げや短距離走など一気に力を出す運動を（ **無酸素性** ）運動といい、反対にマラソンや水泳など（ **呼吸** ）をしながら長時間行う運動を（ **有酸素性運動** ）といいます。

□／□ 無酸素性運動では主に（ **糖質** ）をエネルギーとして消費し、有酸素性運動では（ **脂肪** ）を消費します。体脂肪率の改善効果があるのは（ **有酸素性** ）運動の方です。

□／□ 無酸素性運動では筋肉内に（ **乳酸** ）という代謝生成物がたまり、継続時間は（ **２～３** ）分が限度です。一方、有酸素性運動では呼吸によって（ **酸素** ）を取り込みながら運動するため、長時間運動を継続することが可能です。

□／□ 休養とは、心身の疲労を回復させる（ **休む** ）という側面と、仕事や家事を充実した状態で行えるよう英気を（ **養う** ）という側面の２つがあります。

□／□ 休養の種類には、寝たり何もせずにゴロゴロする（ **消極的** ）休養と、家族や仲間とコミュニケーションをとりながら積極的に心身の（ **リフレッシュ** ）を図る（ **積極的** ）休養の２種類があります。

Step 3 演習問題と解説

1-1 食生活(栄養と栄養素)

例題(1) 食生活に関する記述として、もっとも不適当なものを選びなさい。

1. サプリメントのようなもので栄養を補給すると、過剰摂取になる問題を引き起こす可能性もあり、十分に注意が必要である
2. ライフスタイルの変化などから、一人だけで食べる孤食や、家族が揃った食事でも別々の料理を食べる個食が増えているが、自由な時間に好きなものが食べられ現代の食文化にあった良い習慣といえる
3. 食品に含まれている栄養素の働きや、栄養素が体や健康にどのように関わっているのかを研究する学問が栄養学である
4. 栄養素が豊富に含まれている食品を毎日とることが健康維持や増進につながるとは限らない
5. 日本の平均寿命は世界に比べて長いものの、健康寿命との差があり問題があるといえる

正解 2

例題(1)の解説

1. サプリメントによって、特定の栄養素をとり過ぎて過剰症を引き起こすことがあります。特に、脂溶性のビタミンは注意が必要です。
2. 孤食や個食は心身に悪影響をおよぼします。特に子どもは、家族が揃った食卓において心が育まれたり、マナーを学んだりするなど、食事は大切な役割がありますので、食事形態のあり方を見直ししていかなければなりません。
3. 栄養素の働きや、栄養素が体や健康にどのように関わるかを研究するのは、栄養学のことです。
4. 栄養素が豊富であれば、その人の体に良いとは限りません。その人の体調に合わせて検討し必要なだけ摂取することが大切です。

! 試験対策のポイント

食生活に関するさまざまな情報が氾濫する中、本質を見極めることが設問の中でも求められます。栄養素を薬のように見てはいけないこと、食生活と病気の関係、サプリメントの考え方、子どもの食生活における問題点（孤食・個食など）、食生活の欧米化、医食同源などというキーワードに関する事柄についても知っておきましょう。

1-2　栄養素の役割（5大栄養素）

例題(2)　栄養素の役割に関する記述として、もっとも不適当なものを選びなさい。

1. 水は栄養素ではないが、人の体の約60%は水分でできているといわれ、栄養素の運搬や老廃物の排泄、体液のph調節、発汗による体温調節など大切な役割をしている
2. 栄養素の中で体の構成成分となるものは、糖質とたんぱく質と脂質である
3. たんぱく質とはアミノ酸が多数結合した高分子化合物で、体内で合成できないアミノ酸（必須アミノ酸）は、食品から摂取する必要がある
4. 糖質は体内でブドウ糖となり、脳や筋肉のエネルギー源となる。とり過ぎると、脂肪として体内に貯蔵される
5. 脂質は、体の中で細胞膜の構成成分や血液成分となる働きがある。しかし、肥満につながる恐れがあるため、とり過ぎには注意が必要である

正解 2

例題(2)の解説

2. 栄養素の中で体の構成成分となるものは、たんぱく質・脂質・ミネラルです。
3. 必須アミノ酸をバランスよく含む食品は、良質たんぱく質である牛乳・卵・魚介類・肉類・大豆などです。

試験対策のポイント

P27の5大栄養素の役割（体の構成成分になるもの、エネルギーになるもの、体を調節する機能のあるものでの分類）、たんぱく質・脂質・糖質の役割と、特徴をつかんでおきましょう。また、食物繊維の働きもよく出題されています。糖質とグリコーゲンの関係も押さえておきましょう。

例題(3) **食物繊維に関する記述として、もっとも不適当なものを選びなさい。**

1. 食物繊維を多量に摂取すると、下痢を引き起こすことがある。また下痢を引き起こすと、体内のミネラル分が水分とともに排出されるため、ミネラルの欠乏症になることがあり注意が必要である
2. 食物繊維は、便のカサを増すことで排便を促進し、発がん性物質をやわらげる働きがあるため、大腸がんを予防する効果が期待できる
3. 食物繊維は、水に溶ける水溶性食物繊維と、油に溶けやすい不溶性食物繊維の2種類に大別できる
4. 食物繊維は、エネルギー量は低く、体の構成成分にもならないことから、かつては食べ物の役に立たないカス的な存在として扱われていた
5. 糖質の消化や吸収を抑制し、血糖値の上昇をゆるやかにする働きがあることから、糖尿病予防につながる

正解 3

例題(3) の解説

1. 日頃から胃腸が弱い人は、特にとり過ぎに注意が必要です。

3. 食物繊維には、水に溶ける水溶性食物繊維と、水に溶けない不溶性食物繊維とがあります。

4. 現在では、生活習慣病などの予防効果で注目されています。

! 試験対策のポイント

生活習慣病の予防に欠かせない、食物繊維に関する問題の出題が多くなっています。食物繊維の種類と性質や働き、どんなものに含まれているかなどは、必ず押さえておきましょう。

1-3　ビタミンとミネラルの働き

例題(4)　ビタミンに関する記述として、もっとも適当なものを選びなさい。

1. ビタミンには水溶性ビタミンと脂溶性ビタミンとがあり、過剰症の問題が起こりやすいのは水溶性ビタミンの方である
2. 野菜や果物などに含まれる水溶性のビタミンは、水や熱に強く調理に特別、気を付けなくともほとんど失われることはない
3. ビタミンは微量元素と呼ばれエネルギーにもなり、栄養素の働きを高めたり、体調を整えたりする働きがある
4. ビタミンCは過酸化脂質の生成を防いだり、コラーゲンの生成を促したりする。喫煙をすると多く消費される
5. ビタミンAは水溶性ビタミンで、レバー、うなぎなどに多く含まれ、目や皮膚の健康を保つ役割をする

正解 4

例題(4)の解説

1. 水溶性ビタミンはとり過ぎても体外へ排出されるため問題は起こりにくいが、脂溶性ビタミンは体内に蓄積するため注意が必要です。
2. 水溶性のビタミンは水や熱に弱いものが多く、調理法によっては分解され、残存率が低くなります。
3. ビタミンはエネルギーにはなりません。
5. ビタミンAは脂溶性です。

試験対策のポイント

まず、脂溶性ビタミンの種類とその役割、欠乏症と過剰症は覚えましょう。
水溶性ビタミンは種類が多いので、ビタミンCとビタミンB群、葉酸の役割と欠乏症を先に覚えておきましょう。サプリメントとの関係が、よく問題として扱われます。過剰症になりやすい脂溶性ビタミンを押さえておきましょう。

例題(5) **ミネラルに関する記述として、もっとも不適当なものを選びなさい。**

1. ミネラルは無機質とも呼ばれ、炭素、水素、窒素などを除いたものをいい、骨や歯などの体の構成成分になる
2. カリウムのとり過ぎは高血圧の原因となるので気を付けなければならない
3. 食品に含まれる鉄分には、植物性食品に含まれる非ヘム鉄と動物性食品に含まれるヘム鉄があり、吸収率が高いのはヘム鉄である
4. 亜鉛が欠乏すると、味覚障害を引き起こすことがある
5. 加工食品をよく食べる人は、ミネラルのバランスが崩れやすいので注意が必要である。特に、ナトリウムや食品添加物として使われるリンなどのとり過ぎになる傾向がある

正 解 2

例題(5)の解説

2. 高血圧の原因となるのは、ナトリウムのとり過ぎです。カリウムは細胞内の余分なナトリウムを排出して、血圧を正常に保つ働きがあります。
3. 栄養素は、多く含む食べ物を食べても、それがそのまますべて吸収されるとは限りません。ヘム鉄の吸収率はおよそ15～25%、非ヘム鉄はおよそ2～5%、カルシウムでは乳製品でおよそ40～50%、小魚ではおよそ30%、青菜類ではおよそ18%です。
   現代人に不足しがちなカルシウムと鉄分ですが、食べ合わせや調理方法などを考えて、吸収率を上げる工夫が必要です。

4. 亜鉛はカキ、レバー、牛肉などに多く含まれています。

5. リンをとり過ぎると、カルシウムの吸収を悪くします。骨の発育に影響するので注意が必要です。

試験対策のポイント

ミネラルの主な働きを押さえておきましょう。無機質であることもポイントです。ナトリウム・カリウムと高血圧の関係、カルシウム・リンと骨の発育との関係、鉄と貧血との関係も覚えておきましょう。

例題(6) **ビタミンとミネラルにおける生理作用と欠乏症の組み合わせとして、もっとも不適当なものを選びなさい。**

1. カルシウム ----- 骨や歯を形成する ➡ 骨粗しょう症
2. ビタミンK ----- 出血時の血液凝固 ➡ 新生児メレナ
3. ビタミンC ----- コラーゲンの生成 ➡ 脚気
4. カリウム ----- 血圧を正常に保つ ➡ 不整脈
5. ビタミンB_6 ----- アミノ酸の代謝を促進 ➡ 皮膚炎

正 解 3

例題(6) の解説

3. ビタミンCの欠乏症は、壊血病です。脚気は、ビタミンB_1の欠乏症です。

試験対策のポイント

例題の他に、栄養素と欠乏症との組み合わせも出題されています。
P36、37、39の欠乏症を覚えておきましょう。

1-4 代謝

例題(7) **代謝に関する記述として、もっとも不適当なものを選びなさい。**

1. 栄養素が分解・消化・排泄されるという、体内における物質変化のことを代謝という
2. 基礎代謝は女性に比べ、男性の方が高く、年齢が高くなるにつれて低くなる
3. 古くなった細胞を捨て去り、新しい細胞を作るような代謝のことを新陳代謝という
4. 食物を摂取したときに、その食物を消化吸収するためにエネルギー代謝が高まる作用がある。これを、特異動的作用という
5. 安静の状態で呼吸する、心臓を動かす、体温を維持するなどのために最低限必要なエネルギー量のことを、安静時代謝量という

正解 5

例題(7) の解説

2. 基礎代謝はまた、同じ体重であれば、筋肉量の多い人の方が高いです。
5. 安静時代謝量ではなく、基礎代謝量の説明文です。安静時代謝量についてはP44 を参照してください。

試験対策のポイント

代謝とは何か、基礎代謝の意味と特徴、安静時代謝量、運動時代謝量などについて確認しておきましょう。また、食事摂取基準の内容についても知っておいてください。

例題(8) **ダイエットに関する記述として、もっとも適当なものを選びなさい。**

1. ダイエットで、急激な食事制限は体を壊すもととなり危険であるが、ゆるやかな食事制限であれば運動は一切しなくてもよく、太りにくく痩せやすい体を作ることができる
2. 食事制限をし体重が減った後、食事の量を元に戻した際に、体重がダイエット前に戻ってしまう場合があるが、また食事制限すれば体重が減り問題はない
3. ダイエットは、ゆるやかな摂取エネルギーの減少と消費エネルギーの増加を同時に行うことが望ましいため、食事と運動の両面を見直すことが必要である
4. 上手にダイエットするためには、筋肉量を増やすことが消費エネルギーの増加につながるので、短期間でハイペースな運動量でダイエットすることが一番効果があり、健康的なダイエットといえる
5. 雑誌やテレビなどで取り上げられているさまざまなダイエットは、やり方は異なるが、間違ったものではなく、それぞれの方法で健康的なダイエット効果が得られる

正解 3

例題(8)の解説

1. 運動をしないと筋肉がどんどん落ちてしまい基礎代謝が下がるため、痩せにくい体になっていきます。
2. ダイエット前の体重に戻ったり、ダイエット前より増えたりすることを、リバウンドといいます。
4. 短期間のハイペースな運動は、体に負担がかかり危険をともないますので避けましょう。
5. 間違ったものも見受けられますから、注意が必要です。

試験対策のポイント

ダイエットの問題も近年出題が多くなってきています。なぜ肥満が起こるのか？の理由を、基礎代謝のことと併せて知っておきましょう。また、リバウンドの意味も押さえておきましょう。

ダイエットの基本原則は、ゆるやかな摂取エネルギーの減少と、消費エネルギーの増加を同時に行うことです。

例題(9) 消化・吸収に関する記述として、もっとも不適当なものを選びなさい。

1. 胃や腸において食物を移送させることをぜん動運動といい、食物が排泄されるまでには約24時間かかるという
2. 咀嚼（そしゃく）とは、口の中に入れた食べ物を食道へと送り込むことである
3. 消化作用には、物理的消化（機械的消化）と化学的消化、生物学的消化などがある
4. 小腸では、たんぱく質はアミノ酸、糖質はブドウ糖、脂質は脂肪酸などに分解されて、そのほとんどが吸収される
5. 唾液にはアミラーゼという消化酵素が含まれていて、デンプンの消化を助ける働きがある

正解 2

例題(9)の解説

2. 咀嚼とは、口の中に入れた食べ物を歯で噛み砕くことです。
4. 各消化器官の役割、特にどこで栄養が吸収されるかは覚えておきましょう。胃では消化、小腸では消化と吸収、大腸では水を吸収し、残ったカスが便となります。

! 試験対策のポイント

消化器官の役割（ぜん動運動・咀嚼）、何に分解されるか（たんぱく質—アミノ酸、脂質—脂肪酸、糖質—ブドウ糖）、栄養の吸収については覚えておきましょう。

1-5 病気と食事の関係

例題(10) **食事と病気予防に関する記述として、もっとも不適当なものを選びなさい。**

1. 動脈硬化の予防では、エネルギー摂取量の制限とともに、薄味にしたり、コレステロールの多い食品の摂取に注意を払うようにする
2. 糖尿病の食事療法では、患者の標準体重や生活活動量を考慮し、バランスよく食べることと、過食を避けることを重点としている
3. 貧血の予防では、鉄分の摂取量を増やすとともに、「ビタミンB_{12}」「葉酸」の摂取を心がけるようにする
4. 骨粗しょう症の予防では、カルシウムはもちろんのこと、カリウムとナトリウムをバランスよく摂取することを心がけるようにする
5. 胆石症の予防では、脂肪やコレステロールの多い食品の摂取に注意を払うことはもちろんのこと、アルコール類やカフェイン、炭酸飲料のとり過ぎにも注意する

正解 4

例題(10) の解説

1. 動脈硬化は、動脈壁が肥厚・硬化しているため血管の内側が狭くなって、血液の循環が悪くなった状態です。血管にダメージを与える食事のとり方は避けるようにします。

2. 糖尿病は自覚症状がなく、ゆっくりと進行します。運動不足や食べ過ぎ、飲み過ぎ、ストレスなどが間接的な原因となります。糖尿病の予防や進行を止めるには、これらの生活習慣を見直すことが大切です。

3. 鉄以外に造血作用のある栄養素として、ビタミン B_6、B_{12}、葉酸があります。
4. 骨粗しょう症予防の説明ではありません。カリウムは、細胞内の余分なナトリウムを排出して血圧を正常に保つ働きがあります。
5. 胆石症の予防では、肉類の脂身やバターなど、脂肪やコレステロールの多い食品を控えるとともに、食物繊維を多くとることを心がけることが大切です。

試験対策のポイント

病気予防と食事に関する出題については、特に「肥満」「高血圧」「糖尿病」に関するものが多く出題されています。問題には「食事だけでなく、生活習慣そのものを見直すことが大切」といった選択が必ずといっていいほど含まれています。

例題(11) **糖尿病に関する記述として、もっとも不適当なものを選びなさい。**

1. 糖尿病の初期段階には自覚症状はなく、病気が進行すると、網膜症、腎症、神経障害などの重大な合併症を引き起こすことがあるため注意が必要である
2. 食事療法の基本は、過食を避け、朝・昼・夕の3食の食事の量を均等にして、規則正しく食事をすることである
3. 糖尿病は、かつて成人病と呼ばれていた生活習慣病の一つである。現在、子どもの発症も確認されているため、子どものうちから食事や運動不足など、生活習慣に気を付けることが必要である
4. 糖尿病の原因は、すい臓から分泌されるインスリンが充分に供給されず、血糖値が下がり過ぎることが原因である
5. 糖尿病の治療のポイントは、食事療法とともに、運動習慣の実践も取り入れ、日常生活を根本的に見直していくことが必要である

正解 4

例題（11）の解説

1. 糖尿病の３大合併症は絶対に覚えておきましょう。

2. 血糖値を安定させるポイントです。

4. 糖尿病はインスリンの働きが悪くなり、血糖値が上がることが問題です。

試験対策のポイント

糖尿病患者が急増しているため、今後も糖尿病に関する問題は出題されるでしょう。ブドウ糖、血糖値、すい臓、インスリン、糖尿病の3大合併症など関連用語をしっかり押さえておきましょう。

1-6　健康（運動と休養）

例題(12) **健康を考える際に重要とされる３要素である「栄養」「運動」「休養」のうち、健康と運動の関係についての記述として、もっとも不適当なものを選びなさい。**

1. 運動をすることで、心肺機能や免疫力が向上し健康になる
2. 運動をすることで、筋肉や骨が鍛えられ、老化を遅らせることができる
3. できるだけ強度の高い運動をすることで、より健康になる
4. メタボリックシンドローム対策のためには、脂肪の燃焼効果が高い有酸素性運動が良い
5. 運動の効果を持続するためには、3日に1回以上運動した方が良い

正解 3

例題（12）の解説

1、2. 運動が体に与える効果は主に、「心肺機能の向上」「血管を丈夫にする」「免疫力が向上」「骨を丈夫にする」の４つがあります。４つの効果が具体的に、

脂肪の燃焼率UPによるダイエット効果、糖尿病などの改善などとして、身体に表れてきます。

3. 強度の高い運動は、心臓などに負担をかけ過ぎてしまい逆効果になってしまう恐れがあります。強度が高い分、運動を持続することができず、脂肪燃焼などの効果が表れにくくなってしまいます。

4. 有酸素性運動は、長時間かけて運動することができるため、血中の糖類だけでは足りず、体内に蓄えられた脂肪を消費して運動します。主な運動は、マラソンや水泳などです。

5. 運動の効果は72時間しか持ちません。いったん運動の効果が消えてしまうと、またゼロからのスタートになってしまうので、3日に1回程度の持続が望ましいとされています。

! 試験対策のポイント

世の中の健康志向を背景に、運動に関する問題は出題頻度が高くなっています。有酸素性運動と無酸素性運動、それぞれの特徴と効果を覚えておきましょう。また、自ら運動に取り組み、運動の効果を体感することで、頭だけではなく身体で覚えることができる項目といえます。食生活アドバイザーの資格を取るにあたって、自ら運動の習慣を付けましょう。

3ステップで最短合格！
食生活
アドバイザー®検定
3級
テキスト&
模擬問題
［第5版］

もてなし上手になろう

食文化と食習慣

2-1　四季と行事食（★★★）

ハレとケの意味を理解し、特別なお祝いごとにはどのような行事や行事食があるのかを学びます。

2-2　賀寿のお祝いと通過儀礼（★★）

長寿のお祝いの種類と由来、年齢にちなんだ通過儀礼の種類と料理について学びます。

2-3　郷土料理（★★★★）

土地特有の食文化を継承する郷土料理と、近年見直されている土産土法および関連用語について学びます。

2-4　食材とおいしさ（★★★）

旬の食べ物をとる意味やその種類を知り、おいしさの要因は味だけでなく、さまざまな要因が合わさることで感じるということを学びます。

調理と料理

2-5　日本料理の特徴（★★★★）

日本料理の種類と特徴、世界の代表的な料理や飲み物について学びます。

2-6　調理方法（器具と食材の切り方＆調理法の種類）（★★★）

調理に必要な器具の使い方や調理の方法について、目的や用途を踏まえて学びます。

2-7　盛り付けと器の種類（★★）

盛り付けはおいしさに影響する場合があるため、盛り付けの方法や器の種類について学びます。

2-8　食事とマナー（★★★★）

周囲に不快感を与えない日本料理のマナー、西洋料理や中国料理のマナーを学びます。

※★マーク（1つ～5つ）の数が多い程、試験頻出度が高くなります。★マークが多くついているものは特に、繰り返し熟読し覚えるようにしてください。

頻出度★★★

食文化と食習慣

2-1 四季と行事食

Step 1 基本解説

ハレとケ

ハレ着、ハレ舞台など公の場、表立ったおめでたい場所や特別な状態を指す言葉として、**ハレ**という言葉が使われます。日本では、ハレの日には普段とは違った食事でお祝いをする習慣があります。

また、ハレに対して日常的な日や、通夜や告別式などがある日を**ケ**といいます。

餅、団子、赤飯、酒は、かつては日常的には飲食されない特別な食べ物でした。餅はもち米を炊いてからつく、団子は上新粉を水とこねあげる、赤飯はもち米に小豆で色付けするなど、手間がかかる調理法だったので、ハレの日に作り、神様に供えた上で、皆でお祝いの食事をしていたのです。

節句と年中行事

ハレの日には五節句、年中行事、通過儀礼などがあります。行事の内容や地域性によって、供される食事の内容も異なります。

- **五節句**

季節の変わり目となる日を**節句**と呼び、このときに食べる料理を**節供**(せちく)といいます。季節の食材を使った料理でお祝いをします。また、公的な行事・祝日として定められた日を五節句と呼びます。

▼節句と節供（せちく）

月日	節句	別名	主な料理
1月7日	人日（じんじつ）	七草の節句※	七草がゆ
3月3日	上巳（じょうし）	桃の節句 ひな祭り	白酒、菱餅、草餅、ハマグリのお吸い物、ちらし寿司
5月5日	端午（たんご）	菖蒲の節句（あやめの節句） こどもの日	ちまき、かしわ餅
7月7日	七夕（たなばた、しちせき）	七夕祭り	そうめん、ウリ類
9月9日	重陽（ちょうよう）	菊の節句	菊酒、菊寿司、栗飯

※七草
春の七草：セリ、ナズナ、ゴギョウ（ハハコグサ）、ハコベラ（ハコベ）、ホトケノザ、スズナ（カブ）、スズシロ（ダイコン）
秋の七草：ハギ、オバナ（ススキ）、クズ、ナデシコ、オミナエシ、フジバカマ、キキョウ

● 年中行事

年中行事は、毎年決まった日に行われる儀式や催し物のことで、地域によって異なるものもありますし、海外からの文化が日本流にアレンジされたものなどもあり、新しい文化も誕生しています。

▼年中行事と主な食べ物

月	行事	主な食べ物
1月	正月（1月1日～3日）	若水(注)、鏡餅、おとそ(注)、雑煮、おせち料理
	鏡開き（1月11日）	鏡餅入り小豆汁粉
	小正月（1月15日）	小豆がゆ
2月	節分（2月3日または4日）	煎り豆、恵方巻き(注)
3月	春彼岸(注)（3月20日頃）	ぼたもち、彼岸だんご、精進料理
4月	灌仏会（かんぶつえ）(注)（4月8日）	甘茶
7月	盂蘭盆（うらぼん）（7月13日～15日）	野菜、果実、精進料理
8月	月見（8月15日／9月13日）	きぬかつぎ(注)、月見だんご
9月	秋彼岸(注)（9月20日頃）	おはぎ、彼岸団子、精進料理
11月	七五三(注)（11月15日）	千歳あめ
	新嘗祭（にいなめさい）(注)（勤労感謝の日）11月23日	新しい穀類で作った餅、赤飯
12月	冬至（12月22日または23日）	冬至がゆ、冬至かぼちゃ
	クリスマス（12月25日）	クリスマスケーキ
	大晦日（おおみそか）（12月31日）	年越しそば

▼表「年中行事と主な食べ物」の（注）表記について

（注）
- 若水：元旦（1月1日）に初めてくむ水のこと。若水を飲むと、1年の邪気を除けるといわれています。
- おとそ：1年間の邪気を払い、長寿を願って正月に飲む縁起物のお酒です。
- 恵方巻き：節分に食べると縁起が良いとされている太巻き寿司です。恵方とは、その年のもっとも良いとされる方角のことです。
- 春彼岸：春分の日を中日とした前後3日間です。
- 灌仏会：お釈迦さまが生まれた日を祝うのが灌仏会です。花祭りとしてお祝いする寺院もあります。
- きぬかつぎ：里芋の小芋です。
- 秋彼岸：秋分の日を中日とした前後3日間です。
- 七五三：子どもの成長の祝いで、数え年で男の子は5歳、女の子は3歳と7歳の11月15日に、晴れ着姿で氏神などに参拝します。

・新嘗祭：稲の収穫を祝い、翌年の豊穣を祈願する祭儀で、新穀を得られたことを神様に感謝します。

通夜料理

ケの日である通夜の料理には、仏教の教えから精進料理を出すとされていましたが、現在はサンドイッチや寿司なども出されるようになりました。

四十九日の法要などの精進落としでは、一人ひとりに膳が出され、通夜振る舞いでは実際の人数の予想が難しいこともあって、4～5人分の料理を大皿に盛り合わせたものが並べられることが多いです。

行事食の色

日本では、赤は魔除けになると信じられており、お祝いの行事食には赤飯などの赤いものを食べることが多いです（赤飯は、小豆、ささげなどの豆を混ぜて蒸し上げたご飯）。

また、餅についても赤餅にすることもあります。

試験予想チェック!

節句や年中行事とそれに関連した料理の問題は、多く出題されています。
表の中に出てくる節句や行事名と、主な料理の組み合わせはしっかり覚えておきましょう。

Step 2 「四季と行事食」の要点チェック

チェック欄
1回目 2回目

□/□ 表立った特別な場所や特別な日を指す言葉を（ **ハレ** ）といい、それに対し日常的な普段の生活や状況を（ **ケ** ）といいます。

□/□ 日本では、昔から特別な日に（ **餅** ）、団子、赤飯などを作り、神様に供えお祝いしました。また（ **酒** ）も昔から神に捧げ、神と共に飲む特別な日の重要な飲み物です。

□/□ 四季折々の変化に富んだ日本では、伝統的に季節の変わり目となる日を（ **節句** ）と呼び、季節の食材を使った料理を作ってお祝いをしてきました。

□/□ 1月7日は（ **人日** ）の節句といい、（ **七草がゆ** ）を食べてお祝いします。

□/□ （ **上巳** ）の節句は別名「桃の節句」ともいい、菱餅や（ **ハマグリ** ）のお吸い物、（ **ちらし寿司** ）などでお祝いします。

□/□ 9月9日は（ **重陽** ）の節句、または（ **菊の節句** ）といい、菊酒、（ **栗飯** ）などで祝います。

□/□ 1月11日の（ **鏡開き** ）では、お正月にお供えしていた（ **鏡餅** ）を割り、それを入れたお汁粉を食べて一家の円満を願いました。

□/□ 主な年中行事と食べ物の組み合わせには、七夕と（ **そうめん** ）、土用の丑の日と（ **うなぎ** ）、（ **七五三** ）と千歳あめ、（ **冬至** ）とかぼちゃ、大晦日と（ **年越しそば** ）などがあります。

□／□ 春分の日の前後3日間を（ **春彼岸** ）、秋分の日の前後3日間を（ **秋彼岸** ）といい、彼岸だんごや（ **精進料理** ）、春はぼたもち、秋には（ **おはぎ** ）でお祝いをします。ぼたもちと（ **おはぎ** ）は同じもので、炊いた餅米を丸め、餡でくるんだ食べ物です。春の牡丹、秋の萩の花に由来するとされています。

□／□ 節分の代表的な食べ物として（ **恵方巻き** ）があります。恵方とは、その年のもっとも良いとされる（ **方角** ）のことです。

□／□ お釈迦様が生まれた日を祝うのは（ **灌仏会** ）で、主な食べ物は（ **甘茶** ）です。

□／□ （ **新嘗祭** ）は稲の収穫を祝い、翌年の豊作を祈願する祭儀です。また（ **勤労感謝** ）の日として11月の国民の祝日となっています。

Column まとめ食いは脂肪がたまりやすい

同じエネルギー量なら、数回に分けて食べる方が太りにくいという研究結果があります。

２回食にすると３回食に比べて食後の血糖値が高くなり、太りやすくなるといわれています。また食事の間隔が空き過ぎると、次の食事まで体内にエネルギーを蓄えようと、摂取したエネルギーからの脂肪の合成が高まり、太りやすくなるようです。

２回食で食事の量が減ることは、必要な栄養素が十分にとれなくなる恐れもありますから、気を付けましょう。

頻出度★★

食文化と食習慣

2-2 賀寿のお祝いと通過儀礼

Step 1 基本解説

賀寿

賀寿とは長寿のお祝いのことで、ある一定の年齢に達したときに、今まで無事に長生きできたことを祝い、これからも健康で長生きできることを願って行うものです。

賀寿のお祝いは室町時代に始まり、江戸時代に一般的になりました。赤飯や鯛（たい）などを料理して祝います。

▼賀寿とその由来

呼び名	年齢（数え年）	由来
還暦（かんれき）	61歳※	十干十二支の60の組み合わせが60年かけて一巡し、生まれた年の干支に再び戻ることから、「人生を再び始める」節目の年としてお祝いする。「赤ちゃんに還る」という意味と魔除けの意味で、赤いちゃんちゃんこや座布団など、赤い色のものを贈る
古希（こき）	70歳	唐の詩人、杜甫の「曲江詩」にある「人生七十古来稀」（人生七十年生きる人は古くから稀である）という詩から
喜寿（きじゅ）	77歳	「喜」の草書体「㐂」が、七が重なることから
傘寿（さんじゅ）	80歳	「傘」の略字「仐」が、八十でできていることから
米寿（べいじゅ）	88歳	八、十、八を合わせると「米」になることから
卒寿（そつじゅ）	90歳	「卒」の略字「卆」が、九、十でできていることから
白寿（はくじゅ）	99歳	「百」から「一」を除くと、「白」になることから

※ 現代では、満年齢で数えることが一般的なため、満60歳を還暦とする考え方も増えてきています。

通過儀礼

賀寿の他にも、年齢にちなんだお祝いとして通過儀礼があります。人の一生の中で通過するさまざまな節目をお祝いする儀式で、誕生、お七夜、お食い初め、初節句、七五三、入学、卒業、成人、婚礼、死去※などがあり、それぞれの行事にあった料理が供されます。とはいえ、この料理でなければいけないというものではなく、行事食の目的は家族や親戚が集まって健康と平穏無事を祈り、みんなで気持ちよくお祝いできる料理がもっともふさわしいといえます。

※死去：枕飯、精進料理（今では寿司なども供される）

● 主なお祝いと食べ物

誕生……………産飯（うぶめし）

お七夜…………生後7日目に名付け祝いを行う。赤飯・鯛

初宮参り………男の子は生後31日、女の子は生後32日ごろに産土神（うぶすなかみ）に参詣すること。赤飯・紅白餅・鰹節（かつおぶし）

お食い初め……生後120日目の赤ちゃんが、一生食べ物に困らないようにお祈りする。食い初め膳・赤飯・尾頭付き魚・吸い物

初誕生日………数えで年を数える風習であった昔の日本では、初めての誕生日だけを祝う習慣があった。一升の餅を赤ちゃんに背負わせて、赤ちゃんの健やかな成長を祈る。赤飯・一升餅

十三参り………生まれた年の干支が、初めて巡ってくる年（数え年で十三歳）に行われる行事

婚礼……………赤飯、鰹節、昆布、するめ

● 誕生と結婚に関するお祝いごと

誕生・結婚に関するお祝いごとには、次のようなものがあります。

帯祝※ ➡ 出産 ➡ お七夜 ➡ 初宮参り ➡ お食い初め ➡ 初節句※ ➡ 初誕生日 ➡ 七五三 ➡ 十三参り ➡ 成人式

婚約 ➡ 結婚式 ➡ 結婚記念日 ➡ 銀婚式（25 周年）➡ 金婚式（50 周年）

※帯祝：妊娠5ヶ月目の戌(いぬ)の日に、妊婦が腹帯を巻く儀式です。胎児を守り、妊婦の動きを助け、無事に出産できるように祈願します。

※初節句：生後初めての節句で、女子は上巳（3月3日）、男子は端午（5月5日）です。

賀寿の名前を年齢順に並べたり、何歳のお祝いがどの賀寿なのかを問われる問題は頻出されています。由来と併せてしっかりと覚えておきましょう。

通過儀礼は、年中行事や賀寿などと組み合わせた問題で出題されることもありますので、主なものを整理して確認しておきましょう。

Step 2 「賀寿のお祝いと通過儀礼」の要点チェック

チェック欄
1回目　2回目

□／□ 長寿を祝うことを総じて（　**賀寿**　）といい、室町時代から始まり（　**江戸時代**　）に定着しました。昔から（　**赤飯**　）、鯛、紅白餅などの料理でお祝いをします。

□／□ 数え年で61歳を（　**還暦**　）といい、人生を再び始める節目の年としてお祝いします。「赤ちゃんに還る」という意味で、（　**赤い**　）ものをプレゼントする習慣があります。

□／□ 数え年で70歳を（　**古希**　）といいます。中国の詩人、杜甫の詩「人生七十古来稀」よりとられました。

□／□ 八、十、八を重ねると（　**米**　）という字になることから、88歳を（　**米寿**　）としてお祝いします。

□／□ 傘寿は「傘」の略字「仐」から（　**80**　）歳のお祝い、卒寿は「卒」の略字「卆」から（　**90**　）歳のお祝いの賀寿の名前となっています。

□／□ 主な賀寿は（　**7**　）つあり、若い方から順番に、還暦（　**61**　）歳、（　**古希**　）70歳、喜寿（　**77**　）歳、傘寿80歳、米寿88歳、（　**卒寿**　）90歳、白寿（　**99**　）歳です。

□／□ 生後7日目には名付けのお祝いとして、（　**お七夜**　）が行われます。生後120日目には赤ちゃんが一生食べ物に困らないようにお祈りする、（　**お食い初め**　）のお祝いをします。

□／□ 人が生まれてから大人になるまでのさまざまな節目をお祝いする儀式には、誕生、お七夜、（　**初宮参り**　）「産土神に参詣すること」、お食い初め、初節句、初誕生日、（　**七五三**　）「子どもの健康と成長を祝う11月の行事」、十三参り、成人式があります。

□／□ 妊娠5ヶ月目の戌（いぬ）の日に腹帯を巻き、妊娠を祝うとともに出産の無事を祈るお祝いを（　**帯祝**　）といいます。

頻出度★★★★ 食文化と食習慣

2-3 郷土料理

Step 1 基本解説

郷土料理

その土地ならではの料理を、**郷土料理**といいます。その土地の特産品をその土地特有の方法で調理したものはもちろん、調理方法は一般的でも食材がその土地特有のもの、逆に食材はその土地特有のものではないが、調理方法がその土地特有のものも郷土料理といえます。

その土地の人々が特有の生活習慣・条件のもとで生活の知恵と工夫から生み出し、代々受け継がれてきた料理のことです。

土産土法

その土地で生産(収穫)されたものは、その土地の方法で調理や保存をし、食べるのが一番望ましいという考え方を、**土産土法**といいます。

土産土法のメリット

- 収穫してすぐに食べられる、新鮮である
- その土地で穫れたものをおいしく食べるための工夫がなされた特有の調理方法・保存方法がある
- 流通という観点から、多くの人の手を介在する必要がなくなる

例えば、地方で穫れた作物を首都圏のスーパーで販売するためには、保管や輸送に多くの人の手を経由する他、大量生産・品質の均質化が求められるため、促成栽培を行ったり、食品添加物を使用する、規格に合わない商品を大量に廃棄するなどの問題が考えられます。しかし土産土法であれば、これらの問題が軽減できるのです。

土産土法に関連する言葉

地産地消……その土地で生産されたものをその土地で消費するという意味

身土不二（しんどふじ）……身（体）と土（土地）は不二（2つのものではない、同一のもの）。人間の体は住んでいる風土と切り離せない、その土地の自然に適応した作物を育て、それを食べることにより健康を維持できるという考え方を表している言葉

域内消費……地産地消と同様の意味

地域自給……その地域ですべてをまかなっていこうという意味

スローフード

「出てくるのが早い」「安くて効率が良い」「どこでも同じ味」のファストフードに対して、スローフードという言葉がありますが、1980年代後半にイタリアで「食にまつわる文化をもっと大切にしていこう」という**スローフード運動**が始まりました。

スローフード運動では、「伝統的な食材や料理の継承」「質の良い食材を提供する小生産者の保護」「子ども達を含めた消費者への食育や味覚教育を進める」の3つの活動を行います。

味の画一化をもたらすファストフードを批判する意味で、「スロー」という言葉が使われましたが、ファストフードを単純に否定するのではなく、食文化にまつわる文化を大切にしようという意識が底流にあり、土産土法に近い考え方です。

試験予想チェック!

土産土法や、それと関連のある言葉の意味について問われる問題は頻出事項です。
また、郷土料理に関しては、地域とその地域の代表的な料理の組み合わせや特徴も問われる問題として出題されることが多いので、代表的なものを覚えておきましょう。
昨今のご当地ブームで、全国的に有名なものも多いです。
例）秋田のきりたんぽ、香川のさぬきうどん、沖縄のゴーヤーチャンプル

▼全国の主な郷土料理

地方	郷土料理	地方	郷土料理
北海道	石狩鍋（鮭）・ジンギスカン鍋・いかめし・松前漬け・三平汁	東北地方	青森：ほやの水もの・たらのざっぱ煮・りんごなます 岩手：わんこそば・鮭のもみじ漬け・ほろほろ 秋田：きりたんぽ・はたはた寿し・しょっつる鍋・なた漬け 山形：納豆汁・どんがら汁・六条豆腐・冷やし汁・つぶつぶ煮 宮城：ずんだ和え・笹かまぼこ・腹子めし・ううめん 福島：棒だらの煮物・菊のり
北陸・山陰地方	新潟：わっぱめし・のっぺい汁・笹だんご・越後雑煮 富山：ますずし・ほたるいか料理・いかの墨作り 石川：治部煮・かぶらずし 福井：ぼっかけ・かに鍋・浜焼き鯖 鳥取：かに料理 島根：割子そば・めのは飯	関東地方	茨城：あんこう鍋・あんこうのとも酢・凍みこんの煮物 栃木：かんぴょう料理・しもつかれ（すみつかれ） 群馬：こんにゃく料理・おきりこみ 千葉：さんが・あわびの酒蒸し・くさりずし 神奈川：あじのたたき・あじずし・かまぼこ 埼玉：芋かりんとう・ネギの酢みそ 東京：深川めし・どじょう鍋・もんじゃ焼き・はぜ料理
中部地方	山梨：ほうとう・煮貝 長野：おやき・そば料理・鯉こく・五平餅 岐阜：みょうがもち・あゆ料理・くもじ（かぶ葉） 静岡：麦とろ飯・うなぎ料理・わさびの茎の酢の物・しし鍋・駿河茶めし 愛知：きしめん・鶏すき・ふろふき大根（みやしげ大根）	近畿地方	滋賀：ふなずし・ますずし・近江牛のすき焼き・こんにゃくの刺身・田楽 三重：てこねずし・貝料理・お蠣汁 奈良：柿の葉すし・茶めし・のっぺい 京都：精進料理・いも棒・湯豆腐・葛料理・さばずし 大阪：たこ焼き・船場汁・ハモ料理・昆布の煮物・ぬくずし 兵庫：いかなごの煮つけ・くじら鍋 和歌山：すずめずし・うつぼの照り焼き・めはりずし
山陽・四国地方	岡山：ままかりの酢漬け・鯛めし・祭寿司 広島：かき料理・あなごめし・煮ごめ 山口：いとこ煮・ふぐ刺し・たこの酢みそ和え・ばしょうずし・けんちょ 徳島：そば米雑炊・でこまわし 香川：さぬきうどん・しょうゆ豆・打ち込み汁 高知：皿鉢料理・鰹のたたき 愛媛：伊予さつま・ひじきの梅肉煮	九州・沖縄地方	福岡：白魚料理・鶏の水炊き・おきゅうと・筑前煮 佐賀：干だら料理 大分：うずみみそ・ちぎり 長崎：チャンポン・皿うどん・豚大根・卓袱（しっぽく）料理・カラスミ 熊本：からしれんこん・ひともじのぐるぐる・ふだん草の芋みそ和え・いきなり団子・だご汁 宮崎：冷汁・椎茸めし・甘鯛といかの酒蒸し・湯なます 鹿児島：とんこつ料理・酒ずし・きびなご料理・さつま汁・つけ揚げ 沖縄：ゴーヤーチャンプルー・セーファン・ジューシー

出典：うちの郷土料理（農林水産省）／農山漁村の郷土料理百選（農林水産省選定）を参考に作成

Step 2 「郷土料理」の要点チェック

チェック欄
1回目　2回目

□／□ その土地で生産されたものは、その土地の方法で（　**調理**　）や保存をし、その土地で食べるのが望ましいという考え方を（　**土産土法**　）といいます。

□／□ その土地で生産されたものをその土地で消費することを（　**地産地消**　）といい、生産者と消費者の（　**距離を縮める**　）ことで食と農のつながりを知り、安全で新鮮な食材の需給が発生する効果があります。

□／□ 人間の体は住んでいる風土と切り離せない、その土地の（　**自然環境**　）にあった作物を育て、それを食べることで（　**健康**　）になれるという考え方を（　**身土不二**　）といいます。

□／□ 土産土法は、食べ物をもっとも（　**新鮮**　）でおいしく食べられることができるだけでなく、（　**流通**　）という観点からも望ましいといえます。生産地と消費地が離れていると、その間を埋めるために多くの人の手を介在しますが、その距離が縮まることによりコスト削減、CO_2の排出量減少効果も期待できます。

□／□ ファストフードに対して、「食にまつわる文化を大切にしよう」という考えの（　**スローフード**　）も土産土法に近い考え方です。

□／□ （　**郷土料理**　）とは、その土地特有の料理のことで、食材が一般的だが（　**調理方法**　）がその土地特有のもの、逆に（　**調理方法**　）が一般的だが食材がその土地特有のものも含まれます。

□／□ 主な郷土料理は、（　**北海道**　）の石狩鍋、（　**秋田**　）のきりたんぽ、（　**熊本**　）のからしれんこんなどがあります。

□／□ 東京の郷土料理には、（　**深川**　）めし、（　**もんじゃ**　）焼きなどがあります。

□／□ 富山県の郷土料理には（ **ますずし** ）、新潟県には（ **わっぱめし** ）、長野県には（　**おやき**　）、愛知県には（　**きしめん**　）などがあります。

□／□ 茨城県の郷土料理には（　**あんこう鍋**　）、高知県には（　**皿鉢料理**　）、福岡県には（　**筑前煮**　）などがあります。

頻出度★★★ 食文化と食習慣

2-4 食材とおいしさ

Step 1 基本解説

旬の野菜・果実・魚介

旬とは、野菜類、果実類、魚介類が出回る最盛期のことです。

地産地消や身土不二といったことを意識すると、旬な食材を食べる機会が増えてきます。旬の食べ物は生命力に満ちていて、それを食べることで私たちは栄養面だけでなく、その生命エネルギーも一緒に得ているのです。

現在は、いつでもどこでも一年中食べたいものが好きなだけ食べられるようになりました。しかし、いつの間にか「いつが旬であるか」を気にしなくなってはいませんか？

生鮮食品だけでなく、加工食品でも旬を感じる食品がたくさんあります。

旬を感じさせる言葉

● **旬の走り**

「**初物**（はつもの）」と同じ意味です。出回り始める頃のため、値段が高く、味や栄養価はまだ未熟ですが、新しい季節の到来を感じさせます。初物は縁起が良いとして珍重されてきました。

● **旬の盛り**

出回り最盛期のことで、栄養価も高く、素材本来のうまみを一番味わえる時期です。

● **旬の名残り**

時期の終わり頃のことで、「**旬はずれ**」ともいい、季節の移り変わりを感じさせてくれます。

▼季節の野菜・果実と魚介類

春

野菜・果実
ジャガイモ、キャベツ、たけのこ、ワラビ、アスパラ、菜の花、ふきのとう、サヤエンドウ、イチゴ

魚介類
アサリ、シジミ、サワラ、マス、ワカメ

夏

野菜・果実
トマト、きゅうり、ピーマン、冬瓜、とうもろこし、なす、ニガウリ
カボチャ、桃、ビワ、スイカ、メロン

魚介類
アジ、うなぎ、ハモ、アナゴ、ウニ

冬

野菜・果実
ネギ、ハクサイ、ニンジン、小松菜、ほうれんそう、カリフラワー、大根、温州みかん、ポンカン、キンカン

魚介類
タラ、ブリ、フグ、アンコウ、カキ

秋

野菜・果実
きのこ類(しいたけ、まつたけなど)、かぶ、レンコン、ごぼう、サツマイモ、りんご、梨、ブドウ、柿、栗

魚介類
サケ、サンマ、イワシ、サバ、スルメイカ

食材によって季節をまたがるものもあります。

● **時知らず**

季節に関係なく一年中食べられること。旬を感じさせないという意味で「**無季**」ともいいます。

多様化する栽培方法

マーケットの需要に合わせて、栽培方法も多様化しています。野菜や果物の生育を早める**促成栽培**や、逆に生育を遅らせる**抑制栽培**によって、年間を通じて店頭に並ぶようになりました。一年中食べたいものを食べたいときに食べられることは、良いことに違いありませんが、その結果、旬のわからない人が増え、食べ物による季節感も薄れてきてしまいました。

旬を意識すると季節を感じることができ、生活にメリハリが出てくるというメリットがあることは、忘れたくないものです。

おいしさの要因

● 食の持つおいしさの要因

「食」の持つおいしさの要因を大きく2つに分けると、生理的な要因と心理的な要因とに分けられます。単に「食べること」と「食事をすること」とは同じではなく、その違いがこの食の持つ2つのおいしさの要因に基づくのです。

● 体を作る「食」…生理的要因

食べることで、食物の栄養素を体内にとり込み、消化・吸収する。それが体の構成成分となり、エネルギーに変わって活力源となります。その結果、自らの健康を維持・増進することにつながります。これは、生命を維持していくために必要な生理的要因といえます。

● コミュニケーションを楽しむ「食」…心理的要因

食材を調理し、おいしく食べるということは人間だけの行為で、これは他の動物には見られません。食事をする間に会話を楽しんだり、目を見つめ合ったりするのも人間だけの行為です。

生命を維持するだけではない食は、私たち人間の大切なコミュニケーションの場にもなっています。これは、食が心理的な要因になっているといえるでしょう。

最近の家庭の食事では、個食や孤食といった問題もありますが、家庭での食事は、家族という単位でのコミュニケーションの場であるはずです。政治や外交の世界でも晩餐会があり、身近なところでは懇親会や歓迎会といったものがあり、「食事をする」という代名詞にもなっています。

食べやすさやおいしさを追求していくと、国や地域といった空間的な要因や、歴史といった時間的要因によって、独自のものが生まれてきますが、これが食文化です。「食事をする」ということ自体が、まさに文化といってよいでしょう。

おいしさと五感

おいしさは味覚だけで感知するものではありません。味覚を含めた五感（**視覚**、**嗅覚**（きゅうかく）、**触覚**、**聴覚**、**味覚**）すべてで感じ、さらに過去の経験や学習知識などが加わって感じるものです。

● 五味

味の種類には、**五味**と呼ばれる五つの基本味（**甘味**、**酸味**、**塩味**、**苦味**、**うま味**）があり、それに加えて辛味や渋味などがあります。

味を感じ取っているのは、舌の表面などにある味細胞が集まっている味蕾と呼ばれる小さな器官で、人間の舌には約10,000個の味蕾が存在するといわれています。

味蕾は味覚センサーのような役割をしており、味を感じさせる元となる特定の化学物質が結合すると、その刺激が神経を通じて脳に伝わり、最終的に味覚として感知されます。

味の感じ方は、甘みは**舌の先端**、酸味は**舌の側面**、塩味は**舌の側面から先端**にかけて、苦味は**舌の奥**で、特に強く感じられます。

刺激の閾値（いきち）という味を感じさせる原因となるものの違いにより、特に強く味を感じる舌の部分があります。

五味は、和食の調味料の基本である「さしすせそ」に通じるものもあります。

おいしさは**誰が**（who）、**何を**（what）、**どんな場所で**（where）、**どんなときに**（when）、**なぜ**（why）、**どのように**（how）の、5W1Hの要素が互いに作用し合い作り出されます。

（さ：砂糖 、し：塩 、す：酢 、せ：しょうゆ 、そ：味噌を表し、食材においしく味を染み込ませる順番だといわれています）

もう一つ忘れてはならないのが、誰と（with whom）というW．Wです。同じ料理でも家族や親しい友達、あるいは恋人と食べると、いっそうおいしく感じることがあるのではないでしょうか。

▼おいしさに関わる要因

食べ物の要因	化学的要因	五味、香り
	物理的要因	テクスチャー、外観、温度、音
人の要因	生理的要因	年齢、健康状態、空腹度、口腔状態
	心理的要因	感情（喜怒哀楽）、不安・緊張状態
	食体験	
	嗜好	
環境要因	社会環境	経済状態、宗教、食文化、食習慣、食情報
	自然環境	気候、地理的環境
	人工的環境	食環境（部屋、照明、食卓構成など）

味の相互作用

2種類の物質を入れたときに、料理により良い効果を与える作用のことをいい、「**対比効果**」「**相乗効果**」「**抑制効果**」などがあります。

対比効果は、味の異なる2種類の物質を同時に、または継続的に与えたとき、一方の味が強められる作用をいいます（例：スイカに塩をかける⇒甘味が増す）。

相乗効果は、同質の味を持つ2つ、または複数の物質を混ぜ合わせたとき、単独よりも「うま味」を強く引き出す現象をいいます（例：昆布と鰹節でだしをとる⇒うま味を引き出す）。

抑制効果は、2種類以上の違った味を混ぜ合わせたときに、片方の味がもう片方の味を抑えて弱く感じさせる現象をいいます（例：コーヒーに砂糖を入れて苦味を弱める。酢の物に塩を少量加えると、ツンとくる刺激が弱められおいしくなる）。

食品などの数え方

食品には独特の数え方（単位）があり、これらは食文化でもあるといえます。食生活アドバイザーを目指すなら、これらの単位の正しい使い方を把握しておきましょう。

▼食品などの数え方

野菜・果物類		魚介類・肉類	
キャベツ・玉ねぎ	玉	たらこ	腹（はら）
菜類	把（わ）・株	いか・たこ	杯
いちご	個・粒	魚	匹
バナナ・大根など	房・本	はまぐり	口（くち）・個
ぶどう	房・粒	魚の開き	枚
一般食品		切り身魚、肉薄切り	切れ
豆腐	丁	刺身用の魚	柵（さく）
こんにゃく	丁・枚	尾がついた魚	尾（び）
うどん	玉	道具・器具・その他	
そうめん	束・把（わ）	包丁	柄（え）・丁
海苔（10枚単位）	帖	箸	膳・揃（そろい）
食パン	斤（きん）	椀	客
米	合（ごう）180mℓ	小皿	枚
飯	膳・杯	盆	枚・組
ざるそば	枚	コーヒーカップ・ソーサー	客
にぎりずし	貫	米・酒など	升（しょう）。10合=1.8ℓ
羊羹	棹（さお）	油・酒	斗（と）。1斗=10升=18ℓ

試験予想チェック！

問題内容としては、ある季節の旬の野菜や魚を選ぶ問題がよく出題されます。
栽培･保存･輸送の方法が発達し、一年中あらゆる農産物が手に入るようになりました。また、魚介類も世界中から輸入されています。このように旬を意識することが少なくなりましたが、だからこそ、今後も旬に関する問題が出題される傾向にあります。
試験実施時期にそった季節のものを問う問題が出題される傾向がありますので、旬の野菜や魚について確認をしておきましょう。

Step 2 「食材とおいしさ」の要点チェック

チェック欄
1回目 2回目

□／□ 「初物（はつもの）」と同じ意味で、出回り始めの食材を（ **旬の走り** ）といいます。出回り最盛期のものは（ **旬の盛り** ）、また最盛期を過ぎた時期のことを指す（ **旬の名残り** ）は、「旬はずれ」ともいいます。

□／□ アサリ、シジミ、サワラ、ワカメは、（ **春** ）の魚介類です。暑い季節、水分補給にもなる夏の野菜としては、トマト、（ **きゅうり** ）、（ **なす** ）などがあります。

□／□ その年に初めてとれた魚介類や野菜、果物、穀類などのことを、（ **初物** ）といいます。（ **初物** ）75日といって、これらを食べると75日寿命が延びるといわれています。

□／□ ビニールハウスやガラス室などを利用して温度や光などの環境を調整し、野菜や果物などの生育を普通栽培より早めて出荷する目的で行う栽培方法は（ **促成栽培** ）と呼びます。また、（ **抑制栽培** ）はこれとは逆に、生育を遅らせて出荷する目的で行う栽培のことです。

□／□ 食べやすさやおいしさを追求していくと、国や地域といった（ **空間的** ）な要因や、歴史といった（ **時間的** ）要因によって、独自のものが生まれてきます。これが（ **食文化** ）です。

□／□ おいしさは、味覚を含めた（ **五感** ）、視覚、嗅覚、触覚、聴覚、味覚すべてで感じるものです。さらには（ **過去の経験** ）や学習などが加わって感じるものです。

□／□ 「株」をいくつか集めて売りやすいくらいの量に束ねた食材の数え方を、（　**把**　）と呼びます。また、（　**棹**　）は簞笥を数えるときの単位ですが、（　**羊羹**　）も同じように数えます。

□／□ 五味とは、甘味、（　**酸味**　）、塩味、苦味、（　**うま味**　）の五つの基本味をいいます。

□／□ スイカに塩をかけると、よりいっそう甘味が引き立つような現象を（　**対比効果**　）といいます。

□／□ 同質の味を持つ２種類のものを混ぜ合わせた際に、それぞれ単独の味よりもうま味を強く引き出す現象を（　**相乗効果**　）といいます。

□／□ ２種類以上の違った味を混ぜ合わせたときに、片方の味がもう片方の味を抑えて弱く感じさせる現象を（　**抑制効果**　）といいます。

□／□ おいしさに関わる要因には、喜怒哀楽などの感情や不安などといった（　**心理的要因**　）、空腹感、健康状態といった（　**生理的要因**　）、環境要因の中の宗教や食文化といった（　**社会環境**　）があります。

頻出度★★★★　調理と料理

2-5 日本料理の特徴

Step 1 基本解説

日本料理

日本料理は、旬の食材や季節にふさわしい器などを使うため、季節感のある**目で楽しむ料理**ともいわれています。素材そのものの風味を引き出す味付けで、味は淡泊に仕上げます。さらに、見た目も重視した盛り付けをするのが特徴です。

本膳料理

お客様一人ひとりの正面に配る膳のことを、**本膳**といいます。日本料理の正式な膳立てで、**一の膳**（本膳）、**二の膳**、**三の膳**と続きます。室町時代の武家の「饗応（きょうおう）の膳」から始まり、江戸時代に発達し明治の頃まで続きましたが、現在ではほとんど見られなくなりました。結婚式で行われる三三九度はこの名残りです。

一人分の料理をいくつもの膳にのせて一度に出す形式で、一汁三菜が基本とされています。

● **一汁三菜**

日本料理の献立の基本。主食であるご飯に対して、汁、なます、煮物、焼き物を指します。「なます」とは、魚や貝、野菜などを刻んで生のまま酢で和えた料理（酢の物）のことです。漢字では、「鱠」「膾」「生酢」と書きます。

また、本膳料理を簡略化した膳立てのことを「**袱紗（ふくさ）料理**」といいます。

▼一汁三菜

会席料理

会席料理は結婚披露宴などで出される宴席の料理で、お酒を楽しむための料理です。あまり厳格な作法などはなく、「酒席を盛り上げるための料理」ということが、会席料理の特徴です。

会席料理の構成

● **前菜**

最初に出す軽い料理のこと。酒の肴（さかな）である「お通し」や「つき出し」のことを指します。

● **八寸**

八寸四方の盆のこと。前菜の盛り合わせをいいます。もともとは、この盆に盛り合わされた料理のことを指します。

● **造り**

刺身のこと。刺身という言葉は、「身を刺す」ということから忌み嫌われ、「お造り」という言葉がよく使われます。

懐石料理

茶会や茶事の席で出す簡素な料理のことを、**懐石料理**といいます。

修行僧が冬の寒い夜、懐（ふところ）に温石（石を温めて布で包んだもの）を入れて寒さや空腹をしのいだという話から、それと同じ程度に「空腹を一時的にしのぐもの」という意味で「懐石」と呼ばれるようになりました。

茶会や茶事の席で出される濃茶は、空腹時に飲むと刺激が強過ぎることから、濃茶を楽しむために出されるようになった料理だといわれています。また、懐石料理は旬の食材を使い、食材の持ち味を活かした季節感を出すのが基本です。

精進料理

魚介類や肉類などの動物性の食材を一切使わず、植物性の食材だけで作る料理を**精進料理**といいます。仏教の殺生禁断の教え（慈悲の精神から、生き物を殺すことを禁じる教え）からきています。

精進料理では、だしは昆布やしいたけからとり、たんぱく質も野菜や豆腐、湯葉などからとります。

卓袱料理

卓袱（しっぽく）**料理**は、長崎市を発祥とした西洋料理や中国料理が日本化した宴会料理の一種で、長崎の郷土料理です。卓袱とは食卓を覆う布を意味し、中国料理のように大皿に盛り付けた料理を取り分けて食べます。

食の国際化

国際化により、私たちの食生活はこの数十年で西洋化の傾向にあり、現在では世界中の料理を日本にいながらにして、レストランなどで食べられる時代となりました。また、生産や流通、加工技術、IT（情報技術）の進歩によって、世界のさまざまな料理が簡単に手に入るようになりました。

その一方、日本料理に使う代表的な食材でも、輸入に頼るものが多くなっています。大豆は大部分を輸入に頼っていますが、大豆は日本の調味料の象徴ともいえるしょう油などの原料であり、このように日本の伝統料理であっても、その材料はほとんどが輸入品ということがよくあります。

食の国際化はこれからも進むと考えられており、今後は食の安全性や自給率の低下などの問題が、より注目されていくと思われます。

▼外国の原料からなる天ぷらそば

・そば粉　➡中国・アメリカ

・エビの天ぷら
　エビ　➡インドネシアまたは東南アジアの他の国
　天ぷらの衣（小麦粉）　➡アメリカ 他
　天ぷら油（大豆・ナタネ）　➡アメリカ・カナダ

・汁（しょう油　原料　大豆）　➡アメリカ
・具材（山菜）　➡中国

世界の料理

● 西洋料理

欧米各国の料理のことを指します。肉食文化ですから、食材は、牛、豚、鶏などの肉類や乳製品が中心です。香りを楽しむ料理ともいわれ香辛料を用いた加熱料理が多く、一般に味付けは濃厚です。

● 中国料理

古い歴史と広い国土を持つお国柄から、料理の種類も使われる食材も豊富です。料理方法よりも、調味中心で味付けを重視します。料理を一つの皿に盛り、取り分けて食べるのも特徴です。中国料理という場合「**北京、上海、四川、広東**」の四つに分けられます（**中国４大料理**）。また、これに「湖南」が加わると、**中国５大料理**となります。

● エスニック料理

エスニックとは、もともと「民族の」という意味です。東南アジアや中近東などの地域の料理を指します。日本では日本人向けにアレンジされていることが多く、レストランもたくさんあります。また、加工食品としても販売されているため、一般の家庭でも普及しています。

世界の食べ物・飲み物

・アメリカ

アメリカ：ハンバーガー、冷凍食品、ホットドッグ

メキシコ：タコス、トルティーヤ

・アジア・オセアニア

インド：タンドリーチキン、ナン、チャパティ、マサラティー、ラッシー

韓国　：キムチ、プルコギ、ビビンバ、トッポギ、サムゲタン

タイ　：トムヤムクン、バミー、グリーンカレー

中国　：マーボー豆腐、北京ダック、上海蟹、天津飯

・ヨーロッパ・ロシア

イギリス：フィッシュアンドチップス、サンドイッチ、ローストビーフ

イタリア：パスタ料理、ピザ、リゾット、ジェラート

スペイン：パエリア、ガスパチョ、サングリア

ドイツ　：ザワークラウト、ソーセージ、ジャーマンポテト

フランス：フォアグラ、テリーヌ、ミルフィーユ、エスカルゴ、ポトフ

ロシア　：ピロシキ、ボルシチ、ビーフストロガノフ

試験予想チェック！

現在、日本では世界中の料理を食べることができます。また、日本料理はヘルシーな料理として、海外で注目されています。食文化もライフスタイルの変化とともに変わりつつありますが、伝統的なメニューの内容や料理が出される順序を知っておくことも大切です。

Step 2 「日本料理の特徴」の要点チェック

チェック欄
1回目 2回目

□／□ （ **本膳料理** ）は日本料理の正式な膳立てで、室町時代に始まりました。略式化したものを、（ **袱紗料理** ）といいます。

□／□ 茶事に出す軽食を（ **懐石料理** ）といいます。同じ読み方ですが、酒宴に向けてごちそうでもてなす料理は（ **会席料理** ）です。

□／□ （ **精進料理** ）では動物性の食材を一切使用しません。だしは（ **昆布** ）やしいたけからとり、たんぱく質も野菜や（ **豆腐** ）、湯葉などからとります。

□／□ （ **一汁三菜** ）は日本料理の献立の基本で、主食である（ **ご飯** ）に対して、（ **汁** ）、（ **なます** ）、（ **煮物** ）、（ **焼き物** ）を指します。

□／□ 日本料理の特徴は（ **目で楽しむ** ）料理とされ、旬の食材や器で季節感を出します。西洋料理は（ **香りを楽しむ** ）料理で、香辛料やワインで風味を加えます。中国料理は（ **味を楽しむ** ）料理で、豊富な食材を使い、しかも無駄なく利用します。

□／□ 江戸時代に長崎に伝えられた（ **卓袱料理** ）は中国風の総菜料理で、中国料理のように（ **大皿** ）に盛り付けた料理を取り分けて食べます。

□／□ 世界の食べ物として、スペインには（ **パエリア** ）、ガスパチョ、（ **ロシア** ）には（ **ボルシチ** ）、ピロシキなどがあります。またテリーヌ、フォアグラは（ **フランス** ）の代表的な食べ物です。

頻出度★★★

調理と料理

2-6 調理方法（器具と食材の切り方＆調理法の種類）

Step 1 基本解説

調理の目的

調理するということは、食べやすくする、安全に食べられるようにするといった目的の他に、おいしさを追求するという目的があります。

それぞれに適した調理器具を選ぶことで、作業の能率が向上し、料理の仕上がりもよくなります。調理器具は、洗う、切る、混ぜるなど主に調理の前処理用として使われるものと、調理の主要な操作である加熱調理に使われるものに分類されます。

▼調理の主な目的

- 食べやすくする。消化吸収しやすくする
- 食欲を増すように風味を良くする。うま味を付ける
- 有害なもの、食に適さないものを除外し、衛生上の危険を防ぐ
- 保存性を高める
- 外観を美しくする

料理は、調理の同義語として使われていますが、本来、料理とは盛り付けられた状態のことをいいます。

調理器具のいろいろ

● **まな板**

野菜と生ものを使い分け、においや細菌が移らないようにします（木製と合成樹脂製がある）。

● 包丁

野菜、肉、魚、万能用など、料理の用途ごとに種類があります。自分の手に持って、なじむものを選ぶようにします（鋼製・ステンレス製・セラミック製がある）。

● 杓子（しゃくし）

汁をすくいます。玉しゃくし（みそ汁、カレー、スープなど）、レードル（盛り付け用）、穴あきお玉（具だけをすくう）などがあります。

● ざる

ゆでた野菜やめん類、洗ったものの水きりです。ふるいやスープこしにも使います。

● こし器（ストレーナー）

手持ちがついたこし器は、食品をこしたりろ過するのに使います（万能こし器：茶こし、みそこし、油こし器など種類が多い）。

● おろし器

野菜をすりおろします。

● フードプロセッサー

これ１台でみじん切りにしたり、すり混ぜたり、攪拌（かくはん）することができます。

● 泡立て器

卵白のメレンゲ・マヨネーズソース・ホイップクリームなどを作るときに使います。

● 雪平鍋（行平鍋）

煮る、蒸す、炒める、揚げるときにも使えて、用途が広いです。

● フライパン

炒める、焼く、揚げるときに使います。フッ素加工のフライパンは、焦げ付きにくく、使用後の汚れ落としがしやすいです。

● オープナー

ビンの栓を抜いたり、缶詰の蓋を開ける（缶切り）ときに使います。

● 電子レンジ

少量の食品の再加熱や冷凍食品の解凍などに使います。温め、蒸し物、解凍などが１台でこなせます。

包丁の役割と種類

包丁は、食べられない部分を取り除いたり、食べやすい形にしたり、また調味料を浸透しやすい形に切ったり、見た目をきれいに整えたりするための刃物です。

● 和包丁

日本の和包丁は洋包丁に比べ厚みがあり、ほとんどが片刃です。刃の根元が白木の柄に差し込まれています。切れ味を考えた料理に向いています。

▼出刃包丁

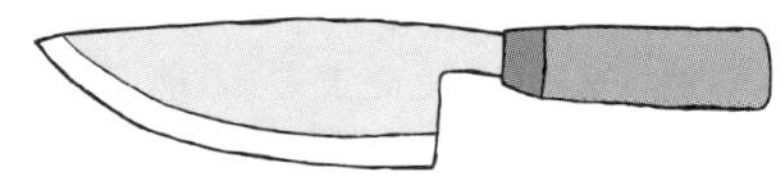

▼菜切り包丁

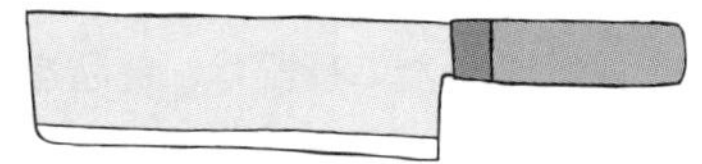

● 洋包丁

薄刃で両刃が特徴です。洋包丁（牛刀）は、1本の鋼が端まで通っていて、柄は張りつけになっています。肉・野菜など、オールマイティに使用できます。

▼洋包丁（牛刀）

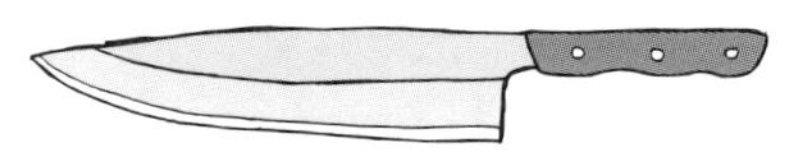

● 中華包丁

中華包丁は、刃の幅が広く長方形をしていて重く、硬いものでも切れやすくなっています。

▼中華包丁

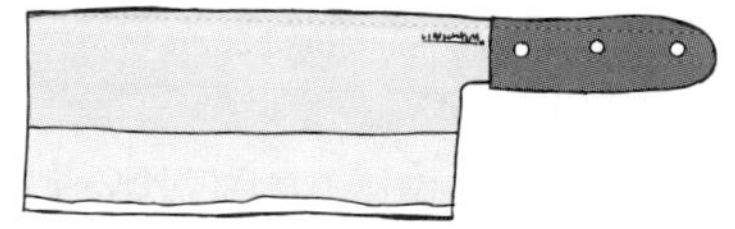

包丁の主な部位と使い方

・刃先：小魚をおろすときや、ごぼうなどをささがきにするときに使います。

・刃の中央：野菜の押し切りやみじん切りなどに使います。

・刃元の近く：リンゴなどの皮むきや、魚などの骨切りに使います。

・刃元：柄に近い部分で、ジャガイモの芽などを取るときに使います。

・峰(みね)：肉をたたいてやわらかくしたり、エビをたたいてつぶすときに使います。

・刃元から刃の中央：魚を刺身にするときなどに使います。

▼包丁の主な部位

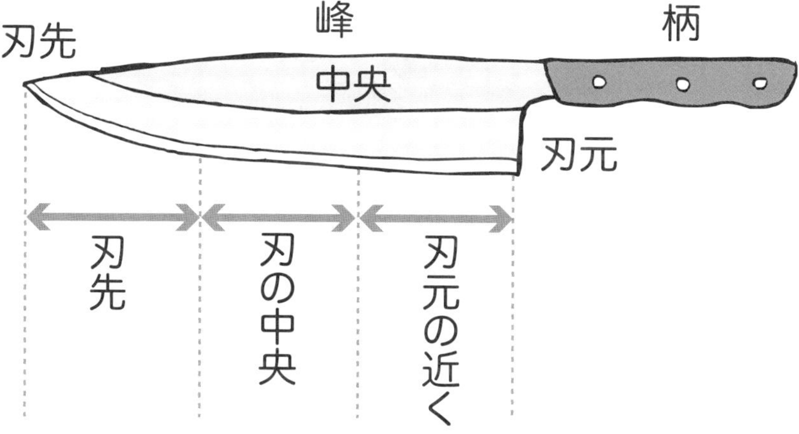

材料別の切り方

▼野菜の基本の切り方

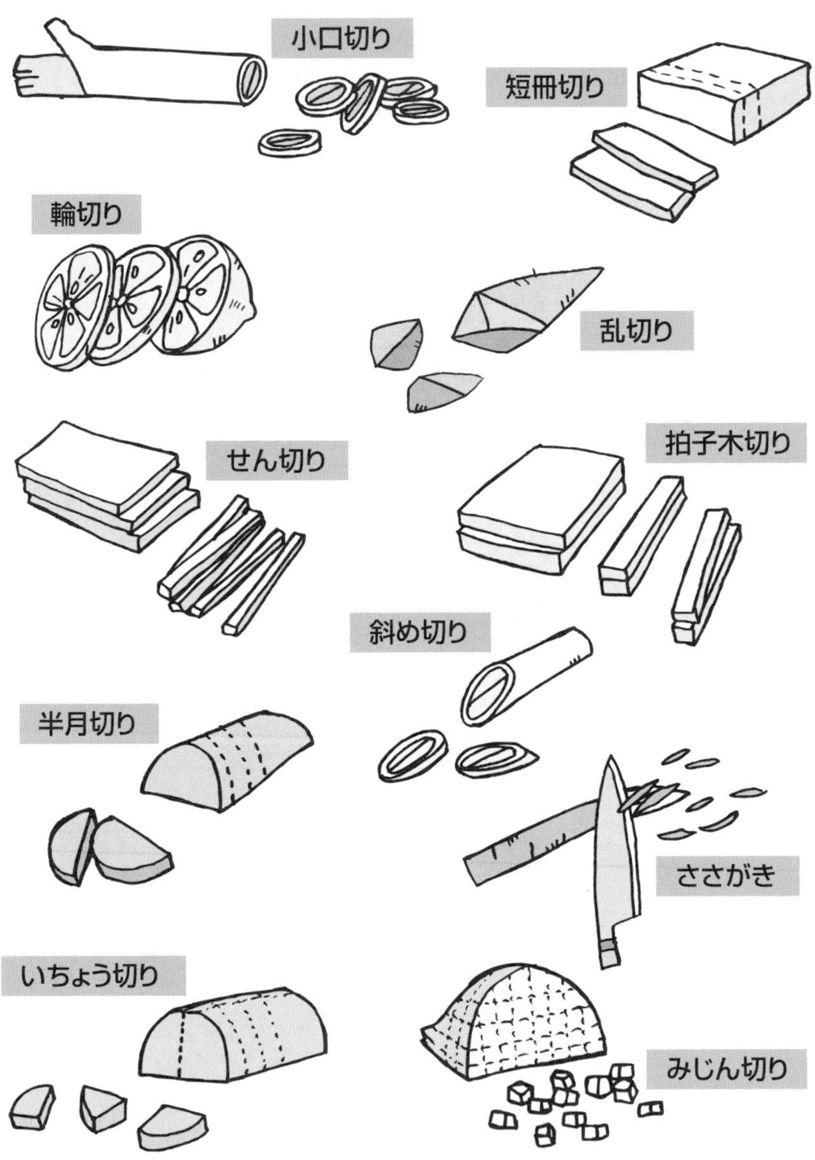

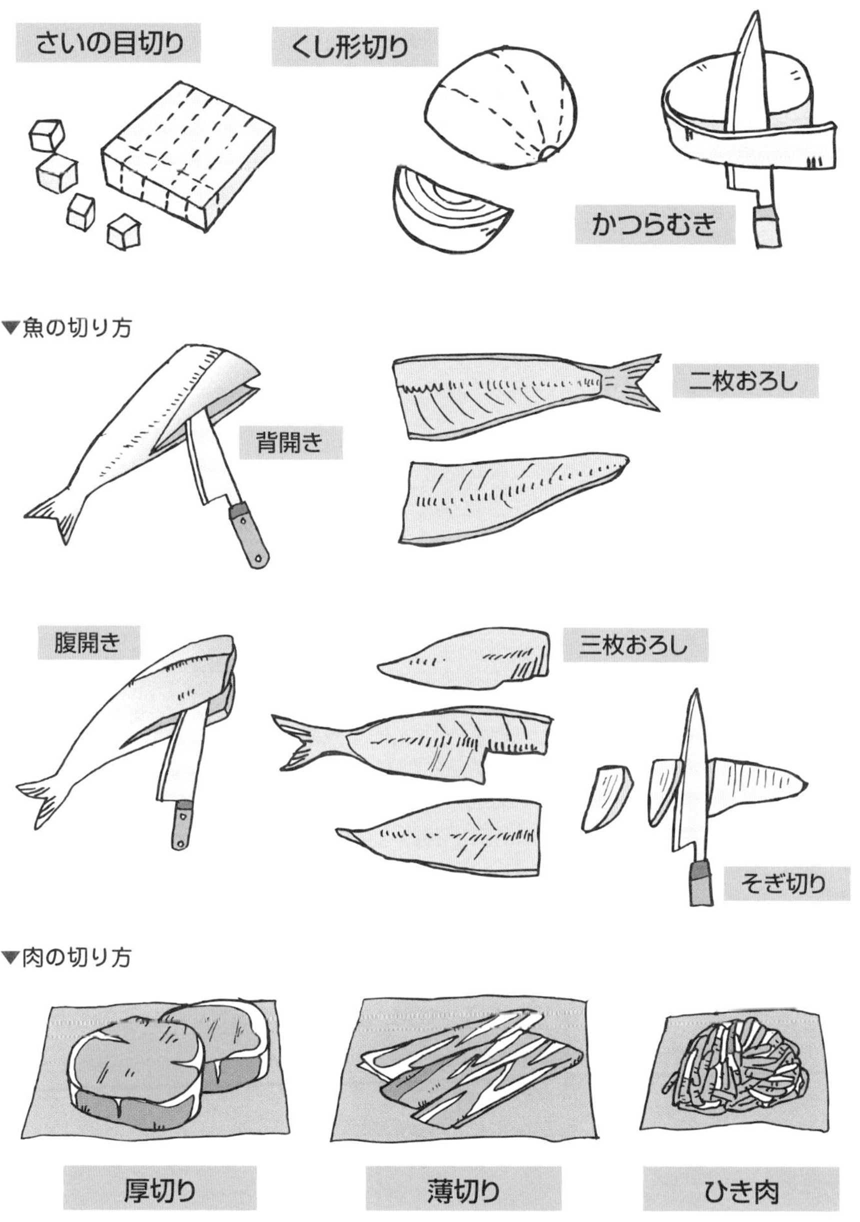
さいの目切り
くし形切り
かつらむき
▼魚の切り方
背開き
二枚おろし
腹開き
三枚おろし
そぎ切り
▼肉の切り方
厚切り
薄切り
ひき肉

調理方法

　調理方法には切る以外にも、煮る、焼く、ゆでる、蒸すなどさまざまな方法がありますが、材料によって、また見た目や栄養価などの考慮によっては、それぞれに適した以下のような調理方法を選び、料理を作っていくことが大切です。

▼調理方法の種類と目的

調理方法	目的
洗う	食品から汚れや有害物質を取り除く。外観をよくする。ぬめりを取る。食材によって、洗浄方法が異なる。
切る	食材の食べられない部分を取り除く。食べやすい形にする。加熱しやすく、味が付きやすい形にする。見た目を美しくする。
混ぜる/こねる/和える	材料の味を均一化させ、ムラにならないようにする。
泡立てる	ホイップクリームなどは、空気を混ぜて攪拌することで泡立てることが可能。
ゆでる	多量の熱湯の中で加熱すること。食品のアクを抜く、殺菌する、たんぱく質を凝固させる、組織を軟化するなどの目的がある。
煮る	煮汁の中で加熱と調味をすること。水で加熱するのは「ゆでる」という。長時間煮ると、煮崩れしたり、味や栄養成分が損なわれやすくなるので注意。
蒸す	水を沸騰させ、その水蒸気を利用して食品を加熱すること。水蒸気が容器内を循環し、すみずみまで均一に加熱できる。材料の持つ風味が損なわれにくく、栄養成分の損失が少ない。
焼く	直火焼き（串焼きや網焼きのように、放射熱で直接加熱する方法）、間接焼き（鉄板やフライパン、オーブンを使って伝導や放射、または対流熱を利用して焼く方法）がある。
揚げる	高温の油の中で加熱する方法。食品の持ち味や色、形などが保たれ、栄養の損失が少ない。
炊く	米などに水を含ませ、加熱しながら吸収させ続けて組織をやわらかくし、煮汁がなくなるまで加熱する方法。

● 煮物

煮て作る料理には、次の表のようなものがあります。煮物は、長時間煮過ぎると煮崩れしたり、風味や栄養素が損なわれやすいため注意が必要です。

▼煮物の種類

種類	調理方法
煮上げ	落としぶたをし、煮汁が少量になるまで甘辛く煮る。
煮切り	みりんや酒を煮立たせ、アルコール分を蒸発させるか、煮汁がなくなるまで煮詰める。
煮転がし	焦げ付かないように、鍋の中で材料を転がしながら煮汁をからめて煮詰める。
煮しめ	野菜や乾物を崩さないように、煮汁が少しだけ残り、味と色が染み込むまで時間をかけて煮る。
煮つけ	「煮しめ」より短時間で煮る。
煮こごり	ゼラチン質が多い魚の煮汁を冷やし、ゼリー状に固めるか、魚肉などをやわらかく煮て、ゼラチンで固める。

● 和食の五

和食は、食材そのものの味を活かし、味や香りだけでなく、見た目の美しさや季節感を大切にします。また、おもてなしの気持ちを演出するなど、体だけでなく心にもおいしい料理です。

日本人は奇数を大事にするといわれ、和食にも「五」が使われるものが多くあります。

五感(P97)、**五味**(P97)、**五法**、**五色**の技法を使うと、さまざまな食材を効果的にとることができるとともに、演出や献立を考える際の参考になります。見た目や味のバリエーションも増え、自然と栄養のバランスも良くなります。

五法とは、調理法を表すもので、**切る**、**焼く**、**煮る**、**蒸す**、**揚げる**を意味します。「切る」は生ものを切ること(刺身)、「焼く」は焼き物、「煮る」は煮物、「蒸す」は蒸し物、「揚げる」は揚げ物という、五つの調理法です。

五色とは、**白**、**黒**、**黄**、**赤**、**青**（**緑**）の五つの色をいい、「白」は清潔感、「黒」は引き締め、「黄」と「赤」は食欲増進、「青（緑）」は安心感を表す色です。盛り付けるお椀や器、添える葉や花などの色彩を考慮することは季節感の演出につながります。

その他に、おもてなしの心を意味する五適（適温、適材、適量、適技、適心）もあります。

年齢や性別に合わせた料理を考えることも、おもてなしには欠かせない要素ですので、献立作りの際に意識したいものです。

試験予想チェック!

調理用語の中でも、包丁の使い方に関する言葉はよく出題されます。
「ささがき」「みじん切り」「三枚おろし」「かつらむき」「せん切り」などが、これまでに出題されています。
また、ゆでるや煮るという調理法に関した調理用語も出題されていますから、調理事典などで確認しておくことは必要です。その他、「落としぶた」、「すが立つ」といった用語についても、意味を確認しておきましょう。

Column 料理の基本

■だしは料理の基本！

味の基本となるだしは、料理の基本です。汁物、めんつゆ、煮物、おひたしなど、あらゆる和食メニューに使われます。

かつおや昆布、煮干しといったおなじみのもの以外にも、だしがとれる食材はたくさんあります。だしをきかせた料理は、調味料に頼らなくても、薄めの味付けで十分おいしく仕上げることができます。味覚には甘味、酸味、塩味、苦味、うま味の5つがありますが、だしはこの中のうま味に分類されます。

[かつおだしのとり方]

(1)水4カップを沸騰させて、削りかつお15g(両手いっぱいぐらい)を加え、1分間加熱し、火からおろします。

(2)かつおが鍋底に沈んだら、上澄みをこします。

[昆布だしのとり方]

(1)昆布は、あらかじめ30分以上水につけておきます。

(2)水から火にかけて、沸騰直前に取り出します。

[煮干しだしのとり方]

(1)頭とはらわたの部分を取り、2つに裂き、水に30分以上つけておきます。

(2)火にかけて沸騰した後に、煮立たせないようにして、15分程度煮出します。煮干しが沈んだらこします。

■和食の味付け

和食の味付けは「さ・し・す・せ・そ」といわれますが、「さ」は砂糖、「し」は塩、「す」は酢、「せ」はしょう油(昔はせうゆと書いたのです。)、「そ」は味噌のことです。

この順番で入れると、おいしく料理が作れるといわれています。

● ポイント

砂糖は塩よりも粒子が大きいので、先に入れないと食材に味が染み込みにくくなります。

また、味噌を最後に入れるのは、香りを活かすようにするためです。煮上がる前に加えます。酢、しょう油も、火を止める少し前に入れると香りが残ります。

Step 2 「調理方法（器具と食材の切り方＆調理法の種類）」の要点チェック

チェック欄
1回目 2回目

□／□ 調理には、食べやすくする、安全に食べられるようにするといった目的の他に、（ **おいしさを追求する** ）という目的があります。

□／□ 手持ちがついたこし器で、食品をこしたりろ過するのに使う調理器具は（ **ストレーナー** ）です。

□／□ しゃくしの一種で、盛り付けに使う道具を（ **レードル** ）といいます。

□／□ ごぼうの繊維の方向に合った切り方で、きんぴらや煮物、汁物に使われる切り方を（ **ささがき** ）といいます。

□／□ 薄造りなどの刺身にするときや、おろした身を切り身にするときに使う方法で、包丁を少しねかせて切ることを（ **そぎ切り** ）といいます。

□／□ （ **隠し包丁** ）とは、火の通りがよくなるように、材料の裏側などに切り目を入れておくことです。

□／□ 大根などを高さ５～10cmの円柱状に切り、皮をむくように薄く、長く切っていく切り方を（ **かつらむき** ）といいます。

□／□ 多量の熱湯の中で加熱するのが（ **ゆでる** ）ことで、煮汁の中で加熱と調味をすることは（ **煮る** ）といいます。

□／□ 酒やみりんを煮立てて、アルコール分を蒸発させることを（ **煮切り** ）といいます。

□／□ 高温の油の中で加熱する（　**揚げる**　）という調理方法は、栄養成分の（　**損失**　）が少ないというメリットがあります。

□／□ 調理の目的には、おいしくしたり外観を美しくする以外にも、有害なものや食に適さないものを（　**排除**　）したり、衛生上の（　**危険**　）を防ぐこともあげられます。

□／□ 和食の五法には、（　**切る**　）、（　**焼く**　）、煮る、（　**蒸す**　）、揚げるがあり、食材を食べやすくしたり、味を付けやすくするのにとても重要です。

□／□ 煮物には、アクを除いたり食材を軟らかくしたりする以外に、（　**味**　）を付ける目的があり、種類としては、煮上げ、煮切り、（　**煮こごり**　）、（　**煮転がし**　）、煮しめ、煮つけがあります。

□／□ 食材は長時間煮ると（　**煮崩れ**　）するだけでなく、（　**栄養素**　）や風味が損なわれやすいため、注意が必要です。

Step 1 基本解説

盛り付けの基本

テーブルに料理をどのように置くのか、器にどのように盛るのかを知らない人が増えていますが、ちょっとしたコツをマスターすれば、料理店にも負けない料理になります。おいしく食べるための基本は、温かい料理は温かく、冷たい料理は冷たく冷やして味わうことです。料理の出来上がり時間に合わせて、器をあらかじめ温めたり、冷やしたりしておくのがポイントです。また器も、料理の彩りが引き立つようなものを使います。

日本料理の盛り付け

- **皿の盛り付け**

立体的に山と谷を作ります。(**山水の法則**※の利用)

あしらい※を付けるときは、皿の手前に置くようにします。

※ 山水の法則：向こうを高くし、手前を低くするもの。
※ あしらい：料理を引き立たせるための添え物。「添え」ともいいます。季節感を出したり、彩りを添えたりする役割があります。

- **鉢物の盛り付け**

鉢の高さとバランスをとりながら、品よく盛り付けるのがポイントです。こんもりと山のように盛ります。

- **椀物の盛り付け**

里芋など丸みがあるものは、円錐形になるように下から積み重ねて盛り付けます。

● 魚の盛り付け

頭を左側にし、腹を手前にして盛り付けます。これを**かしらひだり**（頭左）と呼んでいます。大根おろし、レモンなどは手前に置きます。

※ つま：刺身や汁物に添える野菜や海草のことです。なお、切り身は、皮または背を奥にします。

▼かしらひだりとあしらい　▼切り身とあしらい

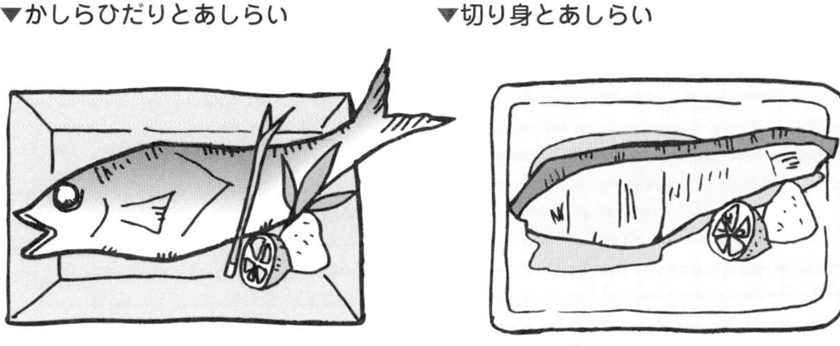

西洋料理の盛り付け

料理に合わせてお皿を選びます。空間が十分に出るように、大きめな皿を選ぶようにします。料理は皿の中心を決めて盛り付け、はみ出さないようにすることが大切です。

お皿にマークがついている場合は、マークが向こう正面になるようにし、付け合わせをマーク側に盛り付けます。

数種類の前菜は円を描くように盛り、皿の余白も活かします。

▼西洋料理の盛り付け方

中国料理の盛り付け

大皿に盛って取り分けて食べますので、特に注意点はありません。

大皿から取り分ける際、ターンテーブルの場合は原則右回り（時計回り）にします。

器の種類と特徴

「料理は目でも食べる」といわれるほど、見た目も大切です。器によって料理を華やかにしたり、季節を演出したり、おいしさを増したりすることもできます。また、下記以外の器の他に、笹の葉、きょうぎ、和紙なども器となります。

いろいろな素材を使って楽しく演出してみましょう。

▼主な器の種類

焼き物	陶器	粘土を原料にした焼き物。その土地の土を使い、吸水性のある素地にうわぐすりを塗って焼き上げたもの。焼成温度が低く、強度がやや落ちる。備前焼（岡山県）、唐津焼（佐賀県）、益子焼（栃木県）、信楽焼（滋賀県）、萩焼（山口県）、万古焼（三重県）など。
	磁器	高温で焼き、薄手で強度がある。焼き上がりは、素地がガラス化して半透明となり、吸水性がほとんどなくなり、たたくと金属音がする。有田焼（佐賀県）、九谷焼（石川県）、瀬戸焼（愛知県）、清水焼（京都府）など。
漆器		塗り物といわれ、伝統工芸品の代表格。重箱やお椀、箸、盆などに使われている。輪島塗（石川県）、津軽塗（青森県）、会津塗（福島県）など。
ガラス食器		皿、小鉢、箸置きなどに使われている。安土桃山時代に技術が伝わったといわれている。江戸切子（東京都）、薩摩切子（鹿児島県）などに代表されるカットグラスは有名。
木工品		ごはんのおひつや桶、八寸などとして使われる。大館曲げわっぱ（秋田県）、奥会津編み組細工（福島県）。
竹細工		ざるやかご、スプーン、しゃくし、箸置きなどに使われている。清涼感を表現できる。駿河竹千筋細工（静岡県）、別府竹細工（大分県）。

試験予想チェック!

日本料理の盛り付け方は、よく出題されています。特に、魚の盛り付け方は、かしらひだり、あしらいといった用語とともに覚えておきましょう。鉢物の盛り付け方も要注意です。

Step 2 「盛り付けと器の種類」の要点チェック

チェック欄
1回目 2回目

□／□ 日本料理を器に盛り付ける場合は、(**山水**)の法則を利用して、立体的に(**山**)と(**谷**)を作ります。

□／□ 料理を引き立たせるための添え物のことを、(**あしらい**)といいます。

□／□ (**鉢物**)の盛り付けは、鉢の高さとバランスをとりながら、こんもりと山のように盛ります。

□／□ 魚は、腹を手前にして、頭が左側になるように盛り付けます。これを、(**かしらひだり**)といいます。

□／□ おいしく食べる基本は、温かい料理は(**温かく**)、冷たい料理は(**冷たく**)して味わうことです。

□／□ 西洋料理の盛り付けのポイントは、少し(**大きめの**)皿を選ぶようにし、皿の中心を決めて料理を盛り付け、(**はみ出さない**)ようにすることです。

□／□ マークが付いた皿は(**向こう正面**)になるようにし、付け合わせを(**マーク側**)に盛り付けます。

□／□ 磁器は高温で焼くため、(**陶器**)より強度があります。有名なものは、有田焼、瀬戸焼、(**九谷焼**)などです。

□／□ 伝統工芸品である(**漆器**)は塗り物といわれ、重箱や(**お椀**)、箸、盆などに使われます。(**輪島塗**)、会津塗、津軽塗が有名です。

頻出度★★★★ 調理と料理

2-8 食事とマナー

Step 1 基本解説

マナーとエチケット

一般的に、食事においての「マナー」は食事における立ち居振る舞いや作法のことをいい、「エチケット」は、一緒に食事をしている人たちに不快な思いをさせないための心配りや気配りから来る行動や態度のことを指します。

国語辞典を引くと、マナーとエチケットいずれも「礼儀作法のこと」と書いてあり、また本によってその説明は異なるようですが、どちらにしても「**お互いに不快感を与えず、楽しく過ごすための食事のルール**」だといえるでしょう。

異なる環境の中にいた者同士が食事をともにするときは、文化や価値観の相違が見られます。そこで、ルールやマナー、エチケットが必要になってくるのです。

食事マナーのTPO

食事のマナーの基本は、ナイフやフォークをきちんと使えるかどうかではありません。

自分を含めて、食卓を囲む人たちが「どれだけ楽しい時間を過ごせたか」ということが一番大切なことです。

食事のマナーは、**TPO**（Time［時］、Place［場所］、Occasion［場合］）によって違ってきますが、どんな場面にも共通していえる、次のような最低限のマナーは押さえておきたいものです。

- 食事中は喫煙をしない
- 周りに不快感を与えない
- 恥をかかせない（かかない）
- 自分も相手も楽しいと感じる

日本料理のマナー

一般的な配置は飯椀を左、汁椀を右、奥に主菜、副菜を置きます。

▼おかずの並べ方

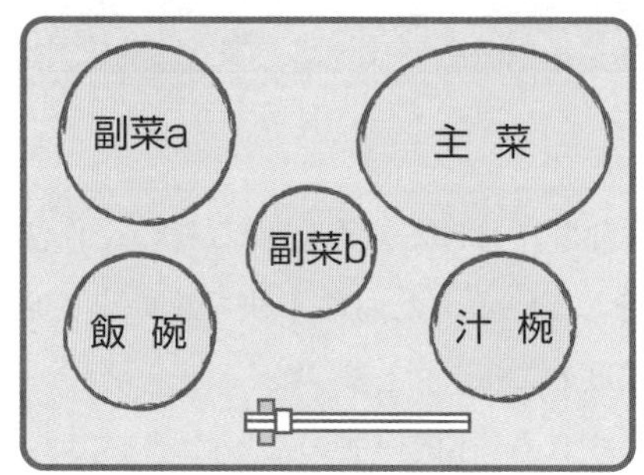

箸の使い方

箸の取り方は、右手（利き手）で箸の中央を取り上げ、左手で受けて、右手を回し、持ち替えて使います。置くときには、これを逆に行います。

▼箸の取り方

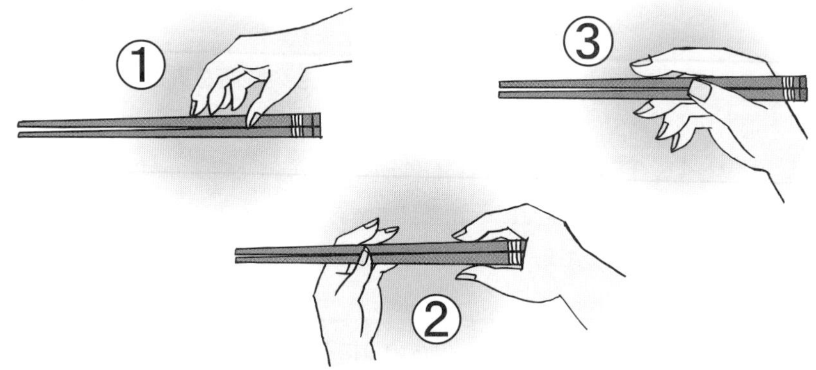

箸使いのタブー

- 握り箸………箸を握って持つこと
- 迷い箸………取る料理に迷ってあちこち箸を動かすこと
- 寄せ箸………食卓の遠い位置にある器を箸で手前に寄せること
- かき箸………茶碗を口につけて箸でかき込んで食べること
- 込み箸………口の中一杯に箸で押し込んで食べること
- 刺し箸………つまみにくい料理を刺して取ること
- ねぶり箸……箸先を口に入れてなめること
- 移り箸………料理を取りかけて他の皿の料理を取ること
- せせり箸……歯に詰まったものを取ろうと、つま楊枝の代わりに使うこと
- そら箸………一度料理に箸をつけておきながら、食べないで箸をひくこと
- 渡し箸………器の上に箸を渡しておくこと
- 持ち箸………箸を持ったまま、他の食器を持つこと
- 涙箸…………箸の先から汁をぽたぽたとたらすこと
- 横箸…………2本の箸を揃えてスプーンのように料理をすくいあげること
- たたき箸……器を箸でたたくこと
- ふたり箸……2人で1つのものをはさむこと
- もぎ箸………箸についた飯粒などを口でもぎとること
- 探り箸………汁椀などをかき混ぜて中身を探ること
- 振り箸………箸の先についた汁などを振って落とすこと
- 直箸…………大皿の料理を、自分が使っている箸で取ること
- 逆さ箸………大皿料理を取り分けるとき、自分の箸をひっくり返して使うこと

西洋料理のマナー

テーブルマナーは、国によって違いがありますが、ナイフやフォークをどう使うかの前に、食卓を囲む人たちが、「不快にならず、どれだけ楽しい時間を過ごせたか」がもっとも大切なことです。

- 左から着席して、料理が運ばれる前にナプキンを膝の上に置きます（和装の場合のナプキンは、胸元から下げてもよいとされています）。
- ナイフ・フォーク・スプーンは外側から中に向かって使うようにします。
- お皿類を手で持って食べないようにします。
- フォークを落としたり、グラスを倒してしまったような場合は、自分で拾ったり拭いたりせずに、係の人に声を出さず、さりげなく（手を上げるか目で）合図をします。
- 食事中はたばこを吸わないようにします。
- 恥をかかせない（かかない）ように振る舞い、また人に不快感を与えないように心がけます。
- 周りの人と同じような早さで食べるようにします。

中国料理のマナー

中国料理は、円卓で大皿に盛り付けられた料理を取り分けて食べるスタイルが一般的です。

- 出入り口から一番奥が上座となり、主賓（お客様）が順次座り、接待者（主人）は入り口に一番近い席となります。
- 食事の前に乾杯します。
- 円卓を回すときは、原則として時計回り（右回り）に料理を送ります。
- 接待者（主人）が先に箸をつけてから、主客（お客様）に料理を勧めます。
- 料理を取るときは、人数と料理の量を配慮しながら控えめに取るようにし、残さないようにします。

食卓の席次

席次には、一般的に上座と下座があり、座る位置によって目上の人や年長者、お客様への敬意やおもてなしの気持ちを表します。

上座には正客（目上の人やお客様）が、下座には主人（目下の人やおもてなしする側）が座ります。

● 日本料理

床の間の前、または入り口から遠い席が上座。入り口近くが下座です。

▼日本料理の座席

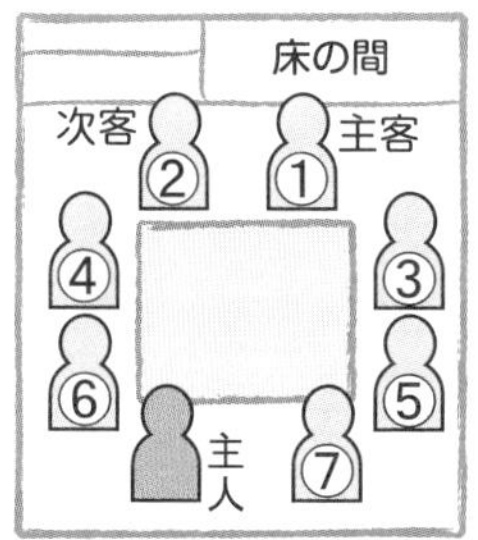

床の間のある場合

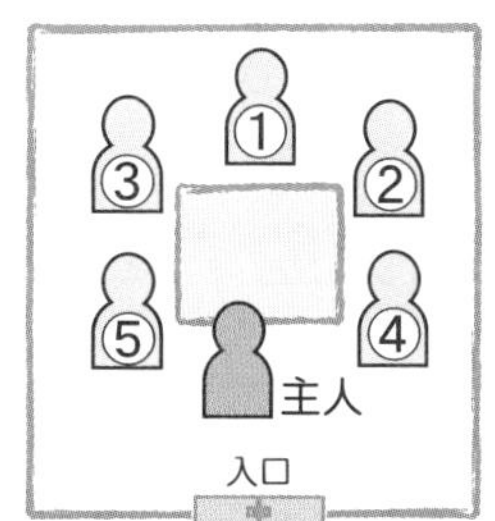

床の間のない場合

● 西洋料理

入り口から遠い席が上座で、主賓の席となります。

▼西洋料理の座席

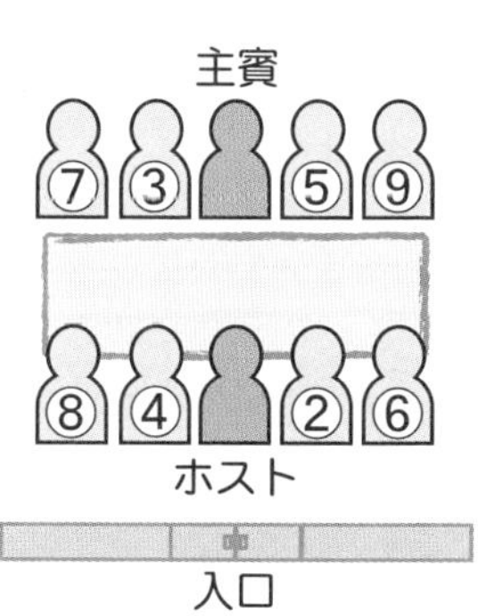

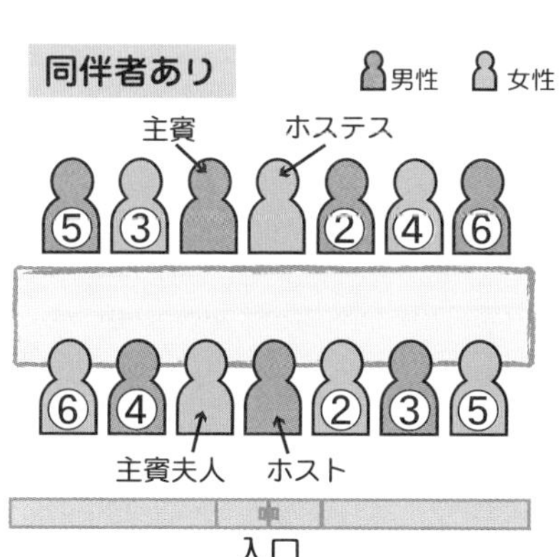

● 中国料理

入り口から遠い席が上座です。

円卓と方卓があり、8人掛けが正式です。日本で考案された、円卓の中央に回転する小テーブルもありますが、その場合、テーブルは右回りで食事を回すのが原則です。

▼中国料理の座席

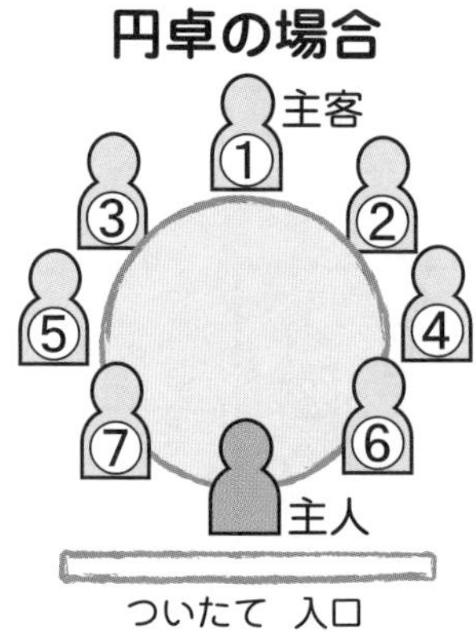

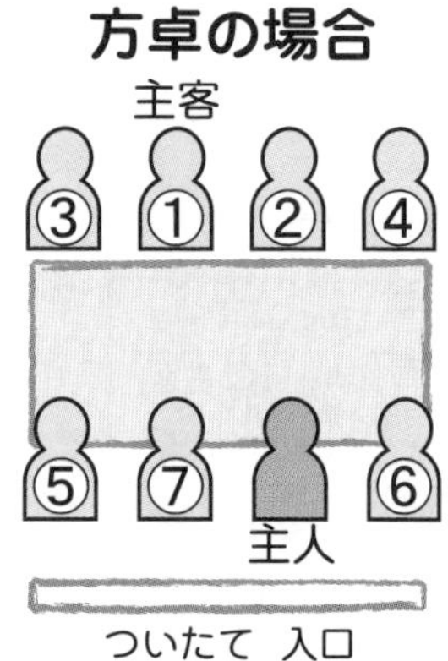

食べ物にまつわる言葉

私たちの日常生活には、「食」にまつわる言葉やことわざが数多くあります。古くから日々の暮らしの中で語り継がれてきたものですので、日本の風習や食文化から出てきた言葉も多いです。ここでは、食べ物にまつわる言葉を中心に、代表的なことわざや慣用句を学びます。

● 野菜に関係する言葉

【青菜に塩】

青菜に塩をふると、水分が出てしおれる様子のことで、元気がなくしょげていることのたとえ。

【秋茄子は嫁に食わすな】

「茄子は体を冷やすので、食べ過ぎるのは体に良くない」という嫁をいたわる意味と、「秋茄子はとてもおいしいので嫁に食べさせるのはもったいない」という意味があるが、後者が一般的。

【雨後の筍】

雨が降った後にタケノコがたくさん生えてくることから、増えるのが速く、勢いが盛んなことのたとえ。

【独活（うど）の大木】

うどの茎は2mほどに成長するが大き過ぎると食用にならず、弱くて何の役にもたたない。体ばかり大きくて何の役にも立たない人のたとえ。

【えぐい渋いも味のうち】

アクの強い野菜や柿の渋みなどは好まれないが、それぞれの持ち味でなくてはならない大切なものという意味。

【火中の栗を拾う】

猿におだてられた猫が、囲炉裏の中の栗を拾い、大やけどをしたという寓話に基づく。他人の利益のために危険を顧みずに行動し、思わぬとばっちりを受けることのたとえ。

【鴨が葱をしょってくる】

鴨料理には葱がつきもので、この上ない好都合が重なることのたとえ。

【山椒は小粒でもぴりりと辛い】

「山椒の実は、小さいけどすごく辛い」ということから、体は小さくても元気がよく才能に優れていれば、ばかにすることはできない、あなどれないということ。

【三里四方の野菜を食べろ】

三里四方（約12キロメートル以内）の身近でとれた新鮮な野菜を食べていれば、健康で長生きができるという意味。

【濡れ手で粟】

濡れた手で粟をつかむと、粟粒がたくさんくっついてくることから、苦労せずに多くの利益を得ることのたとえ。

【茗荷（みょうが）を食えば物忘れする】

お釈迦様の弟子の一人に自分の名前ですら忘れてしまうような物忘れのひどい人がいて、その人が亡くなったのち建てたお墓から茗荷が生えてきたことからいわれる俗説。実際は茗荷を食べても物忘れすることはない。

● 魚介類に関係する言葉

【鰯七度洗えば鯛の味】

鰯も不要な油脂を落とせば、鯛に勝るとも劣らない味になるという意味。

【魚心あれば水心】

水と魚は離れることができない、親しい関係にあることのたとえ。自分が相手に対して好意を持てば、相手もこちらに対して好意を持ってくれることをいう。

【海背川腹】

魚の焼き方で、海の魚は背から焼き、川の魚は腹から焼くと良いという意味。

【海老で鯛を釣る】

海老のような小さな餌で、鯛のような立派で大きな魚を釣ること。少しの元手で大きな利益や結果を得ることのたとえ。

【沖の鮠（はまち）】

回遊魚のはまちは漁が難しく、いつ釣れるかわからない。あてにならないことのたとえ。

【腐っても鯛】

鯛のように上等な魚は傷んでも下魚よりも価値があるということから、優れたものは落ちぶれても価値を失わないというたとえ。

【花見過ぎたら牡蠣（かき）食うな】

5月〜8月の牡蠣は産卵期にあたり、生殖巣が成熟し毒化しやすくなるため、食中毒を起こしやすく、味も落ちる。このようなことからできたことわざ。

【河豚（ふぐ）は食いたし命は惜しし】

ふぐは食べたいが、毒が怖いという気持ちを表したもの。結果を恐れてなかなか行動に移せない、迷うときの様子。

● その他の言葉

【塩梅】

食べ物の味加減では「塩味」と「梅干の酸味」のバランスが難しいということからできた言葉で、物事の具合、調子、加減のことを指す。

【医食同源】

中国のことわざで、命にとって医療と食事は同じくらい大切だという意味。体に良い食材は薬にもなるという「**薬食同源**」がもとになっている言葉。

【芥子（からし）は気短ものに掻かせろ】

芥子はのんびりしていると辛味がとんでしまうので、手早く掻いた方が良いこと。

【月とすっぽん】

月もすっぽんの甲羅も形は丸く似ているが、まったく違ったものであることから、2つの対照が比較にならないほど大きく違っていることのたとえ。

【強火の遠火で炎を立てず】

魚を焼くときの基本。強火で魚の表面を早く焼き、遠火で焦がさないように中までじっくり旨味を逃がさないように焼く。

【手塩にかける】

昔は食膳に置かれた塩で、自分好みに料理の味加減をしたことから、自分で直接手にかけ気を配りながら世話をすることのたとえ。

【豆腐にかすがい】

柔らかい豆腐にいくらかすがい（大きな釘）を打ってもきかないことから、効果がない、無駄なことのたとえ。「糠（ぬか）に釘」と同じ意味。

【煮ても焼いても食えぬ】

相手に抜け目がなく、何をしてもこちらの言うことを聞かないようなこと。

【猫に鰹節】

猫に好物の鰹節の見張りをさせるような、過ちを犯してしまいそうな状況をわざわざ作ってしまうこと。

【花より団子】

花を眺めて詩や俳句などを作るより、花見団子を食べる方が良く、風流のわからないこと。名声や名誉よりも実益を選ぶ、外見よりも内容を選ぶことのたとえ。

【棚からぼたもち】

棚からぼたもちが落ちて、棚の下で眠っていた人の口の中に入る様子をもとにした言葉で、思いがけない幸運が転がり込むこと。略して「棚ぼた」ということもある。

昔は庶民が甘いものを口にできる機会は滅多になかったため、思いがけない幸運を手に入れた状況とした。

【蜜柑（みかん）が黄色くなると医者が青くなる】

蜜柑が黄色くなる時期は、季節的にしのぎやすくなり、体調が保たれ医者にかかる人が減るという意味。

【餅は餅屋】

餅は餅屋の餅が一番おいしいということから、物事はその道の専門家に任せるのが良いことのたとえ。

【病は口より入る】

病気は食べ物が原因で起こることが多く、食中毒や食生活の乱れによって起こる病気が多いという意味で、食生活が大切だといういましめのことわざ。

【われ鍋にとじぶた】

よくないもの同士のたとえ。欠点のあるもの同士が仲良くしていることのたとえ。

試験予想チェック!

基本的なマナーに関する出題が多いです。食事マナーの TPO は、しっかりと内容を覚えましょう。また、箸使いのタブーの問題はよく出題されていますから、知らないものは必ず覚えておきましょう。

Step 2 「食事とマナー」の要点チェック

チェック欄
1回目　2回目

□／□ 食事のマナーの基本は、ナイフやフォークをきちんと使えるかどうかではなく、食卓を囲む人たちが（ **どれだけ楽しい時間を過ごせたか** ）ということが一番大切なことです。

□／□ 食事マナーはTPOによって異なります。TPOのTはTime（時）、PはPlace（ **場所** ）、OはOccasion（ **場合** ）のことです。

□／□ どんな場面でも共通していえる最低限のマナーには、食事中は（ **喫煙をしない** ）、（ **周りに不快感を与えない** ）、恥をかかせない（かかない）、自分も相手も楽しいと感じる、などがあります。

□／□ （ **せせり箸** ）とは、歯に詰まったものを取ろうと、つま楊枝の代わりに使うことです。

□／□ （ **そら箸** ）とは、一度料理に箸をつけておきながら、食べないで箸をひくことです。

□／□ 西洋料理のマナーでは（ **左から** ）着席して、料理が運ばれる前にナプキンを（ **膝の上に** ）置きます。

□／□ 中国料理のマナーで円卓を回すときは、原則として（ **時計回り** ）に料理を送ります。

□／□ （ **秋茄子** ）は（ **嫁** ）に食わすなということわざは、（ **茄子** ）は体を（ **冷やし** ）、食べ過ぎるのは良くない、おいしいので嫁に食べさせるのはもったいない、などの意味があります。

Step 3 演習問題と解説

2-1 四季と行事食

例題(1) **食文化に関する記述として、もっとも不適当なものを選びなさい。**

1. 季節の変わり目にあたる日には、節供と呼ばれる季節の食材を使った料理でお祝いをする
2. 郷土料理とは、その土地特有の生活習慣や条件のもとで、生活の知恵から生まれ代々受け継がれてきた料理である
3. 日本では、表立った特別なおめでたい日をハレといい、赤飯やお餅、お酒でお祝いする習慣がある
4. 3月3日の桃の節句は、別名「人日の節句」ともいい、ひしもちやはまぐりのお吸い物がご馳走として供され、女の子の健やかな成長を願う
5. 行事にはそれぞれに適したお祝いの料理が供されるが、料理の内容よりも家族・親戚が集まって、みんなで楽しくお祝いできることが重要である

正解 4

例題(1)の解説

1. 中国の暦法で定められた季節の変わり目となる日を「節句」、その際に供される料理を「節供」といいます。年に5日あり、五節句と呼ばれます。
2. 郷土料理は、その土地ならではの料理で、土地の特産品を使ったものであったり、その土地独特の調理法によるものだったりします。
3. おめでたい日の「ハレ」とは反対の、日常を表す言葉を「ケ」といいます。
4. 桃の節句は「上巳の節句」です。「人日の節句」は1月7日で、七草がゆを食べて新年のお祝いの疲れをとり、1年の健康を祈るための節句です。
5. 行事食は、例えば正月のおせち料理や雑煮にしても地域によって内容や味付けが異なりますし、各家によって伝統的な習慣などもあります。本書では、代表的な行事と食べ物の組み合わせを紹介していますが、各家で皆が集まって楽しく食事をすることが本来の目的にかなうことといえます。

試験対策のポイント

日本の食文化の内容や意味、郷土料理の総合的な問題も出されています。

例題(2) 次の行事と料理の組み合わせで、もっとも不適当なものを選びなさい。

1. 端午の節句　＝　かしわ餅
2. たなばた　＝　そうめん
3. 重陽の節句　＝　おはぎ
4. 七五三　＝　千歳あめ
5. お通夜　＝　お寿司

正解 3

例題(2)の解説

1. 5月5日は端午の節句、別名「菖蒲の節句」といいます。ちまきやかしわ餅などで男の子の健やかな成長を願います。
2. 7月7日は、たなばた祭りです。
3. 9月9日は重陽の節句、別名「菊の節句」といい、菊酒や菊寿司などで長寿を願います。おはぎは、秋彼岸の食べ物です。
4. 七五三は子どもの健康と成長を祝う行事で、女の子は3歳と7歳、男の子は5歳の11月15日に祝います。昔は乳幼児の死亡率が高かったことから、この年齢を節目としてお祝いしました。千歳あめは、子どもの長寿を願い、細く長いあめに紅白の色を付けたものです。
5. お通夜などの悲しみの席も人生の節目という意味で、それに適した行事食があります。このような不祝儀の席では、昔から精進料理を出すとされていましたが、今ではお寿司なども出されています。故人を偲ぶための場であることを忘れないようにすることが大切です。

試験対策のポイント

日本の伝統的な文化と食の結び付きの理解を求められる問題です。五節句や年中行事の名前と料理の組み合わせについても、しっかり覚えておきましょう。
行事とその意味との組み合わせ問題も、過去に出題されています。

2-2 賀寿のお祝いと通過儀礼

例題(3) ハレの日に関する記述として、もっとも不適当なものを選びなさい。

1. 1月15日の小正月は小豆がゆを食べて悪鬼を避け、疫病を払うという風習である
2. お食い初めとは、子どもが一生、食べ物に困らないよう願い、初めてお母さんのお乳以外の食べ物を赤ちゃんに食べさせる儀式である
3. 金婚式とは、結婚して50年の節目を祝って行う記念祝賀の式で、添い遂げてきた幸せを噛み締め、金のごとく輝いた2人の結婚生活を祝うものである
4. 「百」の字から「一」を除くと「白」になることから付けられた白寿は、99歳をお祝いするものである
5. 3月20日頃の7日間(春分の日を中間とした前後3日)は春彼岸と呼ばれ、おはぎを食べる習慣がある

正解 5

例題(3)の解説

5. 春彼岸に食べるのはぼたもち。おはぎは秋彼岸に食べます。

試験対策のポイント

賀寿や通過儀礼のお祝いごとの言葉や意味を押さえておきましょう。

2-3　郷土料理

例題(4)　**「体と土地は一つのものであり、その土地の環境で育ったものを食べることで健康になることができる」という意味の言葉は、次のうちどれか選びなさい。**

1. オーガニック
2. 身土不二
3. スローフード
4. 医食同源
5. 地産地消

正解 2

例題(4)の解説

1. 化学肥料や農薬を一切使わない有機栽培方法のことです。
2. 自分が育った風土と同じ自然環境で育った食べ物が体に良い、という考え方です。
3. その土地独特の食文化を見直そうという考え方で1980年代にイタリアで生まれました。画一的で、安全よりスピード優先の「ファストフード」の対極の言葉として使われます。
4. 病気を治すのも食事をするのも、生命を養い健康を保つという意味では本質的に同じである、という意味の中国のことわざです。
5. その土地で生産されたものをその土地で消費する、という意味で、生産者の顔が見えることで安心で新鮮な食材が提供される効果があり、身土不二と近い意味の言葉です。

試験対策のポイント

「身土不二」の他、「土産土法」「地産地消」など類義の言葉を確認しておきましょう。これらは、安全かつおいしい食材をいただくための重要なキーワードです。

2-4 食材とおいしさ

例題(5) 次のうち、春が「旬の盛り」となるものはどれか、もっとも適当なものを選びなさい。

1. レンコン
2. ビワ
3. ナス
4. アサリ
5. 温州みかん

正解 4

例題(5)の解説

1. 秋　　3. 夏

2. 夏　　5. 冬

旬の盛りとは、出回りの最盛期のことをいいます。一方、旬の走りあるいは初物とは、出回り始めた時期、旬の名残りとは最盛期を過ぎて、そろそろ出回りが終わるような時期を指します。

! 試験対策のポイント

食べ物が一番おいしく、栄養に富んでいるのは「旬」のとき。旬を知るということは、食材に対して目利きができるようになるということです。
スーパーマーケットの生鮮品売り場などでは、店頭で季節感を出すために旬の食材をポップなどで紹介していますので、日頃から気を付けて見るだけでも勉強になります。
また、毎日の料理に旬の食材を取り入れ、素材本来のうまみを楽しみましょう。

例題(6)　日本料理の特徴についての記述として、もっとも不適当なものを選びなさい。

1. 旬の素材を使い、季節感を出すことを重視する
2. 「目で味わう」といわれるほど、独自の美意識に基づいた繊細な盛り付けがなされる
3. 限られた食材を大切に貯蔵し、同じものを繰り返し食べる必要があるため、飽きないようにソースなどでの味付けを工夫することに重点が置かれている
4. 「焼く」「煮る」「蒸す」「揚げる」の他、刺身のように生の素材を活かすなど、多くの調理方法がある
5. 動物性の素材を一切使わず、植物性の素材のみを用いて作られた料理を「精進料理」という

正解 3

例題(6)の解説

1. 日本料理は旬の料理ともいわれています。四季の素材を使い、その土地の産物を取り入れています。
2. 器も、陶器、磁器、漆器、ガラス食器、竹や葉を使ったものなど、さまざまなものがあります。用途や季節、料理の内容に合わせて器を選び、素材が持つ性質を引き出すように盛り付けも工夫されています。
3. 西洋料理の特徴の一つです。
4. 一般的に「生もの・煮物・蒸し物・焼き物・揚げ物」の5種類を、「調理の五法」といいます。
5. 仏教の殺生禁断の教えからきています。

試験対策のポイント

現在、日本では世界中の料理を食べることができます。また、日本料理はヘルシーな料理として、海外で注目されています。食文化もライフスタイルの変化とともに変わりつつありますが、伝統的なメニューの内容や順序を知っておくことも大切です。
また、日本料理の特徴はもちろんのこと、各国・各地の料理についても特徴をつかんでおきましょう。

2-6　調理方法（器具と食材の切り方＆調理法の種類）

例題(7)　調理用語に関する記述として、もっとも不適当なものを選びなさい。

1. 魚の切り方には、腹開き、背開き、二枚おろし、三枚おろしなどがある
2. 調理器具のストレーナーは、こし器ともいわれ、食品をろ過したりこしたりするときに使う
3. ささがきとは、野菜の切り方の一つで、ごぼうや大根を細く薄く削る方法をいう
4. 煮切りとは、みりんや酒を加熱してアルコール分を飛ばしたもの、またはその調理法をいう
5. 煮しめとは、蓋をして煮汁が少量になるまで甘辛く煮る調理法をいう

正解 5

例題(7)の解説

5.「煮しめ」でなく「煮上げ」といいます。

試験対策のポイント

調理用語では、包丁の部位での使い方や材料別の切り方、煮物の種類の「煮切り」「煮つけ」「煮こごり」「煮転がし」「煮上げ」「煮しめ」についての問題がよく出題されています。調理方法の違いとともにそれぞれ覚えておきましょう。

例題(8)　日本料理の盛り付けに関する説明として、もっとも不適当なものを選びなさい。

1. 天盛りとは、酢の物や和え物、煮物などを盛り付けたその上に盛ることである
2. 「かしらひだり」とは、魚の背を手前にして、頭が左側になるように盛り付けることである
3. 切り身をお皿に盛り付けるときは、皮または背を奥にして盛る
4. 器は、料理の彩りや味が引き立つような色や材質、また大きさなどを考えて選ぶようにする
5. 鉢物に煮物などの料理を盛る場合は、こんもりと山のように盛るようにする

正 解 2

例題(8)の解説

2. 魚の腹を手前にします。あしらいのことも併せて覚えておきましょう。
4. 器の役割や素材の工夫、器の種類と特徴を聞かれることもあります。

試験対策のポイント

日本料理に関する問題がよく出題されています。盛り付け方について、またあしらい、かしらひだり、つまなどの用語の意味を押さえておきましょう。さらに、西洋料理の盛り付け方もチェックしておく必要があります。

2-8　食事とマナー

例題(9)　食事とマナーに関する説明として、もっとも不適当なものを選びなさい。

1. 食事のマナーにおける「TPO」とは、Time［時］、Place［場所］、Occasion［場合］である
2. お互いに不快感を与えることなく、楽しく過ごすための食事のルールが食事のマナーである
3. ナイフやフォーク、スプーンは内側から外側に向かって使うようにする
4. コミュニケーションが上手になるために心がけることは、相手の話をよく聞くことである
5. 係の人を呼ぶときは、さりげなく合図して呼ぶようにする

正解 3

例題(9)の解説

1. Timeを、わざとTryなどにして出題されたことがあります。
3. ナイフやフォーク、スプーンは外側から内側に向かって使います。

試験対策のポイント

西洋料理や中国料理のマナー問題が過去に出題されています。基本的なポイントを押さえておきましょう。

例題(10) **箸使いのタブーであるせせり箸の説明として、もっとも適当なものを選びなさい。**

1. 箸で器を引き寄せること
2. 茶碗などの縁に口をあてがい、箸で口にかき込むこと
3. 歯に詰まったものを取ろうとして、つま楊枝の代わりに使うこと
4. いったん食べ物に箸をつけたのに、箸をひいてしまうこと
5. 汁椀などをかき混ぜて、中身を探ること

正 解 3

例題(10)の解説

1. 寄せ箸
2. かき箸
4. そら箸
5. 探り箸

試験対策のポイント

箸使いのタブーは、よく出題されています。P127にある、箸使いのタブーの用語と意味を一通り覚えておきましょう。

例題(11) **食べ物にまつわる言葉の記述として、もっとも不適当なものを選びなさい。**

1. 「沖の飯（はまち）」とは、回遊魚のはまちは漁が難しく、いつ釣れるかわからない。達成することが難しいことのたとえである
2. 「腐っても鯛」とは、鯛のように上等な魚は傷んでも下魚よりも価値があるということから、優れたものは落ちぶれても価値を失わないというたとえである
3. 「青菜に塩」とは、青菜に塩をふると、水分が出てしおれる様子のことで、元気がなくしょげていることのたとえである

4. 「海老で鯛を釣る」とは、海老のような小さな餌で、鯛のような立派で大きな魚を釣ること。少しの元手で大きな利益・結果を得ることのたとえである
5. 「火中の栗を拾う」とは、他人の利益のために危険を顧みずに行動し、思わぬとばっちりを受けることのたとえである

正解 1

例題（11）の解説

1. 「達成することが難しい」のではなく、「あてにならない」ことのたとえです。

! 試験対策のポイント

野菜やその他の食べ物にまつわることわざは、一通り見ておきましょう。特に、茄子は過去に何度か出題されていますから、必ず覚えておきましょう。

3ステップで最短合格！
食生活
アドバイザー®検定
3級
テキスト&
模擬問題
［第5版］

第3章 買い物上手になろう

3-1　食品の分類 ★★

食品にはさまざまな分類法があります。どのような分類があるのか、そしてその中で重要な「生鮮食品」と「加工食品」の概要について学びます。

3-2　食品表示（生鮮食品・加工食品・期限表示）★★★★★

「生鮮食品」（農産物、水産物、畜産物）と「加工食品」の表示方法について学びます。

3-3　成分表示（アレルギー表示・栄養成分表示）★★★★

食物アレルギーを引き起こす食品についての表示や、消費者が食品を正しく選択するために有益な情報である栄養成分表示について学びます。

3-4　食品マークと表示（有機 JAS マーク他）★★★

食品には、品質を保証するマークを付けることが義務付けられているものがあります。代表的なマークの種類や対象について学びます。

※★マーク（1つ～5つ）の数が多い程、試験頻出度が高くなります。★マークが多くついているものは特に、繰り返し熟読し覚えるようにしてください。

頻出度★★

3-1 食品の分類

Step 1 基本解説

食品の分類法

食品は成分、栄養素、生産方法、用途など、さまざまな角度から分類することができます。

・**動物性食品**（獣鳥肉類・魚介類・魚卵類・乳・乳製品など）と**植物性食品**（穀類・豆類・野菜類・果実類・海藻類など）による分類
・**生産形態**（生鮮食品［農産物、水産物、畜産物］と加工食品）による分類
・**用途による分類**（主食・副食（主菜・副菜）、調味料、保存食品（インスタント食品･冷凍食品･レトルト食品など）、乳児食品、栄養補助食品、嗜好品など）
・**カテゴリーでの分類**（生鮮食品、加工食品、日配品、菓子、デザートなど）
・**食品の成分による分類**（日本食品標準成分表（文部科学省）※により食品群と食品を分類）

※日本食品標準成分表：食品100g当たりのエネルギー、たんぱく質、ビタミン、ミネラルなどの栄養成分値を掲載した資料で、食事の栄養計算や加工食品の栄養成分算出のベースになります。

ここでは､食品の分類の中で重要な､生鮮食品と加工食品について学んでいきます。

生鮮食品

生野菜や果物、鮮魚、精肉など加工していない食品のことで、農産物、水産物、畜産物に分けられます。

農産物 ➡ 野菜類、果実類、イモ類、キノコ類、豆類、穀類など
水産物 ➡ 魚介類、水産動物（イカ・タコなど）、水産ほ乳類（鯨など）、海藻類
畜産物 ➡ 食肉類、食用鶏卵

加工食品

加工食品とは、生鮮食品などを製造または加工した飲食料品のことで、以下のようにいろいろな食品があります。

農産物の加工食品	野菜加工品、果実加工品、穀類加工品、麺・パン類、麦類、粉類、でんぷん、豆類加工品、菓子類、茶・コーヒー・ココアなどの調製品、香辛料、砂糖類など
水産物の加工食品	加工魚介類、加工海藻類など
畜産物の加工食品	食肉製品、酪農製品、加工卵製品など
その他の加工食品	調味料・スープ、食用油脂、調理食品、飲料など

食品加工の目的

食料は、その場で調理してすぐに食べるだけではありません。人類は食料を安定して確保するために、たくさん収穫したときに保存しておく知恵を編み出したり、そのままでは食べられないものや食べにくいものを食べやすく加工することで、食料の選択肢を広げてきました。

近年は、ライフスタイルの変化から食品加工の必要性が高まっており、食品を加工する目的も、次の5つのように多岐にわたっています。

● 保存性を高める

長時間の輸送や保存ができるようにすることで、収穫の時期以外にも安定供給することができます。

● 食べやすくする

切ったり、細かくしたり、柔らかくすることにより、食べやすさや、可食性が高まります。

● 嗜好性を高める（付加価値を高める）

おいしく感じさせることで、嗜好性が高まります。

● **栄養価を高める**

栄養素を加えたり、消化吸収しやすくすることで、栄養価が高まります。

● **安全性を確保する**

食べられない部分や有毒な部分を取り除くことで、安全性が高まります。

※食品加工の目的には、価格の下落を防止するという営業面からの目的もあります。(食品を加工・貯蔵することで収穫期以外でも販売できるために利益が期待できます)

食品加工の種類

食品加工は、物理的（機械的）加工、化学的加工、生物的加工の大きく3つに分けられます。

● **物理的（機械的）加工**

食品を、粉砕する、洗浄する、混ぜる、乾燥させる、分離する、成形する、加熱するなどによって加工します。

● **化学的加工**

食品に化学変化を起こさせることによって加工します。

● **生物的加工**

食用微生物や酵素の働きによって加工します。

試験予想チェック!

食品の分類問題は過去に、動物性食品と植物性食品による分類と、生産方法（農産物、水産物、畜産物、林産物、加工食品）による分類、用途による分類、カテゴリーでの分類が出題されています。
また、生産方法の違いによる仲間はずれを正解させる問題には、注意が必要です。
食品加工の目的はよく出題されていますから、必ず押さえておきましょう。

Step 2 「食品の分類」の要点チェック

チェック欄
1回目 2回目

□／□ 野菜類、果実類、豆類、穀類といった分類と、肉類、魚介類、乳類、卵類という分類は、食品を（ **植物性食品** ）と（ **動物性食品** ）とに分けた分類方法です。

□／□ 食品を（ **生産** ）形態で分類すると、農産物、水産物、畜産物と（ **加工食品** ）に分類されます。

□／□ 生鮮食品とは、生野菜や果物、鮮魚、精肉など加工していない食品のことで、（ **農産物** ）、水産物、（ **畜産物** ）に分けられます。

□／□ 水産物には魚介類、イカ・タコなどの水産動物、鯨などの（ **水産ほ乳類** ）、（ **海藻類** ）などがあります。

□／□ 食品を主食、副食、乳児食品、健康食品などというように分ける分類は、（ **用途** ）による分類で、生鮮食品、加工食品、菓子、デザートなどという分類は、（ **カテゴリー別** ）による分類です。

□／□ 食品を加工する目的には、長期の輸送ができるよう（ **保存性** ）を高めたり、食べられない部分や（ **毒** ）のある部分を取り除いて（ **安全** ）に食べられるようにしたり、（ **消化吸収** ）を良くして（ **栄養価** ）を高めたりがあります。

□／□ 食品を加工する種類は、粉砕、乾燥、洗浄などによる（ **物理的** ）加工、微生物や酵素の働きによる（ **生物的** ）加工、食料に化学変化を起こさせることによる（ **化学的** ）加工の大きく３つがあります。

頻出度 ★★★★★

3-2 食品表示（生鮮食品・加工食品・期限表示）

Step 1 基本解説

食品の表示制度

食品表示は、消費者が食品を購入する際に正しい選択をするために必要な情報です。従来はJAS法、食品衛生法、健康増進法の3つの法律により食品表示のルールが定められていましたが、2015（平成27）年4月に施行された**食品表示法**によりルールが統合されてわかりやすいものとなりました。新たに定められた食品表示基準には、具体的な表示方法が定められています。

生鮮食品の表示

表示は容器包装の見やすい箇所、または商品に近接した場所に立て札、ポップなどを置いて表示します。

また表示する際は、漢字、ひらがな、カタカナを用いて、すべて日本語で表示しなければなりません。

表示不可のもの	表示可能なもの
USA、US、AUS、オージービーフなど	アメリカ、米国、オーストラリア、豪州など

農産物の表示

必要な表示事項は、**名称**と**原産地**です。

原産地は、国産品は**都道府県名**を表示します。ただし、**市町村名**を表示することもできます。輸入品は**原産国名**の表示が必要ですが、一般的によく知られている地名が産地の場合は、原産国名または都道府県名に代えて表示することができます。

例：フロリダ、カリフォルニア、甲州、夕張、嬬恋など

複数の原産地で同じ種類の農産物の混合をしている場合は、**全重量に占める割合が多いものから順に、すべての原産地**を表示します。

「その他」や「他」という省略した表示は、一切認められていません。

例：キャベツ　群馬県産･長野県産･千葉県産（群馬県から4割、長野県から3割、千葉県から3割を仕入れたという場合の表示）

水産物の表示

必要な表示事項は**名称**と**原産地**、**解凍**、**養殖**です。

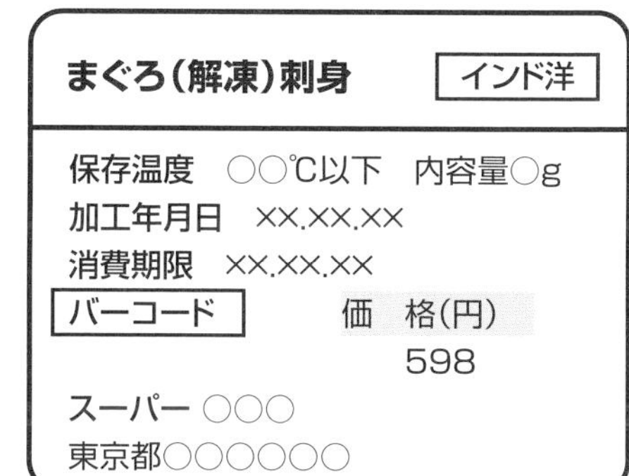

原産地を特定することが難しい場合、「**水域名**」を表示することができます。水域名での表示も困難な場合は、「**水揚げした港名**」または「**その港が属する都道府県名**」を原産地とします。房総沖、太平洋はＯＫですが、近海や遠洋という表示は認められていません。

輸入品については原則、「原産国名」を表示しなければいけません。養殖の場合は、「養殖場が所属する都道府県名」での表示になります。

国産品、輸入品ともに、冷凍したものを解凍して販売する場合は**解凍**の表示、養殖されたものを販売する場合は、**養殖**の表示が必要です。

畜産物の表示

必要な表示事項は、**名称**と**原産地**です。

国産品の場合は、原則として**国産**または**国内産**と表示しますが、**都道府県名**または**市町村名**を表示することもできます。一般的によく知られている地名における飼養の場合、その飼養地を原産地名として表示することが認められています。（松阪、米沢、神戸など）

和牛ロース　国産

保存温度　4℃以下　内容量○g

加工年月日　××.××.××

消費期限　××.××.××

バーコード　価　格(円)

1,380

スーパー ○○○

東京都○○○○○○

なお、輸入品は必ず**原産国名**を表示しなければなりません。畜産物の原産地は、**一番長く飼養された場所**を指します。

輸入された畜産物でも、飼養期間が外国より日本の方が長い場合は国産となります。「国産」と表示されていても、日本生まれの日本育ちとは限りません。

名称には、食肉の種類（牛・豚・鶏など）を表示し、その他、**部位**や**用途**なども食の業界が自主的にルールを決めて表示しています。

和牛とは

和牛はブランドのような呼称で、和牛と呼ばれるものは、黒毛和種・褐毛和種・日本短角種・無角和種の４種と、これら品種間の交配による交雑種を総称した日本生まれの日本育ちのみ「和牛」といいます。

※「和牛」は原産地表示の代わりにはなりません。

加工食品の表示

加工食品に表示すべき事項は、(1) 名称 (2) 原材料名・食品添加物 (3) 原料原産地名 (4) 内容量 (5) 期限表示 (6) 保存方法 (7) 製造者等の氏名または名称および住所 (8) 栄養成分表示の８つですが、場合によっては、「アレルギー物質を含む旨」、「遺伝子組換え食品を使用した旨」などが必要になります。

※表示は加工食品の容器包装上であれば、裏面でも側面でも可能で、表示の場所に制限はありません。

▼加工食品の表示例

名　　称	**お弁当**
原材料名	ご飯（国産）、煮物（にんじん、じゃがいも、いんげん、れんこん、しいたけ、その他）、厚焼卵、レタス、のり/調味料（アミノ酸等）、酸化防止剤（V.C）
内 容 量	300g
消費期限	2013.1.15
保存方法	直射日光、高温多湿を避け、お早めにお召し上がりください
製 造 者	○△株式会社　栃木県○○市○町2-5

(1) 名称

内容物を表す一般的な名称、種類、種類別名称を表示します。（商品名とは異なります）

(2) 原材料名・食品添加物

食品添加物以外の**原材料と食品添加物の区分**ごとに、**重量の多いものから順**に表示します。食品添加物は、使用している添加物をすべて表示しなければなりません。複合原材料の場合も、同様の順番で表示します。

なお、複合原材料とは、**原材料が 2 種類以上からなる原材料**のことです。例えば、煮物は複数の原材料から成り立っているため、**複合原材料**です。複合原材料の名称の次に括弧を付して、それを構成する原材料を以下のように表示します。

煮物（里芋、昆布、にんじん、椎茸、その他）

※複合原材料の原材料が3種類以上ある際は、複合原材料に占める重量が**3番目以下**かつ複合原材料に占める割合が**5%未満**のものは、「その他」と表示できます。

※原材料と食品添加物の区分は、明確にわかるようにするために、改行するか、スラッシュ「／」などで区分、または「添加物」の項目を別に設けて表示します。

(3) 原料原産地名

原材料に占める**重量の割合がもっとも高い原材料**の原産地名を表示します。

2017（平成29）年9月1日に、「新たな原料原産地表示」がスタートし、輸入品以外の**すべての加工食品に原料原産地表示**がされることになりました。P161の表示規定を参照ください。

(4) 内容量

基本的には、**重量**（g・kg）、**体積**（mℓ・ℓ）で表示します。**枚数**（食パンなど）、**個数**（菓子パンなど）でも可能です。

お弁当やおにぎり、サンドイッチなどについては、1食、1人前の表示ができます。なお、個数が外見上わかるという理由から、内容量の表示を省略することができます。

(5) 期限表示

消費期限と**賞味期限**の、どちらかを表示します。いずれも未開封の状態で、定められた保存方法により保存した場合の期限です。

食品の保存は表示された保存方法を守り、開封後は表示された期限にかかわらず早めに消費することが大切です。

▼消費期限と賞味期限

消費期限 **年月日**で表示。 弁当、サンドイッチ、総菜、生菓子類、食肉、生麺類、生カキなど	定められた方法により保存した場合、腐敗、変敗その他の品質の劣化にともない安全性を欠く恐れがないと認められる期限を示す年月日。 製造日を含めて、概ね**5日**以内で品質が急速に劣化する食品。 食品によっては、販売したその日を消費期限にしているものもある。
賞味期限 **年月日**（3ヶ月以内）と**年月**（3ヶ月を超えるもの）で表示。 牛乳、乳製品、ハム、ソーセージ、冷凍食品、即席めん類、清涼飲料水など	定められた方法により保存した場合、期待されるすべての品質の保持が十分に可能であると認められる期限（おいしさを保てる期限）を示す年月日。 品質が急激には劣化せず、品質が保持される期間が比較的長いものに表示される。 期限を過ぎても、直ちに「食べられなくなる」ということではない。

なお以前は、賞味期限と同じ意味の「品質保持期限」という表示が使われていましたが、消費者にとってはわかりにくいということで、2005（平成17）年7月31日より「賞味期限」に統一されました。2015（平成27）年4月からは、食品表示法によって引き継がれています。

(6) 保存方法

「高温、直射日光を避け、常温で保存」などのような表示です。

(7) 製造者などの氏名または名称および住所

「製造業者」「加工者」「販売者」などの**氏名**（法人の場合は**法人名**）と、その連絡先である**住所**を表示します。輸入品の場合は輸入者名で表示されていることもあります。

電話番号については、表示を省略することができます。

(8) 栄養成分表示

エネルギー（熱量）、たんぱく質、脂質、炭水化物、食塩相当量の順に表示します。詳細はP168を参照ください。

食品によっては、(1)から(8)の8つの表示項目の他に、調理方法、使用上の注意、使用方法などが表示されているものもあります。

製造年月日・加工年月日の表示

コンビニエンスストアの弁当などを見ると、期限表示だけでなく、製造日と製造時間も表示されているものがありますが、これは法的な表示義務や推奨がされているわけではありません。あくまでも任意の表示となっています。

また、製造日・加工日や製造時間というのは、商品を生産または加工した日・時間のことです。そのため、調理した日・時間とは異なることも考えられます。あくまでも、**食品を商品としてパッケージし終えた日・時間**のことなのです。

● **期限の設定者**

期限の設定を定める公的な機関や基準はなく、メーカー（製造者）が、化学的・合理的な根拠に基づき、さらに安全も考慮した上で、すべての責任を負って設定しています。

生鮮食品と加工食品の区別

生鮮食品は、パッケージ前の処理やパッケージ方法により、生鮮食品扱いとなる場合や加工食品扱いとなる場合とがあります。その違いは以下の表の通りです。

▼生鮮食品と加工食品の区別

	農産物	水産物	畜産物
生鮮食品の扱い	・単品、または単品を切っただけのもの (例) トマト、きゅうり、みかん、いちごなどの単品、カットされたトマト ・同じ種類の農産物が一つのパックになったもの (例) 紫玉葱のスライスと、玉葱のスライスが一緒になったパック	・単品、または単品を切っただけのもの (例) アジ、サンマ、生のエビ、イカなどの単品。サケ・タラなど味付け処理をしていない切り身。マグロなど単品の刺身 ・同じ種類の水産物が一つのパックになったもの (例) マグロの赤身とマグロの中トロの刺身の盛り合わせ	・単品、または単品を切っただけのもの (例) 牛肉、豚肉、鶏肉などの切り分けたもの ・同じ種類の畜産物が一つのパックになったもの (例) 牛カルビと牛ロースが一緒になった焼肉セット
加工食品の扱い	・異なった種類の農産物が一つのパックになったもの (例) 複数の野菜が一緒に入ったサラダ ・塩漬け（塩蔵）や乾燥させたもの (例) 塩蔵ゼンマイ、干しいも、ドライトマト ・ゆでたり、蒸したり、熱を通したもの (例) 焼きとうもろこし、ゆでた枝豆	・刺身の盛り合わせ (例) イカ、タコ、マグロの3種盛り ・表面を炙ったり、衣を付けたもの (例) カツオのたたき、パン粉付きのエビフライ ・味付け処理した切り身 (例) 塩サケ、鯛の粕漬け ・油で揚げたり、熱を通したもの (例) 煮つけ、エビのボイル、エビフライ種 ・塩漬け（塩蔵）や乾燥させたもの (例) イカの塩辛、サンマの開き	・異なった種類の畜産物が一つのパックになったもの (例) 牛と豚の合い挽き肉、牛と豚の焼肉セット ・味付け処理したもの (例) 豚肉のみそ漬け ・表面を炙ったり、衣を付けたもの (例) 牛肉のたたき、豚カツ用のパン粉付きの豚肉 ・油で揚げたり、熱を通したもの (例) 鶏のから揚げ、ローストビーフ

加工食品の原料原産地表示

● 以前は

原料の原産地表示が必要なものは、JAS法の改正前までは生鮮食品と一部の加工食品の原材料だけでしたが、2011（平成23）年の改正後は、生鮮食品に近い加工食品（全部で22食品群）も対象になり、原料の原産地表示が義務付けられました。

※22食品群以外に以前から表示が義務付けられていた「農産物漬物、うなぎの加工品、鰹節、野菜冷凍食品」の個別4品目についても、原料原産地表示が必要でした。

● 新たな原料原産地表示がスタート

2017（平成29）年9月1日に新たな原料原産地表示がスタートし、「**すべての加工食品**に原料原産地が表示」されることになりました。

新たな原料原産地表示にともない、おにぎり（米飯類を巻く目的で、のりを原材料として使用しているものに限る）が追加され、上記の個別4品目が個別5品目（農産物漬物、うなぎの加工品、鰹節、野菜冷凍食品、おにぎり）となりました。

「新たな原料原産地表示」の対象は、輸入品以外のすべての加工食品で、その原材料のうち、重量の比率が第1位となるものに限られます。

「**原料原産地表示が必要な22食品群**」と「**個別5品目**」については、原材料に占める**重量の割合が上位1位の原材料**で、かつ**重量の比率が50%以上**の際に表示義務が生じます。

▼22 食品群の例

農産物

1. 乾燥させた、きのこ類・野菜・果実
2. 塩蔵した、きのこ類・野菜・果実
3. ゆでた、きのこ類・野菜・豆類
   蒸した、きのこ類・野菜・豆類・餡
4. 異種混合した、カット野菜・果実・きのこ類
5. 緑茶、緑茶飲料
6. 餅
7. 炒った、落花生・豆類
8. 黒糖、黒糖加工品
9. こんにゃく

水産物

10. 干した、（素干／塩干／煮干）魚介類・昆布
    干し海苔、焼いた海苔、その他干した海藻類
11. 塩蔵した、魚介類・海草類
12. 調味した、魚介類・海草類
13. 昆布巻き
14. ゆでた、 魚介類・海草類
    蒸した、 魚介類・海草類
15. 表面を炙った魚介類
16. 揚げ物用として衣を付けた魚介類

畜産物

17. 調味した食肉
18. ゆでた、食肉・食用鳥卵
    蒸した、食肉・食用鳥卵
19. 表面を炙った食肉
20. 揚げ物用として衣を付けた食肉
21. 合い挽き肉、その他異種混合した食肉

その他

22. 上記４と21の他、生鮮食品を異種混合したもの（鍋物用セットなど）

食品表示の省略

以下の条件により、食品表示の一部を省略することができます。

▼食品表示が省略可能なもの

省略できる条件	省略可能な表示項目
容器または包装の総面積が30cm^{2}以下であるもの	原材料名、原料原産地名、栄養成分表示※
原材料が１種類のもの（缶詰、食肉製品は除く）	原材料名
外見上、個数が確認できたり、「１食」や「１人前」が一般的なもの（弁当、おにぎり、サンドイッチなど）	内容量
品質の劣化がきわめて少ないもの（砂糖、食塩、アイスクリーム、チューインガムなど）	期限、保存方法
常温で保存すること以外に保存方法に留意すべき特段の事項がないもの	保存方法

※栄養成分表示は、栄養の供給源としての寄与の程度が小さいもの、きわめて短い期間で原材料（その配合割合を含む）が変更されるものに関しても省略が可能となります。

● 加工食品の表示の対象外

加工食品の表示対象は、箱や袋であらかじめ包装されたものや、缶やビンに詰められたものです。次の場合は対象外になります。

- 店内や同一敷地内で製造・加工され、その場で販売、飲食されるもの
- バックヤードで加工している店内調理品を容器に入れて包装したもの（例：パン・注文してから作る弁当、量り売りされる総菜など）
- レストランなどでの外食

試験予想チェック!

生鮮食品の表示に関する問題は､必ず毎回出題されています。畜産物は､農産物と違って輸入された場合は必ず原産国名でなければならないことなど、生鮮食品の各表示の違いを知っておきましょう。

また、加工食品にも原産地表示が必要な場合の例や条件も覚えておきましょう。賞味期限と消費期限の違いに関しても、よく出題されています。

Step 2 「食品表示(生鮮食品・加工食品・期限表示)」の要点チェック

チェック欄
1回目　2回目

□／□ 生鮮食品の表示は容器包装の見やすい箇所、または商品に（　**近接**　）した場所に、立て札、（　**ポップ**　）などを設置しての表示が可能です。

□／□ 農産物の必要な表示事項は（　**名称**　）と（　**原産地**　）で、国産品は（　**都道府県名**　）、輸入品は（　**原産国名**　）の表示が必要です。

□／□ 農産物において、一般的に（　**よく知られている**　）地名が産地の場合は、原産国名または都道府県名に代えて、フロリダ、甲州などのように（　**地名**　）で表示することができます。

□／□ 複数の原産地で同じ種類の農産物を混合して販売する際は、全重量に占める割合が（　**多いもの**　）から順に、（　**すべて**　）の原産地を表示します。

□／□ 水産物の表示において（　**房総沖**　）、（　**太平洋**　）はOKですが、（　**近海**　）や（　**遠洋**　）という表示は認められません。

□／□ 水産物の表示において国産品、輸入品ともに、冷凍したものを解凍して販売する場合は（　**解凍**　）の表示、養殖されたものを販売する場合は（　**養殖**　）の表示が必要です。

□／□ 畜産物においての表示では、輸入品は必ず、（　**原産国名**　）を表示しなければなりません。

□／□ 輸入された畜産物は、（　**飼養期間**　）が外国より日本の方が（　**長い**　）場合は（　**国産**　）となります。

□／□ 和牛と呼ばれるものは、（ **黒毛和種** ）・（ **褐毛和種** ）・日本短角種・（ **無角和種** ）の４種があります。

□／□ 加工食品に表示すべき必要事項は、名称、原材料名・食品添加物、（ **原料原産地名** ）、（ **内容量** ）（ **期限表示** ）、保存方法、製造者等の氏名または名称および住所、（ **栄養成分表示** ）の８つです。

□／□ 加工品の原材料は、食品添加物以外の原材料と食品添加物の区分ごとに、（ **重量の多いもの** ）から順に表示します。食品添加物は、使用している添加物を（ **すべて表示** ）しなければなりません。

□／□ （ **複合原材料** ）とは、原材料が２種類以上からなる原材料のことです。原材料が３種類以上ある場合は、（ **複合原材料** ）に占める重量が（ **３番目** ）以下、かつその占める割合が（ **5%** ）未満のものは、（ **その他** ）と表示できます。

□／□ 加工品の（ **内容量** ）の表示で、お弁当やおにぎり、サンドイッチなどについては、（ **１食** ）、（ **１人前** ）の表示ができます。

□／□ 製造日を含めて、概ね（ **５日** ）以内で品質が急速に劣化する食品には、（ **消費期限** ）が付けられます。

□／□ （ **賞味期限** ）は品質が急激には劣化せず、品質が保持される期間が比較的長いものに表示されます。期限を過ぎても、直ちに「食べられなくなる」ということではありません。

□/□ （ **生鮮食品に近い** ）加工食品の22食品群と（ **個別5品目** ）は、原材料に占める重量の割合が（ **上位1位** ）の原材料で、かつ重量の比率が（ **50%** ）以上の際に、原材料の（ **原産地表示** ）の義務が生じます。

□/□ 容器または包装の総面積（ **30cm^2** ）以下の場合、（ **原材料名** ）、（ **原料原産地名** ）、栄養成分表示の表示を省略できます。

□/□ 保存方法は、（ **常温** ）で保存すること以外に、保存方法に関して留意すべきことが特別なければ、表示を省略できます。

頻出度★★★★

3-3 成分表示(アレルギー表示・栄養成分表示)

Step 1 基本解説

アレルギー表示

子どもは大人に比べ、食物アレルギーを起こしやすいといわれています。子どもは消化管の粘膜の抵抗力が弱いため、少しの刺激でも敏感に反応して、アレルギー症状が出やすいのです。

アレルギー体質の人の体内に、アレルギーを引き起こす原因となる物質のことを**アレルゲン**といいますが、このアレルゲンが入ることで起きる病気がアレルギーです。欧米化した食生活の中で特に、小麦、鶏卵、牛乳の３つは「**３大アレルゲン**」と呼ばれています。

食物アレルギーの原因となる「**特定原材料７品目**」の食品容器包装への表示義務付けと、「**特定原材料に準ずる 21 品目**」の表示の奨励がされています。

特にアナフィラキシーショックという重篤な状態を引き起こす訴えが多い食品は、特定原材料とされています。

▼特定原材料７品目

※ 以前は卵・牛乳・小麦・ソバ・落花生(ピーナッツ)の5品目だったが、2008（平成20）年6月3日からエビ・カニが追加された。

▼表示の奨励されている食品（21品目）

あわび、イカ、いくら、オレンジ、キウイフルーツ、ゴマ、アーモンド
牛肉、鶏肉、豚肉、クルミ、サケ、サバ、大豆、カシューナッツ
まつたけ、桃、山芋、りんご、ゼラチン、バナナ

※ アナフィラキシーショック…血圧低下、意識障害、呼吸困難、じんましんなどの重篤な症状の状態で、死に至ることもあります。

栄養成分表示

これまで栄養成分表示は、健康増進法に基づき定められた栄養表示基準で、企業の任意表示でしたが、2015（平成27）年4月1日より「食品表示法」により新たな食品表示基準が定められ**義務化**されました。表示には、以下のような一定のルールがあります。

新たな食品表示基準により以下の5番目の項目は、以前は「ナトリウム」と表示していましたが、「食塩相当量」で表示されることになりました。

● **表示内容（主要5項目）**

⑴熱量（エネルギー）

⑵たんぱく質

⑶脂質

⑷炭水化物

⑸食塩相当量

※ただし、食塩を添加していない食品に「食塩相当量」と表示をすると誤認する場合もあるため、ナトリウムを添加していない場合は、ナトリウム0mg(食塩相当量)とする表示も認められています。

⑴～⑸の順番で表示します。その次に他の栄養成分、例えばカルシウムやビタミンCなどを表示します。また、これらの含有量も必ず表示します。

● **表示単位**

100g または 100 mℓ、1 食分、1 包装、1 箱、1 枚、1 粒など、当たりで表示します。

▼栄養成分表示の例

栄養成分表示（100g当たり）	
エネルギー	○ kcal
たんぱく質	○ g
脂質	○ g
炭水化物	○ g
食塩相当量	○ g
ビタミンC	○○mg

※炭水化物は、糖質と食物繊維の2つに分けて表示することも認められています。
※食塩相当量の計算方法は、「食塩相当量(g)＝ナトリウム(mg)×2.54÷1000」となります。

なお、栄養成分の含有量は、製造者（メーカー）が、すべての責任を負って表示することになっています。

フードファディズム

特定の食品や栄養素について、主にマスメディアによって健康への有用性や有害性が過大に評価されることがありますが、これをフードファディズムといいます。

試験予想チェック!

原材料表示の奨励されている食品のすべてを覚える必要はありませんが、特定原材料7品目に関しては、すべて覚えるようにしましょう。
アレルギー表示に関する問題は、ほぼ毎回出題されています。また、栄養成分表示もよく出題されています。

Step 2 「成分表示(アレルギー表示・栄養成分表示)」の要点チェック

チェック欄
1回目 2回目

□／□ アレルギーを引き起こす原因となる物質のことを、(**アレルゲン**)といいます。

□／□ 特に重篤なアレルギーを引き起こす訴えの多い、表示義務がある(**特定原材料**)7品目は、卵、(**落花生**)、牛乳、(**小麦**)、そば、(**エビ**)、(**カニ**)です。

□／□ 呼吸困難、意識障害などの重篤なアレルギーのことを、(**アナフィラキシーショック**)といいます。

□／□ (**栄養成分表示**)は、以前は(**健康増進法**)に基づき定められ、企業の任意表示でしたが、(**食品表示法**)により2015（平成27）年4月1日から、新たな食品表示基準が定められ(**義務化**)されました。

□／□ 栄養成分表示の主要5項目には、(**エネルギー**)、(**たんぱく質**)、脂質、(**炭水化物**)(**食塩相当量**)があり、(**この順番**)で表示します。また、その(**含有量**)も必ず表示します。

□／□ 栄養成分表示の表示単位は、100gまたは(**100mℓ**)、1食分、(**1包装**)、1箱、1枚、1粒など、当たりで表示します。

食品マークと表示(有機JASマーク他)

Step 1 基本解説

食品マーク

食品によってはマークが付けられています。リサイクルを目的としたマークや健康維持・増進に役立てる食品であることを表示したマークなど、さまざまなマークがあります。それぞれのマークの意味を知り、生活に役立てたり、ゴミの分別をしたりしていきましょう。

有機 JAS マーク

有機農産物および**有機農産物加工食品**には、有機JASマークを付けることができます。そして、「有機トマト」「有機大豆」「有機納豆」「有機醤油」といった表示をすることが許可されます。

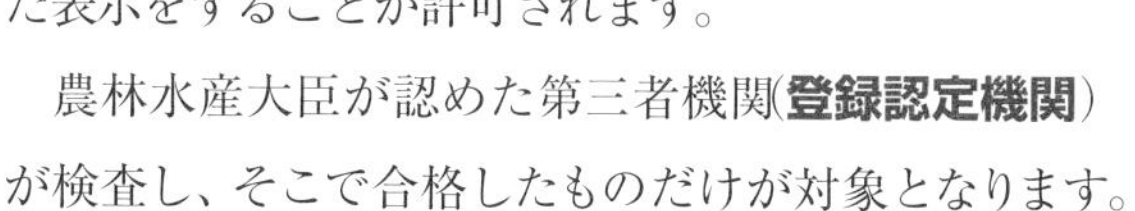

農林水産大臣が認めた第三者機関(**登録認定機関**)が検査し、そこで合格したものだけが対象となります。

有機農産物とは

化学農薬、化学肥料および化学土壌改良剤の使用を中止してから3年以上(単年生作物は2年以上)経過して、堆肥などによる土づくりをした農地で栽培された農産物のことをいいます。

現在認められている表示は、有機農産物と特別栽培農産物だけです。

特別栽培農産物とは、農薬・化学肥料の両方を、その地域で一般的に行われている慣行栽培より**50%以上減らした農産物**のことです。以前は、無農薬、無化学肥料、減農薬、減化学肥料などという表示がありましたが、現在は一切禁止されて、**「特別栽培農産物」に統一**されています。

▼その他のJASマーク

JASマーク  	品位、成分、性能などの品質についてのJAS規格（一般JAS規格／日本農林規格）を満たす食品や林産物などに付けられます
特色JASマーク  	生産情報公表JASマーク、特定JASマーク、定温管理流通JASマークが、「特色JASマーク」に統一されました。(2022（令和4）年3月31日までに新JASマークに移行)「特色JASマークにより、日本産品・サービスのさらなる差別化・ブランド化に向け、消費者の皆様に高付加価値性やこだわり、優れた品質や技術などをわかりやすくアピールすることが期待されます」(農林水産省発表文章より)

▼「特色JASマーク」に統一された3つのJASマーク

生産情報公表JASマーク  認定機関名	生産情報公表JAS規格を満たす方法により、給餌や動物用医薬品の投与などの情報が公表されている牛肉や豚肉、生産者が使用した農薬や肥料などの情報が公表されている農産物などに付けられます
特定JASマーク  認定機関名	特別な生産や製造方法についての特定JAS規格を満たす食品や、同種の標準的な食品に比べて品質などに特色のある食品に付けられます。例：熟成ハム類、熟成ソーセージ類、手延べ干し麺など
定温管理流通JASマーク 定温管理流通  	製造から販売までの流通行程を一貫して一定の温度を保って流通させるという流通の方法に特色がある加工食品に付けられます。米飯を用いた弁当類（寿司、チャーハンなどを含む）について認定を受けることができます

特定保健用食品

「血圧や血中のコレステロールを正常に保つ」「胃腸の調子を整える」など。

特定の効能が科学的根拠に基づいて証明されていると、国が認めた加工食品のことです。

消費者庁許可
特定保健用食品

特別用途食品

乳幼児用、妊産婦用、高齢者用、病者用など。

特別の用途に適するという表示を消費者庁長官が許可した食品をいいます。

※国が機能性の表示を認めている保健機能食品には、国が個別に許可した「特定保健用食品（トクホ）」、国の規格基準に適合した「栄養機能食品」、届け出制の「機能性表示食品」の、全部で3種類あります。

▼食品のその他のマーク

公正マーク（飲用乳）

<対象>
全国飲用牛乳公正取引協議会が適正な表示をしていることを認めた牛乳(注1)、脱脂乳、加工乳(注2)、乳飲料(注3)など

地域特産品認証制度（Eマーク）

<対象>
都道府県が認証した地域の特産物

（注1）牛乳
搾取したままの牛の乳（生乳）を100%使用して、成分無調整で殺菌したものです。

（注2）加工乳
生乳に乳製品（脱脂乳、クリーム、バターなど）を加えるなどして、成分を調整したものです。
※生乳や牛乳などから乳脂肪分を除去し、ほとんどすべての水分を除去して粉末状にしたものは「脱脂粉乳」といいます。

（注3）乳飲料
牛乳や乳製品をもとに作ったもので、果汁、コーヒーなどで風味を付けたコーヒー乳飲料、フルーツ乳飲料などがあります。

▼リサイクルマークのいろいろ

アルミ缶

ペットボトル

紙製容器包装

スチール缶

プラスチック製容器包装

飲料用紙容器

ガラスびん

段ボール

※ガラスびんのマークは**リターナブルマーク**ともいい、再使用（**リユース**）可能な容器のことです。

例：牛乳びん、ビールびん、日本酒の 1 升びん、など

試験予想チェック!

有機農産物と特別栽培農産物に関した問題が頻出傾向にあります。また、食品に付けられるマークでは、有機 JAS マーク、公正マーク、特定保健用食品マーク、特別用途食品マークに関して出題が繰り返されています。リサイクルマークも要チェックです。

Step 2 「食品マークと表示（有機JASマーク他）」の要点チェック

チェック欄
1回目 2回目

□／□ （ **有機 JAS マーク** ）は、（ **有機農産物** ）および（ **有機農産物加工食品** ）に付けることができます。（ **農林水産大臣** ）が認めた第三者機関（ **登録認定機関** ）による検査に合格しなければなりません。

□／□ 有機農産物とは化学農薬、化学肥料および化学土壌改良剤の（ **使用を中止** ）してから（ **3 年** ）以上、単年生作物は 2 年以上経過して、（ **堆肥** ）などによる土づくりをした農地で栽培された農産物のことをいいます。

□／□ 農薬・化学肥料の両方を、その地域で一般的に行われている慣行栽培より（ **50%** ）以上減らした農産物のことを、（ **特別栽培農産物** ）といいます。以前は、無農薬、無化学肥料、減農薬、減化学肥料などという表示がありましたが、現在は（ **禁止** ）されています。

□／□ （ **特定保健用食品** ）とは、「血圧や血中のコレステロールを正常に保つ」、「胃腸の調子を整える」など、（ **特定の効能** ）が科学的根拠に基づいて証明されていると（ **国が認めた** ）加工食品のことです。

□／□ 乳幼児用、妊産婦用、高齢者用など、（ **特別の用途** ）に（ **適する** ）という表示を消費者庁長官が許可した食品を、（ **特別用途食品** ）といいます。

□／□ 公正マークとは、（ **全国飲用牛乳公正取引協議会** ）が定めた表示基準に合ったものに付けられるマークで、消費者が商品を選ぶ際の基準として活用して欲しいという目的のために付けられているものです。牛乳の他に、（ **はちみつ** ）、ハム・ソーセージ類などもあります。

Step 3 演習問題と解説

3-1　食品の分類

例題(1)　食品の分類で「生鮮食品と加工食品」の記述として、もっとも適当な分類を選びなさい。

1. 栄養成分による分類
2. 生産形態による分類
3. 動物性食品と植物性食品による分類
4. 用途による分類
5. カテゴリーによる分類

正解 2

例題(1)の解説

生鮮３品（農産物、水産物、畜産物）と加工食品は、生産形態による分類です。

試験対策のポイント

食品の分類問題は、それほど頻繁には出題されていませんが、今後も出題される可能性はあるでしょう。生産形態による分類、植物性食品と動物性食品の分類の他、最近の傾向として、用途別、カテゴリー別からの出題も増えています。

例題(2)　次の食品加工の記述として、もっとも不適当なものを選びなさい。

1. 食品加工の主な目的は、食べやすくする、嗜好性を高める、安全性を高めるなど、商品価値の下落を防止するためである
2. 食品加工には、粉砕、洗浄、混合、形成などによって加工する物理的加工、微生物や酵素の働きによって加工する生物的加工、原料に化学変化を起こすことによって加工する化学的加工がある

3. 食品加工には、消化吸収をよくしたり、栄養素を添加することで栄養価が高められる
4. 食品加工には、おいしく感じさせることで付加価値や娯楽性を高めることができる
5. 食品加工をすることで長期の輸送ができるようになり、安定供給ができる

正解 1

例題(2)の解説

1. 商品価値の下落を防止することが、主たる目的ではありません。
2. 食品加工は物理的（機械的）加工、化学的加工、生物的加工の、大きく3つの種類に分かれます。

3、4、5. 食品加工の目的は、「保存性を高める」「食べやすくする」「嗜好性を高める」「安全を確保する」「栄養価を高める」です。

試験対策のポイント

食品加工の目的は必ずといっていいほど出題されています。目的とその内容を確認しておきましょう。

3-2 食品表示（生鮮食品・加工食品・期限表示）

例題(3) 次の生鮮食品の食品表示として、もっとも適当なものを選びなさい。

1. 遠洋マグロ
2. アスパラガス（国産）
3. 埼玉県産・長野県産　キャベツ
4. 豚　ロース　（US）
5. にんじん（東北産）

正解 3

例題(3) の解説

1. 遠洋や近海という表示は認められません。
2. 農産物の国産品は都道府県名、輸入品は原産国名の表示が必要です。一般的によく知られている地名も可能ですが、国産という表示で原産地名にすることはできません。
3. 複数の原産地で同じ種類の農産物の混合をしている場合は、全重量に占める割合が多いものから順にすべての原産地を表示しますが、これはその例です。
4. 輸入品の場合は必ず原産国名を日本語表記で表示します。アメリカと本来は表記しなければなりません。
5. 東北産という表示の仕方は原産地表示では認められていません。

! 試験対策のポイント

生鮮食品の表示の具体例問題はよく出題されますから、正しい表示とともに認められない表示も覚えておきましょう。

例題(4) 農産物の食品表示に関する記述として、不適当なものを選びなさい。

1. 同じ種類の農産物を、複数の原産地のものと混合して一緒に販売する際の原産地表示は、重量の多い順にすべての原産地を表示しなければならない
2. 小売業者が表示をする場合、容器または包装の見やすい箇所か、商品に近接した立て札などにより表示することでも構わない
3. 甲州や房総などといった、一般的によく知られている地名を使用して原産地表示をすることは、認められている
4. 生産した場所で直接、消費者に販売する場合は、原産地の表示は必要ない
5. 農産物の表示は現在、有機農産物の他に、無農薬、減農薬、無化学肥料、減化学肥料という表示が使われている

正解 5

例題(4)の解説

2. 他に近接したボード、ポップでも構いません。

5. 無農薬、減農薬、無化学肥料、減化学肥料という表示は、現在は一切禁止されています。特別栽培農産物に統一されました。

! 試験対策のポイント

毎回、出題パターンは類似しています。この問題の1から5の、それぞれの問題文をよく覚えておくことでかなり対処できます。

例題(5) **畜産物（食肉）の食品表示に関する記述として、もっとも不適当なものを選びなさい。**

1. 輸入物は、必ず原産国名を表示しなければならない
2. 原産地表示で、「主たる飼養地」が2箇所以上になる場合は、生まれた場所を原産地として表示する
3. 牛と豚の合い挽き肉は、原材料の原産地表示が必要となる加工食品である
4. 食肉をレストランなどで、ステーキなどの肉料理として提供する場合は、原産地表示は必要ない
5. 加工年月日とは、販売のためにパックされた日のことで、食肉用として加工処理された日のことではない

正解 2

例題(5)の解説

2. 畜産物の原産地は、一番長く飼養された場所を指します。生まれた場所ではありません。

3. 生鮮食品に近い加工食品には畜産物では、他に焼肉セットや揚げる前の衣を付けた豚カツ用のものなどがあります。

4. 飲食店での原産地表示は必要ありません。

試験対策のポイント

この他にも、和牛の定義や国産表示についての問題文もよく出されています。
生鮮食品に近い加工食品に関する設問が新しい傾向ですので、要注意です。
どういう場合だと、原産地表示が必要になるのか？　具体例と条件を覚えておきましょう。

例題(6) **次の加工食品の表示に関する記述で、もっとも不適当なものを選びなさい。**

1. 原材料名の表示では、原材料の重量の多い順に表示した後に、食品添加物名も同様に重量の多い順にすべて表示する
2. 複合原材料とは、煮物のように原材料が２種類以上からなる原材料のことをいう
3. 加工食品の期限表示の賞味期限は、品質が急激に劣化せず、比較的品質保持が長い食品に表示される
4. キャンディやチューインガムなどパッケージの表面積が小さいものは、食品表示の一部を省略できる
5. パン屋や総菜店などで、店内で製造し販売する場合でもその食品表示は必要である

正 解 5

例題(6) の解説

4. 容器または包装の面積が 30cm^2 以下のものは、原材料名、原料原産地名が省略できます。
5. 店内の厨房（バックヤード）などで作られたお総菜やパンなどは、食品表示は必要ありません。

試験対策のポイント

加工食品に関する問題は、ほぼ毎回出題されます。複合原材料、原材料名の表示の仕方、期限表示に関したことは、特に要注意です。

3-3　成分表示（アレルギー表示・栄養成分表示）

例題(7) **アレルギー症状を引き起こす可能性がある食品のうち、7品目が表示義務があるが、それは「牛乳，卵，ソバ，落花生，エビ」の他に何か、もっとも適当なものを選びなさい。**

1. 山芋・大豆
2. イカ・ゼラチン
3. 小麦・カニ
4. クルミ・さば
5. 山椒・牡蠣

正解 3

例題(7)の解説

1、2、4. 表示が奨励されている品目（特定原材料に準ずる21品目）です。

5. 推奨品目でもありません。

試験対策のポイント

以前は、特定原材料7品目に関しての問題が中心でしたが、最近は21品目の中からも出題されるようになってきました。果物や魚介類にはどんなものがあるのか？などについて確認しておきましょう。

例題(8) **栄養成分表示の主要5項目といわれるものには、エネルギー、脂質、食塩相当量の他に、あと2つは何か？　正しい組み合わせのうち、もっとも適当なものを選びなさい。**

1. ビタミン・たんぱく質
2. たんぱく質・炭水化物
3. ミネラル・食物繊維
4. 水分・糖質
5. 塩分・たんぱく質

正 解 2

例題(8) の解説

栄養成分表示の主要5項目は、(1) 熱量（エネルギー）(2) たんぱく質 (3) 脂質 (4) 炭水化物 (5) 食塩相当量で、この順番で表示しなければなりません。

試験対策のポイント

栄養成分表示の問題も、よく出題されます。主要5項目の組み合わせ問題がほとんどです。

3-4　食品のマークと表示

例題(9) **次の食品マークと関連のある用語の組み合わせとして、もっとも適当なものを選びなさい。**

1. 特別用途食品マーク ―――― 健康増進法
2. 有機JASマーク ―――― 消費者庁許可
3. 特定保健用食品マーク ―――― トクホ
4. Eマーク ―――― 機能性表示食品
5. JASマーク ―――― 製造物責任法

正 解 3

例題(9) の解説

1. 健康増進法ではなく、乳幼児用、妊産婦用、高齢者用など特別の用途に適するという表示を消費者庁長官が許可した食品に付けられるマークです。
2. 有機 JAS マークを付けることができるのは、農林水産大臣が認めた第三者機関（登録認定機関）が検査して合格したものが対象となります。
4. E マークは、地域特産品認証制度のマークのことです。
5. 製造物責任法は PL 法のことです。P277 参照。

! 試験対策のポイント

特別用途食品マーク、通称「トクホ」と呼ばれる特定保健用食品マーク、有機JASマークはよく出題されています。新しいマークである「特色 JASマーク」も今後出題される可能性がありますので特徴をよくつかんでおきましょう。

例題(10) 公正マークの記述として、もっとも適切なものを選びなさい。

1. 乳児用、幼児用、妊産婦用、病者用など、特別の用途に適する食品に表示するマークである
2. 日本農林規格の規格に適した食品に表示するマークである
3. 生乳を100%使用して、成分無調整で殺菌した牛乳などに表示するマークである
4. 生乳や牛乳などから、ほとんどすべての水分を除去して粉末状にした加工乳に表示するマークである
5. 生乳や牛乳を原料として製造された乳製品である脱脂粉乳に表示するマークである

正 解 3

例題（10）の解説

1. 公正マークではなく、特別用途食品マークの説明になっています。
2. 公正マークではなく、一般 JAS マークの説明になっています。
3. 公正マークは、全国飲用牛乳公正取引協議会が適正な表示をしていることを認めた牛乳、脱脂乳、加工乳、乳飲料などに表示するマークで、牛乳とは生乳を100%使用して成分無調整で殺菌したものを指します。
4. 加工乳ではなく、全粉乳の説明になっています。
5. 脱脂粉乳ではなく、加工乳の説明になっています。

試験対策のポイント

公正マークについて、また牛乳や乳飲料、加工乳の定義に関する問題は多く出題されています。確認しておきましょう。

段取り上手になろう

4-1　食中毒（食中毒の種類と特徴）★★★★★

食中毒の原因と種類、それぞれの症状や予防策を知るとともに、病原菌の増殖の条件を学びます。

4-2　食中毒の予防 ★★★★

食中毒を予防する3大原則と場面ごとの予防のポイント、食品やその周りを清潔に保つための洗浄の重要性について学びます。

4-3　食品の化学変化と保存方法 ★★★

食品の化学変化は食用に適さなくなる場合と、有益な食品に変化する場合などがあります。その種類と内容を知り、また食品の保存方法を学びます。

4-4　食品の安全 ★★★★

体への影響が懸念されている遺伝子組換えや食品添加物、環境ホルモン、残留農薬、BSE、新型インフルエンザについて学びます。

※★マーク（1つ～5つ）の数が多い程、試験頻出度が高くなります。★マークが多くついているものは特に、繰り返し熟読し覚えるようにしてください。

頻出度★★★★★

4-1 食中毒（食中毒の種類と特徴）

Step 1 基本解説

食中毒とは

食中毒とは、原因となる細菌・ウイルス・毒素が付着した飲食物などを体内に摂取することにより、腹痛・下痢・嘔吐・発熱などを引き起こす**急性**の**健康障害**のことをいいます。また、食中毒のことを食あたりということもあります。

主な発生状況は、食中毒のほとんどを占める細菌性食中毒が6～10月で、これは**高温多湿**を好む細菌が**増殖**しやすいためです。その他にも、ウイルスが多発する11～3月、冬場のフグ・生ガキ、9～10月は毒キノコなど、通年で注意が必要となってきます。

以前は人から人への感染は確認されていませんでしたが、O-157・ノロウイルスなど、患者から他の人への感染が確認されるようになり、食感染症として国際的に対策がとられるようになりました。

医師が食中毒と診断した際は、食品衛生法に従って、原因や内容について最寄りの保健所に24時間以内に届け出をしなければなりません。

※栄養素の摂取不足や過剰摂取により起こる「栄養障害」は、食中毒とは異なります。

食中毒の原因

食中毒は、以下の4つに大きく分けられていますが、圧倒的に多いのは、細菌性によるものです。

①細菌

食品に混入した**細菌性食中毒菌**が原因となります。

「サルモネラ菌」「セレウス菌」「ボツリヌス菌」「カンピロバクター」「腸炎ビブリオ菌」「黄色ブドウ球菌」など、細菌にはたくさんの種類があり、感染型と毒素型に分けられます。感染型は、食品中に増殖した菌を食品とともに摂取した後に、菌が腸管内でさらに増えて症状を起こすものです。毒素型には食品内毒素型（食品内で菌が増殖する際に毒素を産出し、それを摂取することで発症）と、生体内毒素型（感染型と毒素型の２つの特徴を持ちます）があります。

②自然毒

動植物がもともと持つ有毒成分によるもので、「**動物性自然毒**」と「**植物性自然毒**」があります。

動物性自然毒…フグ毒（テトロドトキシン）、貝毒（テトラミン）など
植物性自然毒…毒キノコ（アマトキシン）、トリカブト（アコニチン）、
じゃがいもの芽（ソラニン）、青梅の毒（アミグダリン）など

③ウイルス

人の体内で増殖し発症する「ノロウイルス」「Ａ型肝炎ウイルス」などがあります。

④化学物質やカビによるもの

有毒な化学物質などを摂取した場合に起こります。

例として、ヒ素・メチル水銀・シアン化合物などの「**化学物質**」や、マイコトキシンなどの「**カビ毒**」、鮮度が低下した魚介類やその加工食品に含まれるヒスタミンなどがあります。中でも水銀の入った魚など、摂取する可能性が高いものもあり注意が必要です。

原因が判明した食中毒の43%以上が、細菌による食中毒とウイルスによるもので、細菌による食中毒は**全体の約 30%** を占めています。

主な細菌とウイルスの特徴

細菌とウイルスを合わせて、微生物といいます。微生物には、いくつもの種類があり、それぞれに特徴や症状が異なります。違いを理解し、正しい予防を心がけましょう。

4-1 食中毒（食中毒の種類と特徴）

▼サルモネラ菌（感染型）

原因・特徴	潜伏期間・症状	予防策
動物の肉や卵についていることが多い。※卵の殻にも注意する。熱に弱い	8〜48時間 発熱・下痢・嘔吐・腹痛など	肉類・卵を生で食べない。十分に加熱調理をする。運搬役であるネズミ・ゴキブリの駆除

▼腸炎ビブリオ菌（感染型）

原因・特徴	潜伏期間・症状	予防策
生鮮魚介類に多い（まな板や包丁から二次汚染した弁当が原因になることもある）。塩分3〜5%で発育する。加熱・真水に弱い	10〜18時間 激しい上腹部の痛み・下痢・発熱・嘔吐など	手・食材をよく洗う。加熱調理をする。調理器具などの熱湯消毒

▼カンピロバクター（感染型）

原因・特徴	潜伏期間・症状	予防策
鶏・豚・牛などの腸管。鶏卵・レバ刺し・牛刺し。熱や乾燥に弱い。微好気性。少量の菌で発症する	2〜7日(48〜168時間) 腹痛・下痢・発熱・血便など	十分に加熱する。井戸水は煮沸消毒などを行う

▼黄色ブドウ球菌（食品内毒素型）

原因・特徴	潜伏期間・症状	予防策
食品全般。人の鼻や咽の粘膜、傷口に多く付着している。菌自体は熱に弱いが、増殖するときに発生する毒素は熱に強い	1〜3時間 激しい嘔吐・下痢・腹痛など	手に傷などがある場合は調理を避けるか、ゴム手袋などをして食材に直接手を触れない

▼ボツリヌス菌（食品内毒素型）

原因・特徴	潜伏期間・症状	予防策
缶詰・瓶詰・真空パックの食品、ソーセージやハムに多い。菌は熱に強いが毒素は熱に弱い。酸素があるところでは繁殖しない	8〜36時間 潜伏期間が長い。頭痛・手足の痛み・嘔吐・下痢。重症になると視覚障害・言語障害・呼吸障害など、最悪の場合死に至る場合もある	十分に加熱調理をする。缶詰がふくれあがっているときなどは内容物が汚染されている確率が高いので注意する

▼腸管出血性大腸菌（生体内毒素型）

原因・特徴	潜伏期間・症状	予防策
飲料水・肉類など。ベロ毒というたんぱく質を出す病原性大腸菌の一種。感染力が非常に強い。熱に弱い。人から人へ感染することもある	1～5日(24～120時間) 激しい腹痛・下痢・血便など、赤痢と見分けがつかない	井戸水を含む定期的な水質検査。十分な加熱調理。調理器具などの熱湯消毒後、乾燥させ清潔にしておく

▼ウエルシュ菌（生体内毒素型）

原因・特徴	潜伏期間・症状	予防策
人・動物の腸管、土壌に存在。カレー・シチュー・煮物など、前日に大量に調理後、室温で放冷されたものに多い 毒素：エンテロトキシン	6～18時間 腹痛・下痢など。比較的軽い症状が多い	前日調理は避け、保存する場合は小分けにしてすばやく冷却する。食べるときには十分に加熱調理する

▼セレウス菌（食品内毒素型／嘔吐型および生体内毒素型／下痢型）

原因・特徴	潜伏期間・症状	予防策
農作物などに感染していることが多い（土壌、水中、ほこりなど芽胞の形で分布）。原因食品　嘔吐型：チャーハン、ピラフ、スパゲティなど／下痢型：プリン、ソース、肉製品など	下痢・嘔吐・腹痛など 嘔吐型（1～5時間　毒素：セレウリド）と下痢型(8～16時間　毒素：エンテロトキシン)がある	室温に長時間放置しない。再加熱は中心部まで十分に加熱する

▼ノロウイルス（ウイルス性）

原因・特徴	潜伏期間・症状	予防策
生ガキ・帆立などの二枚貝。冬季に多発（特に12～1月）。年間を通じて発生。人から人へ感染する	24～48時間 吐き気・嘔吐・下痢・腹痛・微熱など	手指の洗浄消毒。中心部までの加熱調理(85～90℃以上で90秒以上) 人から人への感染を予防する

※ ノロウイルスは、かつては小型球形ウイルス(SRSV)と呼ばれていました。
※ 菌が体内に入って症状が出るまでのことを、**潜伏期間**といいます。

病原菌の増殖

①湿度

水分を多く含む食品は、特に菌が増殖しやすくなります。

②温度

微生物によって条件は異なりますので、加熱調理をしたり低温度で保存したからといって安心してはいけません。

ただ、大部分の菌は30～40℃がもっとも増殖する温度帯だといわれています。

③栄養素

人間と同じように、菌にとっても**たんぱく質（アミノ酸）・糖類・ビタミンなど**が栄養素となります。

菌の特徴（食材との関係など）や予防策の結び付きなどが、問題に出やすいのでよく覚えておきましょう。菌が増殖する原因や特徴から、細菌の名前を選ばせる問題が多く出題されています。

Step 2 「食中毒（食中毒の種類と特徴）」の要点チェック

チェック欄
1回目　2回目

□／□ 食中毒とは、原因となる（　**細菌**　）・（　**ウイルス**　）・毒素が付着した飲食物などを体内に摂取することにより、体調不良を引き起こす急性の（　**健康障害**　）のことをいいます。

□／□ 食中毒のほとんどを占める（　**細菌性食中毒**　）の発生時期は主に6～10月で、これは（　**高温多湿**　）を好む細菌が増殖しやすいためです。

□／□ 人から人への感染が確認される食感染症は（　**O-157**　）・（　**ノロウイルス**　）です。

□／□ 食中毒は大きく、細菌性・（　**自然毒**　）・（　**ウイルス**　）・化学物質やカビの4つに分かれています。

□／□ 病原菌の増殖に大きく関係するのは、（　**湿度**　）・（　**温度**　）・（　**栄養素**　）の3つです。

□／□ 集団給食などで、食べる日の前日に大量に調理されたものが、室温保存などが原因で起こしやすい食中毒菌は（　**ウエルシュ菌**　）です。

□／□ 動物性自然毒には、フグ毒の（　**テトロドトキシン**　）や貝毒の（　**テトラミン**　）、植物性自然毒には、毒キノコの（　**アマトキシン**　）やトリカブトの（　**アコニチン**　）などがあります。

□／□ 黄色ブドウ球菌やボツリヌス菌などの（　**毒素型**　）は、増殖する際の毒素が熱に強いものもあるため、加熱したからといって安心はできません。

頻出度 ★★★★

4-2 食中毒の予防

Step 1 基本解説

予防の 3 原則

細菌による食中毒を予防するためには、以下の **3 原則**があります。

1．**付けない（清潔）**

菌が手や調理器具を介して他の食品に付いてしまう場合があるため、手や調理器具は十分洗浄する必要があります。また、野菜と魚介類や肉類の調理器具を分けたり、野菜の調理後に、魚介類・肉類の調理を行うなど、調理の順番を工夫することも予防につながります。

2．**増やさない（迅速）**

万が一菌が付いても、食中毒を起こす量まで菌が増殖しなければ食中毒にはならないため、菌の増殖を防ぐことが大切です。調理は手早くし、料理はなるべくできたてを食べるようにしましょう。すぐに食べることができない場合は、10℃以下だと菌の増殖が鈍くなるため、早めに冷蔵庫で冷却保存をしましょう。

3．**殺す（加熱）**

菌のほとんどは、75℃以上の状態を 1 分以上続けることで死滅するといわれており、細菌を死滅させるには加熱が一番有効です。ただし、厚みのある食品は中心まで火が通らない可能性があるので、電子レンジの予備加熱などを上手に利用するなど、工夫をしましょう。調理器具の熱湯消毒も食中毒の予防につながります。

家庭で行う食中毒予防

食中毒というと、飲食店での食事が原因と思われがちですが、家庭の食事でも発生する危険性がたくさん潜んでいます。食中毒を予防するには、食品の購入時、保存方法、調理をするとき、食べるときなどの食の場面で注意をする必要があります。

以下のようなことに毎日、気を付けていきましょう。

● 食事のとき

- □ 食卓につく前には手を洗う。
- □ 調理前の食品や調理した後の料理は、室温に長く放置しない（料理によっては 10 分の放置で細菌が 2 倍に増えることもあります）。
- □ 食べ残したものは冷蔵庫に入れる。
- □ 残った食品を温め直すときも十分に加熱する。

● 買い物や保存のとき

- □ 生鮮食品などのように冷蔵や冷凍などの温度管理の必要な食品は、購入したらすぐ持ち帰るようにし、夏場は車の中や家に放置しない。
- □ 購入した食品は、持ち帰るときも、冷蔵庫に保存の際も、肉汁や魚などのドリップや水分がもれないように、ビニール袋などにそれぞれ分けておく。
- □ 冷凍食品のパッケージに霜や氷がついている場合、冷凍庫内の温度が極端に上下した可能性があるため購入は避けましょう。
- □ 冷蔵庫は **10℃以下**、冷凍庫は、**−15℃以下**に維持する。温度計を使って温度を測ると、より庫内温度の管理が正確に行える。
- □ 冷蔵庫や冷凍庫の詰め過ぎに注意する。目安は 7 割程度に。
- □ 冷蔵庫のドアの開閉は必要最低限にする。
- □ 熱い料理は冷ましてから冷蔵保存する（30 分以内に冷ますのが望ましい）。

● 調理のとき

- □ 調理の前には手を洗う。
- □ 生の肉や魚、卵を扱った後、使った調理器具（まな板など）をそのまま、生で食べる食材（サラダ食材など）に使わないようにする。できるだけ野菜⇒肉や魚の順で切る方が良いが、どの順番でも、都度、調理器具を洗浄（洗剤でよく洗って熱湯をかけるなど）し、手指もしっかり洗う。
- □ 料理に使う分だけ解凍し、解凍が終わったらすぐ調理する。（食品を冷凍する場合は、小分けにして冷凍する）冷凍や解凍を繰り返すと、食中毒菌が増殖したりする場合もあり危険。
- □ 加熱調理をする場合は、食品の中心部を最低でも**75℃で1分間以上**の加熱が目安となる。（ノロウイルスの場合は**85～90℃で90秒以上**加熱）
- □ 布巾やスポンジ、たわしなどの洗浄は、使用後すぐに洗剤と流水でよく洗いしっかり水をきり、よく乾かします。
- □ 包丁、まな板、食器などの消毒は、洗浄後に熱湯をかけ、布巾は**漂白剤**※に浸す、スポンジやたわしを塩素剤につけると消毒効果が高まります。

※ 漂白剤は、塩素系と酸素系を混ぜる、熱湯を使うなどはしないように注意しましょう。

殺菌の種類

殺菌とは、伝染病菌や食中毒菌などの**有害微生物を死滅させる**ことです。

加熱殺菌、紫外線殺菌、次亜塩素酸ナトリウム殺菌、薬剤（逆性石けん※）殺菌などがあります。

※逆性石けん：一般の石けんとは異なりにおいがなく殺菌力に優れていることから、消毒剤として使用されます。洗浄力はほとんどなく、一般の石けんと混ぜると殺菌効果はなくなります。

● 洗浄

手指、食品、食器、調理器具などの汚れや有害物質を水や洗剤で**取り除く**ことです。石けん洗浄などがあります。

● **消毒**

食中毒の原因となる微生物を死滅させたり、減らしたりすることで、**感染力を失わせ安全な状態にする**ことです。

（例：アルコール消毒、日光消毒、煮沸消毒など）

● **除菌**

有害微生物をろ過・沈殿などの物理的方法によって取り除くことです。

● **滅菌**

微生物を死滅させて、**ほぼ無菌の状態**にすることです。

（例：高圧殺菌、高圧蒸気殺菌など）

● **静菌**

微生物は死滅していないが、それ以上に増殖させないように**阻止・抑制**をすることです。

（例：冷蔵・冷凍など）

● **抗菌**

微生物の生育・増殖を阻止したり、抑制したりすることで、静菌と滅菌の中間的な効果を指します（学術的には明確な定義はない）。

洗浄の重要性

きれいに見えても清潔だとは限らないため、食品を取り扱う際は、手や指、食材、調理器具を正しく洗浄することはとても重要です。**衛生管理**の基本である洗浄をきちんと行うために、洗浄剤の選び方や正しい手洗い方法を知っておきましょう。

● **洗浄剤**

食品衛生法の「洗浄剤の成分規格」と「洗浄剤の使用基準」において、洗浄剤は次のように定められています。その規格や基準を満たした製品がたくさん販売されていますが、成分表示をよく確認し、安全性の高いものを選ぶようにしましょう。

毒性がないこと
食品を変質させないこと
食品の食材中に浸透したり、吸着・残留がないこと
少量で効果があること

● **手洗い**

食品を取り扱うにあたり、手指の洗浄（手洗い）はとても重要です。以下の手順に従って、しっかり手洗いを実践しましょう。

①手を水で濡らして石けんを付ける
②手全体、指、指と指の間、指先をハンドブラシで洗う（30 秒以上）
③石けんを水で洗い流す（20 秒以上）
④逆性石けん水を付け、もみ洗いする（30 秒以上）
⑤水ですすぐ（20 秒以上）
⑥ペーパータオルまたは温風器で水気をとる

試験予想チェック!

「食中毒予防の 3 原則」、「殺菌の種類」はよく出題されますから、必ず覚えておきましょう。

Step 2 「食中毒の予防」の要点チェック

チェック欄
1回目　2回目

□／□ 食中毒の予防に重要な3原則は、（ **付けない** ）・（ **増やさない** ）・（ **殺す** ）です。

□／□ 大きめな食材は、特に（ **中心部** ）まで熱が通るよう注意し、電子レンジの（ **予備加熱** ）などを上手く利用するなどして、菌を死滅させる工夫をしましょう。

□／□ 除菌とは、ろ過・沈殿などの物理的な方法により、有害微生物を（ **取り除く** ）ことです。

□／□ 食中毒を防ぐためには、買い物の際に（ **消費期限** ）をよく確認して食品を買う必要があります。

□／□ 菌は（ **水分** ）を好むので、調理器具などを洗ったらできるだけ早く（ **乾燥** ）させ、すぐに食べない食材については、速やかに（ **冷蔵保存** ）をして菌を増殖させないようにします。

□／□ 二次感染を防ぐためには、調理器具を「魚介・肉類」と「野菜など」で（ **分ける** ）のが効果的で、（ **ドリップ** ）や水分などが他の食品にかからないようにすることも必要です。

□／□ 細菌の死滅にもっとも効果的なのは（ **加熱** ）で、食材の中心部分の温度が（ **75** ）℃の状態で（ **1** ）分以上の加熱が目安です。

□／□ 食品や調理器具に付着している微生物をほとんど死滅させ（ **ほぼ無菌の状態** ）にすることは（ **滅菌** ）です。

□/□ （ **消毒** ）とは微生物を死滅させたり、減らしたりすることで、（ **感染力を失わせ安全な状態にする** ）ことです。

□/□ 洗浄は（ **衛生管理** ）の基本であり、調理する上でとても重要です。そのため、（ **洗浄剤** ）の選び方や手洗いの正しい知識を得ることが大事です。

□/□ 菌の繁殖は（ **10** ）℃以下だと 鈍くなるため冷蔵庫で保存し、冷凍する場合は（ **小分け** ）にして冷凍します。

□/□ 殺菌の方法には、加熱殺菌、紫外線殺菌、（ **次亜塩素酸ナトリウム** ）殺菌、逆性石けんなどの薬剤殺菌があります。逆性石けんは一般の石けんとは異なり（ **におい** ）がなく、（ **殺菌力** ）に優れています。

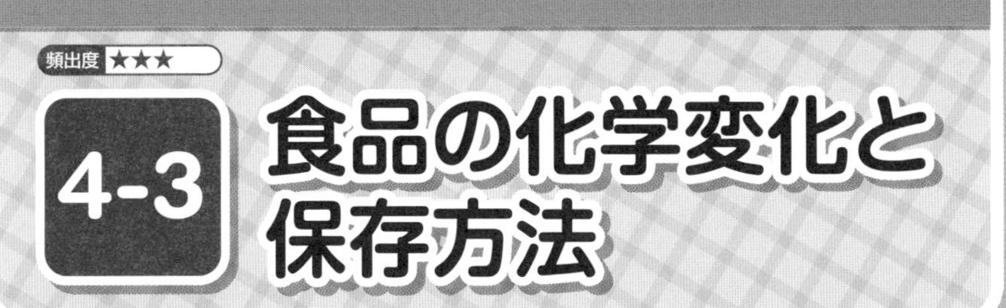

Step 1 基本解説

微生物が作用して起きる食品の化学的変化

食品は長時間放置しておくと、鮮度が落ちたり、変色したりして、やがては腐って異臭を放ち、食べられなくなりますが、これらは微生物のしわざによるものです。たとえ食品が腐敗していなくても食中毒は発生するので、注意しなければなりません。

しかし、微生物の中には役立つものもあります。微生物が作用して起こる、食品の化学的な変化について知っておきましょう。

● 変質

食品を長時間放置したことなどにより、外観や内容に変化が生じることを、**変質**といいます。乾燥や変色、変形が起こったり、異臭を放つようになります。腐敗、変敗、発酵などを総称して「変質」と呼ぶことがあります。

● 腐敗

腐った状態のことです。食品中のたんぱく質が微生物（腐敗細菌）の酵素作用によって分解され、食用に適さなくなることを**腐敗**といいます。悪臭がしたり、味が刺激の強いものになります。

● 変敗

油脂の劣化現象を、**変敗**といいます。異臭が発生したり、粘性をおびたり、色や味が悪くなります。

変敗には、微生物により食品中の糖質や脂質が酵素分解されて、食用として適さなくなるものと、空気中の酸素による**酸化型変敗**などがあります（酸敗または酸化とも呼ばれています）。空気中に放置しておいたり、直射日光に当てたり、揚げ物のカスなどが混入したりすることが原因です。

変敗を防ぐには、過度の加熱を避け、使用した後の油は必ずこしてから密閉容器に入れて、暗所で保存するようにしましょう。

● 発酵

微生物の作用により、食品中の有機化合物が分解され、他の化合物になることを**発酵**といいます。その結果、食用のアルコールや有機酸（乳酸や酢酸）が生じます。

腐敗は、微生物の作用をコントロールできないため食用に適さなくなり、人に対して有害となりますが、発酵は微生物の作用をコントロールして有益なものを作り出す働きです。

発酵の過程で「温度・湿度・時間」などの条件により、**食品のうま味や風味が増す**ことを「**熟成**」といいます。

身近な発酵食品に用いられる代表的な微生物は、酵母やカビ、細菌があります。

酵母…ビール酵母（ビール）、ブドウ酒酵母（ワイン）、パン酵母（パン）、酵母（果実酒）、酵母（蒸留酒）
カビ…麹(こうじ)カビ（鰹節）
細菌…納豆菌（納豆）、乳酸菌（ヨーグルト）、酢酸菌（食酢）
カビ・酵母によるもの…麹カビと清酒酵母（清酒）、麹カビと焼酎酵母（焼酎）
カビ・細菌によるもの…青カビ・乳酸菌(チーズ)
細菌・酵母によるもの…乳酸菌と酵母（漬物）
カビ・酵母・細菌によるもの…麹カビ・醤油酵母・各種細菌（醤油）、麹カビ・酵母・細菌（味噌）

食品の保存方法

食品を腐敗させたり、変敗させたりしないようにする保存技術が、生活の知恵として人々の間で受け継がれてきました。技術の進歩や食品の流通という要素が加わり、現在では、さまざまな保存方法の研究がなされています。

● **低温法（冷蔵、冷凍）**

低温下では有害微生物の活動が鈍くなることから、温度を下げて保存する方法です。冷凍は、－15℃以下に急速に冷やすことで、微生物の活動を停止させる保存方法です。（水分をゼロにするわけではありません）

例：鮮魚や冷凍食品、チルド食品など

● **乾燥法**

微生物の活動に必要な水分を取り除いて、微生物の活動を抑える保存方法です。（水分をゼロにするわけではありません）

例：魚の干物、昆布、鰹節、干し椎茸、高野豆腐など

● **塩蔵法**

食品の脱水作用によって、腐敗細菌の発育を抑える方法です。食品を食塩水につける**立て塩**と呼ばれる方法や、食品に直接塩をふりかける**まき塩（撒塩法（さんえん））**などがあります。

塩漬けの他に、砂糖漬け、酢漬け、粕漬け、味噌漬けなどがあり、これらを総称して**漬物法**といいます。

例：新巻鮭、塩辛、甘納豆など

● **燻煙法**

防腐作用のある煙の成分を食品に染み込ませて、微生物の活動を抑える保存方法です。煙に含まれる各種物質によって、特有の風味や色を付けられるといった効果もあります。

例：ベーコン、チーズ、魚、肉などの燻製物

● **空気遮断法（ビン詰、缶詰）**

気密性のある容器（ビンや缶）の中に食品を入れ、空気を抜いて保存する方法です。

● **その他**

技術の進歩により、あらかじめ長期保存を目的として開発された食品も増えてきました。また、食品に保存料や防腐剤などの食品添加物を添加して、日持ちをよくする方法もあります。

例：インスタント食品、**レトルト食品**※など

※ レトルト食品：加圧加熱殺菌装置(レトルト)で殺菌した食品を、耐熱性の各種複合フィルムからなる袋、またはトレーなどの成形容器に密封した食品のことをいいます。特に、袋に詰められたものは、レトルトパウチ食品と呼ばれています。パウチとは「小さな袋」という意味で、食品を密封する袋（容器）のことです。

冷凍食品とチルド食品

● **冷凍食品**

冷凍食品は、生の食材やその加工食品などを急速に冷凍し、－15℃以下で保存するものをいいます。

日本冷凍食品協会では、保存を－18℃以下で行うものとしています。**－18℃以下**で保存することにより、防腐剤などの保存料を使わなくても1年間、品質を保つことができます。

※冷凍食品の保存温度：食品衛生法では、－15℃以下としています。

● **チルド食品**

チルド食品は、おおよそ**－5～5℃**の温度帯で流通販売される商品で、この温度帯は、**食品の凍結点**※である－5～－3℃と、有毒細菌の発育を阻止する温度の限界である3～5℃の間です。

例：チーズ、ヨーグルト、バター、プリンなど

※食品の凍結点：食品の水分が固まり始める温度のことをいいます。

試験予想チェック！

食品の化学変化を指す言葉である、変質、腐敗、変敗、酸敗、発酵から、毎回一つはその説明を述べた問題が出題されます。言葉の違いについて確認しておきましょう。また、食品の保存方法と食品の組み合わせについてもよく出題されます。

Step 2 「食品の化学変化と保存方法」の要点チェック

チェック欄
1回目 2回目

□/□ 乾燥や変色、変形などにより外観や内容に変化が生じることによって、食用に適さなくなることを（ **変質** ）といいます。

□/□ 微生物の作用をコントロールできないまま食品中の有機化合物を分解し、他の化合物に変化することによって食用に適さなくなることを、（ **腐敗** ）といいます。

□/□ 食品中のたんぱく質が、微生物により分解されることによって食用に適さなくなることも（ **腐敗** ）といい、悪臭がしたり、刺激の強い味になったりします。

□/□ 油脂などが劣化することにより粘性をおびたり、色や味が悪くなったりすることによって、食用に適さなくなることを（ **変敗** ）といいます。

□/□ 空気中の酸素が原因で、食品中の成分が酸化することによって、食用に適さなくなることを（ **酸敗（酸化型変敗）** ）といいます。

□/□ 人的コントロールによって食品に微生物が作用して、他の化合物になることを（ **発酵** ）といい、有益なものを作り出す働きがあります。

□/□ 発酵による加工食品には、ワイン、ヨーグルト、鰹節などがあり、それぞれ使う微生物は（ **ブドウ酒酵母** ）、（ **乳酸菌** ）、（ **麹カビ** ）です。

□／□ 調味料にかかせない、醤油や味噌も発酵によりできる食品で、その発酵には、（ **酵母** ）、カビ、（ **細菌** ）が利用されます。

□／□ （ **低温法** ）の保存は、低温下では有害微生物の活動が鈍くなることを利用したものです。

□／□ 食品の脱水作用によって、腐敗細菌の発育を抑える保存方法を（ **塩蔵法** ）といいます。

□／□ （ **燻煙法** ）は、防腐作用のある煙の成分を食品に染み込ませて、微生物の活動を抑える保存方法です。

□／□ （ **レトルト** ）食品は、カレーやミートソース、シチューなどの調理済み食品を、プラスチックフィルムとアルミ箔を積層した容器に密閉して、加圧殺菌釜に入れ、高温で加熱殺菌した食品のことです。

□／□ 冷凍食品は、前処理後に急速に（ **凍結** ）し、包装した食品で、日本冷凍食品協会では、（ **－18** ）℃以下で保存する必要があります。

□／□ 食品の（ **凍結点** ）は－５～－３℃で、毒性のある細菌の発育を阻止する温度は３～５℃です。そのため、チルド食品は（ **－5～5** ）℃の温度帯で流通販売されています。

頻出度★★★★

4-4 食品の安全

Step 1 基本解説

遺伝子組換え

ある農産物から優れた遺伝子を取り出し、それを別の農産物に入れて、目的とする性質を持った農産物を**育種**する技術を、**遺伝子組換え**といいます。できた農産物を**遺伝子組換え農産物**（**GMO**）といいます。

地球規模で農地が減少している一方で、人口は増加しており、世界的な規模で食料を生産し確保していくことが課題となっています。しかし、遺伝子組換えにより、日持ちの良い農産物を作れるようになったり、条件の悪い農地でも栽培が可能となりました。

例えば、ある病害虫に強い農作物の遺伝子を取り出し、他の農作物に遺伝子組換えすることで、その病害虫への耐性を強くして農薬の使用量を抑える、などの効果があります。

また、従来の品種改良では、さまざまな品種を掛け合わせて、人工的に遺伝子の組換えを行う**交配**という技術を何度も繰り返さなければいけませんでしたが、遺伝子組換え技術を使えば短期間で品種改良を行うことができます。

▼交配と遺伝子組換えの違い

特徴	交配	遺伝子組換え
育種の正確さ	どの遺伝子が新種に関与しているかわからない	目的とする遺伝子だけを取り出すため、育種が正確に行える
改良の範囲	同種または近縁の農作物間でしか遺伝子を取り込めない	多品種でも、他の農作物でも遺伝子を取り込める
育種の期間	交配と選別を繰り返すため、1種の開発に長期間かかる	有用遺伝子が見つかれば、新種開発が短時間で可能

遺伝子組換え農産物は、本来の種を超えた人工的に作り出された生命体であることから、生態系への影響や食べた場合の体への影響など、未知数の部分が多く問題性が指摘されています。

安全性などが問題視されることで、自分達が食べている食品が遺伝子組換えによるものかどうかを知りたいという要望も強まっています。そのため、遺伝子組換え農産物を食品として利用する場合は、国の安全性審査を受けることが義務付けられ、2001（平成13）年4月1日より、遺伝子組換え農産物の表示が義務化されました。遺伝子を組換えた食用農産物8種と、それらを主な原料※とする食品への表示義務があります。

※ 主な原料：原材料に占める重量の割合が**上位3位以内**であり、かつ**全重量の5%以上**を占めるもの

● **表示の対象（遺伝子を組換えた食用農産物（GMO）8種類）**

大豆　とうもろこし　じゃがいも（ばれいしょ）　綿実
ナタネ　アルファルファ　テンサイ　パパイヤ

遺伝子組換え食品	表示義務	表示
使用	義務	「遺伝子組換え」
使用・不使用不明	義務	「遺伝子組換え不分別」
不使用	任意	「遺伝子組換えでない」

遺伝子を組換えた食用農産物8種を、主な原料に使用している食品には、豆腐、油揚げ類、納豆、味噌、コーンスナック、菓子、ポップコーン、コーンスターチなどがあり、これらは表示義務があります。しかし、**醤油**や**大豆油**、**綿実油**、**菜種油**などは、大豆や菜種などを主な原料にしているのですが、**表示義務がありません**。組換えられたDNAとそれによって生じたたんぱく質が、加工過程で分解除去され残留しないことから、非遺伝子組換え扱いとなり、表示義務がなくなりました。

食品添加物

食品添加物とは、食品の製造過程において、または食品の加工もしくは保存の目的で、食品に添加、混和、浸潤その他の方法によって使用されるものと、食品衛生

法において定義されています。天然添加物と化学合成物の２種類に分かれ、厚生労働大臣が認めたものだけに使用が許可されており、使用した食品添加物はすべて表示しなければなりません。

● **その目的と種類**

①食品の保存性を高めるもの

保存料、防カビ剤、殺菌剤、酸化防止剤、防虫剤、品質保持剤など

②食品の風味や外観を良くするもの

発色剤、着色料、漂白剤、甘味料、酸味料、調味料、香料、着色安定剤、光沢剤、苦味料、色調安定剤など

③食品の製造上不可欠なもの、作業効率を高めるもの

豆腐用凝固剤、灌水（かんすい）、消泡剤、膨張剤、抽出剤、粘着防止剤、溶剤など

④食品の品質を向上させるもの

増粘剤、糊料、乳化剤、チューインガム軟化剤、結着剤、品質改良剤など

⑤食品の栄養価を高めるもの

栄養強化剤（ビタミン類、アミノ酸類、無機塩類）など

食品添加物は法律上、以下の４つに分類されます。

指定添加物：安全性と有効性を確認して指定されたもの
既存添加物：天然添加物として長年使用されていた実績があるとして認められたもの
天然香料：動植物から得られる天然の物質で、食品に香りを付ける目的で使用されるもの
一般飲食物添加物：一般に飲食に供されているもので添加物として使用されるもの
例：オレンジ果汁を着色の目的で使用する場合

● キャリーオーバー

キャリーオーバー※とは、原材料の製造加工で使用された添加物が、最終食品まで微量となって持ち越されるが、食品添加物としての効果を示さないため、**表示を免除される食品添加物**のことです。

例：せんべいの味付けに保存料を含むしょう油を使用した際、この保存料はごく少量でせんべいの保存には役立ちません。この保存料はキャリーオーバーとなります。

※キャリーオーバー：英語のCarry Overは、「繰越し」「残っているもの」「影響」という意味です。

● ADI

ADI（Acceptable Daily Intake）とは、**食品添加物の１日摂取許容量**のことです。安全な摂取量を１日当たりの平均値に換算し、さらに体重1kg当たりで割り算して求めます（mg/kg/日）。毎日、生涯にわたりとり続けても健康に問題ない量とされています。

環境ホルモン

環境ホルモンは、正式には「**外因性内分泌かく乱化学物質**」といい、環境中にあって、口や鼻そして皮膚などから体内に侵入して、正常なホルモン作用に影響を与える物質のことをいいます。

現在、環境ホルモンとして疑われている化学物質には、ダイオキシン類の他に、殺虫剤、除草剤などに用いられるもの、PCB（ポリ塩化ビフェニール類）、界面活性剤、プラスチック原料などがあり、生殖器の異常やがん・ホルモンバランスの異常などを引き起こすといわれていますが、まだ詳細が解明されていません。

● ダイオキシン類

ダイオキシン類は、生ゴミの焼却により大気中に排出されます。その後、さまざまな粒子に付着して地上に落ち、土壌や水、底泥、植物などを汚染します。そして自然界の食物連鎖を通して、人間に蓄積されると考えられています。

ダイオキシン類は水に溶けにくく、脂肪に溶けやすい性質を持つため、**魚介類や動物の脂肪組織**に蓄積されます。人間のダイオキシン摂取量のほとんどが、すでに広範囲にわたり汚染されているとされる食品を通したものといわれています。

※ 環境ホルモンと疑われる化学物質には、電気絶縁物成分のポリ塩化ビフェニール類（PCB）、殺虫剤、除草剤を用途としたアミトロール、アトラジン、DDT、エンドスルファン、船底塗料成分のトリブチルスズ、トリフェニルスズ、界面活性剤のノニルフェノール、プラスチック原料のビスフェノールなどがあります。

残留農薬

農産物には、安定した生産や病害虫の駆除、品質の維持などのため、農薬の使用はある程度避けられませんが、その農薬が人体に影響あるほど大量に農産物に残ったまま流通するのを防ぐため、食品衛生法により**残留農薬基準値**が定められています。

かつては、輸入する際に外国の農薬が野菜などに残留していても規制ができませんでした。しかし、2006（平成18）年5月からは**ポジティブリスト制度**が導入され、国内外で使用されている農薬のほぼすべてが規制されるようになりました。

この制度は、国内外の農薬のほとんどすべてについて基準が設定されており、その基準を超える農産物の流通を禁止できる制度です。

● ポストハーベスト農薬

収穫後の穀物に使用する農薬を、**ポストハーベスト農薬**といいます。ポストハーベストのポストは「後」、ハーベストは「収穫」という意味です。穀物や豆類が害虫に食われないようにしたり、果物をカビの損害から防いだり、じゃがいもの発芽を防いだり、という目的で使われますが、食卓により近いタイミングで使用されるため、残留農薬の危険が高いことが危惧されています。

なお、ポストハーベスト用の農薬も、**ポジティブリスト制度**で規制されています。

BSE

BSEとは、日本語で牛海綿状脳症と訳され、以前は狂牛病と呼ばれていました。異常化したたんぱく質「プリオン」が牛の脳に蓄積されることによって脳がスポンジ状になり、麻痺・歩行困難などの神経症状を引き起こす病気です。BSEに感染した牛の脳、脊髄、網膜などを食べることで、ヒトへの感染も確認されていますが、牛乳および乳製品については安全性が確認されています。なお、危険性の高い部位は、**脳**、**脊髄**、**脊柱**、**眼球**、**扁桃**、**回腸**といわれています。BSE対策として、日本では全頭検査をしていましたが、2003（平成15）年以降の10年間、感染が起きなかったことから、2013（平成25）年7月からは、食肉処理をされる生後48ヶ月を超えた牛についてのみBSE検査を行っていました。2017（平成29）年からは、健康な牛のBSE検査は廃止になりました（24カ月齢以上の牛のうち、生体検査において何らかの神経症状が疑われるもの、および全身症状を示す牛については、引き続きBSE検査を実施しています）。

▼特定危険部位

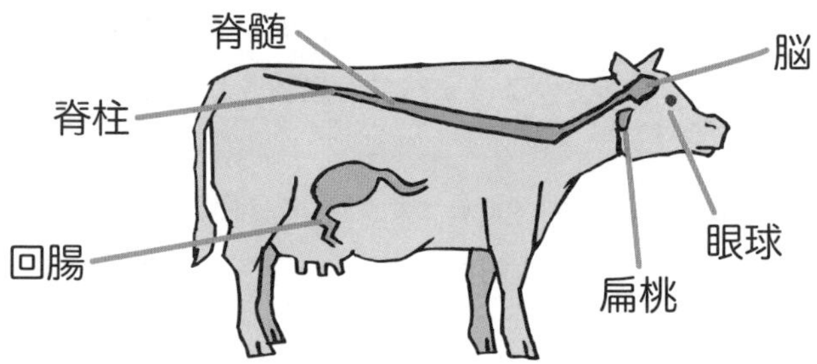

● **トレーサビリティ**

消費者の安心・安全の関心が非常に高くなっているという背景もあり、生産と流通の履歴情報をインターネットで検索できるトレーサビリティ（トレース［Trace: 追跡］＋アビリティ［Ability: 可能・できる］を組み合わせた造語で、追跡可能という意味）というシステムが2003（平成15）年より導入されました。牛肉トレーサビリティについては、第6章（P.275）を参照ください。

新型インフルエンザ

家禽類にしか感染しなかった**高病原性鳥インフルエンザ**（H5N1）の、ヒトへの感染例が報告されています。

ヒトには、感染した鳥やその排泄物、死体、臓器などに濃厚に接触することによって感染することがあるので、野鳥には触れたり近づいたりしないようにと、注意勧告が出されています。

A 型豚インフルエンザ（H1N1）は 2009（平成 21）年に大流行し、多くの感染者さらには死者が出ました。

2020（令和 2）年から多くの感染者や死者を世界中で出した新型コロナウイルス（COVID-19）は、飛沫によって人から人へ感染することにより世界的な大流行（パンデミック）となりました。

毎年流行する季節性のインフルエンザと違って、大多数の人は新型インフルエンザのウイルスに対しての免疫を持っていないため、大流行になる可能性があるのです。感染発症すると高い死亡率にもなるといわれ重要視されています。

試験予想チェック!

遺伝子組換えにしても、食品添加物にしても、悪いものとして食生活から排除するのではなく、食生活アドバイザーとして正しい知識を持ち、生活に上手く取り入れていく工夫が必要です。メリット・デメリットを整理して把握しておくことが、試験対策にもつながるでしょう。

Step 2 「食品の安全」の要点チェック

ナエツン欄
1回目 2回目

□/□ ある農産物から優れた遺伝子を取り出し、他の農産物に入れることを（ **遺伝子組換え** ）といいます。従来の品種改良である（ **交配** ）よりも短期間で目的の遺伝子だけを取り込むことができ、しかも、他品種の遺伝子を取り込むことも可能となりました。

□/□ 厚生労働省により承認されている遺伝子組換え農産物は、大豆・（ **とうもろこし** ）・（ **じゃがいも** ）・なたね・綿実・アルファルファ・てんさい・（ **パパイヤ** ）です。これらの農産物や、それを使用した加工食品には、表示が（ **義務付け** ）られています

□/□ 食品添加物は、食品の（ **加工** ）もしくは保存の目的で食品に使用します。（ **天然のもの** ）と（ **化学合成物** ）の2種類があります。

□/□ 食品の（ **保存性** ）を高めるために、保存料や防カビ剤を使用したり、食品の製造上（ **不可欠** ）なものとして灌水や豆腐凝固剤を使用したりします。

□/□ 微量で影響が起こらないため表示を免除される添加物のことを（ **キャリーオーバー** ）といいます。せんべいに含まれている醤油に使用されている（ **保存料** ）はそれに当たります。

□/□ 食品添加物の1日の（ **摂取許容量** ）をADIといい、毎日、生涯にわたって摂り続けたとしても健康に問題のない量とされています。

□／□（　**環境ホルモン**　）は、正式には（　**外因性内分泌かく乱化学物質**　）といい、口や皮膚などから入り、体内の正常なホルモンに影響を与える物質です。疑われている化学物質には、（　**ダイオキシン類**　）や、殺虫剤、除草剤などに用いられる物質、PCBなどがあります。

□／□ダイオキシン類は、（　**水**　）に溶けにくく、（　**脂肪**　）に溶けやすい性質があります。魚介類や動物の（　**脂肪組織**　）に蓄積され、人のダイオキシン摂取量のほとんどが食品を通してだといわれています。

□／□収穫後の農作物をカビや害虫から守るための農薬を、（　**ポストハーベスト農薬**　）といいます。栽培途中で使用されるものより（　**残留農薬**　）の危険が高いですが、基準値を超えたものは流通を禁止できるという（　**ポジティブリスト制度**　）によって規制されています。

□／□（　**BSE**　）は、日本語で牛海綿状脳症と訳され、以前は（　**狂牛病**　）と呼ばれていました。感染した牛の（　**危険部位**　）を食べることで人間に感染する恐れがある牛の病気です。

□／□近年、家禽類にしか感染しないといわれた（　**高病原性鳥インフルエンザ**　）は人への感染例が報告されており、感染発症すると高い死亡率になる（　**新型インフルエンザ**　）となる可能性があります。

Step 3 演習問題と解説

4-1　食中毒（食中毒の種類と特徴）

例題(1)　自然毒に関する組み合わせとして、もっとも不適当なものを選びなさい。

1. フグ（テトロドトキシン）
2. ジャガイモの芽（ソラニン）
3. トリカブト（マイコトキシン）
4. 巻貝（テトラミン）
5. キノコ（アマトキシン）

正解 3

例題（1）の解説

トリカブトの有毒成分はアコニチンです。マイコトキシンはカビ毒です。その他、青梅の毒（アミグダリン）も覚えておきましょう。

! 試験対策のポイント

植物性自然毒と動物性自然毒について答えさせる問題が、ここ数年でよく出題されています。特に、フグ毒のテトロドトキシンを答えさせる問題が頻出です。

例題(2)　食中毒に関する記述として、もっとも適当なものを選びなさい。

1. 食中毒とは、急性の栄養障害のことをいう
2. 原因の判明している食中毒のほとんどは、ウイルス性食中毒である
3. 毒素型のボツリヌス菌は酸素のあるところでは増殖しないため、缶詰を食べる際には安全である

4. 病原菌の増殖しやすい環境は「保温・保湿・栄養」である
5. 人の体内で発症するノロウイルスは、人から人への感染が確認されており、空気感染もするウイルス性食中毒である

正 解 5

例題(2) の解説

1. 栄養障害ではなく、正しくは健康障害です。
2. 主に細菌性食中毒が占めています。日本特有の高温多湿の状態は細菌がもっとも好む環境です。特に、6～10月に注意が必要です。
3. 缶詰は汚染率が非常に高いです。ふくれあがった状態の缶詰は内容物が汚染されている可能性が高いので、食べないようにしましょう。
4. 正しくは「湿度・温度・栄養素」で、温度や湿度を保つという意味ではありません。
5. 人から人へ空気感染するので、感染者が出たら安易に近づかず、マスクを着用して十分な換気をしましょう。

試験対策のポイント

それぞれの細菌の名前と特徴をつかんでおきましょう。特に、どの食品に対して食中毒が起こりやすいのか？　予防方法などをからめた問題が出題されやすいです。
病原菌の増殖しやすい環境のことも覚えておきましょう。

4-2　食中毒の予防

例題(3) **食中毒の予防に関する記述として、もっとも不適当なものを選びなさい。**

1. 一般的に細菌の増殖は10℃以下で鈍るといわれている
2. 食中毒予防の３原則は、「整頓・除菌・加熱」である
3. 冷蔵庫の中では、食材を隙間がないほど詰め込み過ぎないように注意する

4. 調理器具は、特にまな板・包丁の柄の部分などは菌が入り込みやすく、また洗いもれも起こしやすいので、十分な洗浄を心がける

5. 前の日に残った食材を十分に火を通して食べた

正解 2

例題(3)の解説

1. 10℃以下で鈍り始めます。ただし、保存は5℃以下の冷蔵庫に入れるようにしましょう。冷蔵庫から出したら、すぐに調理するか食べるかしましょう。
2. 正しくは「細菌を付けない・増やさない・殺す」です。
3. 詰め込んでしまうと冷蔵機能が充分に発揮できなくなってしまいます。冷蔵庫の中は5℃以下の温度設定で、入れるのは7割程度にしましょう。
4. 毎日の漂白・除菌など、徹底した衛生管理を心がけましょう。
5. 残った食材は、小分けにして冷蔵保存し、できるだけ食べるときに加熱をしましょう。ただし、加熱したからといって安心しきってはいけません。

! 試験対策のポイント

食中毒予防の3原則と冷蔵保存、解凍方法の注意点なども覚えておきたいものです。家庭でできる食中毒の予防法に対しての、総合文章題も解けるようにしておきましょう。

4-3 食品の化学変化と保存方法

例題(4) **食品の保存方法とその食品の組み合わせとして、もっとも不適当なものを選びなさい。**

1. 酢を使ったもの（ピクルス）
2. 乾燥によるもの（切干大根）
3. 塩蔵によるもの（スルメ）
4. 空気遮断によるもの（缶詰）
5. 燻煙によるもの（サラミ）

正解 3

例題(4)の解説

1. 漬物法として、酢の他に砂糖や塩によるものもあります。また、濃厚液で細菌などの繁殖を防ぐことができます。
2. 乾燥法は、食品中の水分を少なくして、微生物の繁殖を抑えることができます。
3. スルメは乾燥による保存方法。塩蔵法は、塩分で細菌類の発育を抑えることができますが、死滅させることはできません。
4. 空気遮断法は、缶詰やビン詰に使われており、食品の酸化を防ぐことができます。
5. 燻煙法は、防腐作用のある煙でいぶし乾燥させ、風味や色を付けることができます。

! 試験対策のポイント

保存方法に関した問題は頻繁に出題されています。各保存方法と食品の組み合わせ問題が多く、必ず食品の例も覚えておきましょう。
また、レトルト食品について、乾燥法、燻煙法も要注意です。

例題(5) **空気中の酸素が原因で、食品中の成分が酸化することによって、食用に適さなくなることを何というか、もっとも適当なものを選びなさい。**

1. 変敗
2. 腐敗
3. 発酵
4. 酸敗
5. 変質

正解 4

例題(5)の解説

1. 変敗は、油脂などが劣化することにより、粘性をおびたり、色や味が悪くなったりすることによって、食用に適さなくなることです。
2. 腐敗は、微生物の作用をコントロールできないまま食品中の有機化合物を分解し、他の化合物に変化することによって、食用に適さなくなることです。
3. 発酵は、人的コントロールによって食品に微生物が作用して、他の化合物になることです。
5. 変質は、乾燥や変色、変形などにより外観や内容に変化が生じることによって、食用に適さなくなることです。

! 試験対策のポイント

変質、腐敗、変敗、酸敗、発酵の言葉の意味を確認しておきましょう。これら食品の化学変化の多くは、微生物や空気の物質などによって食用に適さなくなる状態を指す言葉ですが、発酵だけは、加工食品を作るなど有用となる作用です。

例題(6) カビや細菌を利用して作られている食品のうち、もっとも不適当なものを選びなさい。

1. 納豆
2. ワイン
3. チーズ
4. 鰹節
5. ヨーグルト

正解 2

例題(6)の解説

1. 納豆は細菌（納豆菌）です。
2. ワインは酵母（ブドウ酒酵母）です。
3. チーズはカビ（青カビ）です。
4. 鰹節はカビ（麹カビ）です。
5. ヨーグルトは細菌（乳酸菌）です。

試験対策のポイント

以前は、単に食品がどんな酵母から作られるか？どんなカビから作られるか？という酵母の種類、カビの種類と食品との組み合わせを問う問題でしたが、ここ数年の傾向としては、例えば、納豆菌は細菌なのか？カビなのか？酵母なのか？という加工の種類まで問われる問題が出題されています。

加工の種類、微生物の種類、食品名の3つの組み合わせについて、しっかり確認しておきましょう。

4-4 食品の安全（遺伝子組換えと食品添加物）

例題(7) **遺伝子組換えに関する次の記述の中で、もっとも適当なものを選びなさい。**

1. 日本では、農林水産大臣が定める審査で安全性を確認された7農産物のみの輸入・販売が認められている
2. 遺伝子組換えは、害虫に強い、干ばつや冷害に強い、などの優れた特徴を持つ農作物を作ることができる
3. 遺伝子組換えを行った大豆を使用した豆腐や納豆には、「遺伝子組換え」という表示が必要であるが、不明な場合は必要ない
4. 遺伝子組換えを行ったじゃがいもを使用したポテトサラダが入った弁当には、「遺伝子組換え」という表示が必要ない

5. 遺伝子組換えを行った農作物を食することで、体内ホルモンのバランス障害などが懸念されている

正 解 2

例題(7)の解説

1. 現在、認められている農作物は、8 作物となります。
2. 遺伝子組換えとは、優れた特徴を持つ農作物の遺伝子を取り出し、他の農作物に入れることで新たな農作物を作り出す技術のことです。
3. 原材料となる農作物が遺伝子組換えを行っているかどうか不明な場合は、「遺伝子組換え不分別」という表示が義務付けられています。表示の必要がないのは、遺伝子組換えを行っていないことが確実な場合のみです。
4. 原料となるじゃがいもの重量が全原材料の上位 3 位、かつ全体の 5%以上となる場合は表示が義務付けられます。この設問の情報だけでは、表示が必要か否か判断できません。
5. 遺伝子組換え農産物は人工的に作り出された生命体であることから、生態系への影響が問題視されています。食べた場合の人体への影響は未知数ですが、体内ホルモンへの影響については現在のところ報告されていません。体内ホルモンのバランス障害を引き起こすとされているのは環境ホルモンです。

! 試験対策のポイント

遺伝子組換えのメリットを整理し、日本で認められている農作物についてはしっかり覚えておきましょう。

例題(8) **次の内容に深く関連するものとして、もっとも適当なものを選びなさい。**
「以前は、農産物を輸入する際、外国の農薬が野菜などに残留していても規制ができませんでした。しかし、2006（平成 18）年 5 月から導入された制度で、国内

外で使用されている農薬のほぼすべてについての基準が設定され、その基準を超える農産物の流通をストップすることが可能になりました。」

1. トレーサビリティ
2. ポストハーベスト
3. ポジティブリスト
4. キャリーオーバー
5. コンポスト

正解 3

例題(8)の解説

1. どこで生産加工され、どのように流通したかなど、履歴が確認できるシステムです。牛肉と米のトレーサビリティ法があります。
2. 農産物の収穫後に使用する農薬のことです。
4. 食品添加物としての効果を示さないため、表示を免除される食品添加物のことです。
5. 落ち葉・樹脂などの有機物質を利用して、堆積・撹拌・腐熟させ堆肥を作ることです。

試験対策のポイント

トレーサビリティ、ポストハーベスト、ポジティブリスト、キャリーオーバー、コンポスト、またダイオキシン類などの用語を問う問題が頻出傾向にあります。意味を確認しておきましょう。

例題(9) **食品の安全性に関する次の記述の中で、もっとも不適当なものを選びなさい。**

1. 食品添加物は、食品を加工または保存する目的で使用する化学合成物質のことである
2. 食品の栄養価を高めるために、ビタミンやアミノ酸を食品に加える場合も、添加物として表示が必要である
3. ポストハーベスト農薬とは、収穫後の農作物に防虫・防カビ目的で使用する農薬のこと
4. 牛肉と米にはトレーサビリティ法という法律があり、情報の管理及び伝達に関しての義務がある
5. 遺伝子組換え技術によって、栽培にかかるコストが大幅に削減できたり、日持ちの良い農作物が栽培されるようになった

正解 1

例題(9) の解説

1、2. 食品添加物には、天然添加物と化学合成物の2種類があります。いずれの場合も、厚生労働大臣により認められたもののみ使用が可能で、使用したものはすべて表示しなければなりません。

5. 遺伝子組換え技術は、世界的な食糧難を背景に開発されました。世界の人口が増加していく一方、地球規模での砂漠化・都市化により農地が減少していく中で、条件のよくない農地でもコストを抑え、確実に農作物を栽培する必要があったからです。

! 試験対策のポイント

食品添加物の使用目的と主な添加物について、整理しておきましょう。法律上の4つの分類(p207)からも過去に出題されています。また、米トレーサビリティ法の対象食品(p277)の出題も増えてきましたので覚えておきましょう。

生き方上手になろう

5-1　食マーケット（消費者意識の変化）★★★★

ライフスタイルの変化による現代の食マーケットを知り、消費者ニーズの変化、スーパーやコンビニエンスストアなどの供給側の変化について学びます。

5-2　業種から業態へ ★★★

ライフスタイルの変化がもたらしている小売業の販売形態の変化と、各々の販売形態の特徴を学びます。

5-3　日本の商慣行と特徴 ★★★

日本独特の商慣行について、その特徴を学びます。

5-4　流通の機能（流通と物流）★★★★★

流通の役割と仕組みを知り、物流システムが消費者のニーズに合わせることでどのように変化してきているのかについて学びます。

※★マーク（1つ～5つ）の数が多い程、試験頻出度が高くなります。★マークが多くついているものは特に、繰り返し熟読し覚えるようにしてください。

頻出度★★★★

5-1 食マーケット（消費者意識の変化）

Step 1 基本解説

ライフスタイルと消費者意識の変化

私たちのライフスタイルは、高度化・多様化が進んでいます。以前は、物を持つことが豊かとされ、大量生産・大量消費の時代でしたが、一通り物が行き渡ったことにより、「自分の価値観に合う」かどうかが購買の基準となってきています。豊かさの基準が、**生活の質（QOL）**※に変わってきたのです。

食生活を考えるということは、ライフスタイル全般を考えるということです。例えば、朝食を食べない若者が増えている、という問題を考える際には、夜更かし型のライフスタイルを見直すことができないか考える必要がありますし、家族が一緒に住んでいながら、ばらばらに食事をとる個食の問題を考えることは、家族それぞれのライフスタイルと食に対する考え方を見直す良い機会となります。

このように、ライフスタイルと消費者意識の多様化は、食マーケットにも大きな変化をおよぼしています。食品メーカーやスーパーマーケットは、消費者ニーズを調査し、それに対応する商品やサービスを考えています。食マーケットを知ることで、最近の**消費者の要求や需要（ニーズ）や潜在的な欲求（ウォンツ）**を知ることができるのです。

※QOL：Quality of lifeの略。精神的な豊かさや満足度を含めて生活の質をとらえる考え方です。

食事の区分

● **内食**

家庭内で調理された食事を、家庭内で食べる様式。1960年代までは、食事の基本は内食でした。

● **中食**

家庭の外で作られた料理を、家庭や職場などに持ち込んで食べる様式。スーパーやコンビニのお弁当・総菜、ピザの宅配など。1980年代のコンビニエンスストアの出現により大きく発展しました。

● **外食**

家庭の外で作られた料理を家庭の外で食べる様式。レストランや喫茶店など。1970年代から発達しました。

このように、食事の区分が増えることでライフスタイルに合わせた食の選択ができるようになり便利になりましたが、一方で個食化（一人ひとりが異なった食事をとる）・孤食化（一人きりの孤独な食事）の進行が始まりました。

ミールソリューション

食事に対する問題点には、さまざまなものがあります。例えば、仕事をしながら子育てをしている母親が時間の余裕がなく、毎日、食事の用意が十分にできない問題、糖尿病や腎臓病など、食事制限のある食事を家庭で作ることの大変さの問題など、さまざまです。このような、ライフスタイルの変化の中でどのような問題を抱え、何を求めているかを考えるのは、とても重要です。

ミールソリューション（Meal Solution）とは、**食の問題に解決策を提案する手法**で、もともとはアメリカのスーパーマーケット業界が、外食産業に奪われた顧客を取り戻すために提唱されたマーケティング戦略です。以前は、単に食品の提供をする形でしたが、現在は「**食卓を提案する**」という新しいスタイルに変化しつつあります。

食に関する問題は一人ひとり違いますので、その解決策を提案していくことは、食生活アドバイザーとして重要な役割といえるでしょう。

デパチカやエキナカもミールソリューションの一つです。

・デパチカ：百貨店の地下階にある食料品売り場の略称で、弁当や総菜が充実している
・エキナカ：駅の改札口の内側に展開している店舗で、飲食関係の他、書店やドラッグストア、理髪店などがあり、ますます便利になっている

● **ホームミールリプレースメント**

ミールソリューションにおける手法の一つとして位置づけられている、**ホームミールリプレースメント**(Home Meal Replacement:HMR)というものがあります。これは、**家庭の食事に代わるもの**という意味で、家庭で作られている食事(Home Meal)をスーパーマーケットなどが代わりに作って提供するというものです。

家庭の食卓に代わるものとして、以前から総菜が売られていましたが、「自炊率の低下」「個食化の進行」「女性の社会進出」「経済的理由による外食頻度の減少」「利便性の高い商品の出現」を理由に、ホームミールリプレースメントは拡大してきました。

近年は、**トータルコーディネート型の食品販売**として進化しており、スーパーマーケットなどで総菜コーナーを拡大しているのは、食卓提案型の一つです。

ホームミールリプレースメントのスタイルには次のようなものがあります。

(1)Ready to Eat：サンドイッチ、寿司、ピザ、天ぷらなど、そのまま食べられるもの
(2)Ready to Heat：温めるだけですぐ食べられるもの
(3)Ready to Cook：料理に必要な食材の下ごしらえがされているもの
(4)Ready to Prepare：鍋物セットなど、食材がセットされているもの

POSシステム

スーパーやコンビニエンスストアなどのレジカウンターでは、商品に印刷されたバーコードを読み取ることで精算を行います。このシステムを**POS(Point Of Sales＝販売時点情報管理)システム**といい、精算の時点で**「何が、いくつ、いくらで」売れたか**を記録するものです。また、バーコードはJANコード（Japan

▼ JANコードと特徴

短縮タイプ 8桁

45 1234 1 2
① ② ③ ④

① 国コード・・・「49」または「45」
② メーカーコード・・・流通コードセンターに登録・管理されている
③ 商品コード・・・各商品につけるもの（申請業者が管理）
④ チェックデジット・・・不鮮明なバーコードの読み取りミスを検出するための数字

Article Number Code）とも呼ばれており、JISで規格された共通のものが使用されています。

このシステムにより、販売店では即座に、日々の売上・粗利益※・在庫数・発注必要数などが計算できるようになりました。集計データをもとに、**在庫管理データ**や、商品をメーカーなどに注文するための**発注データ**も簡単に作ることができます。

また、消費者に受け入れられている商品か、受け入れられていない商品かも即座にわかるようになり、受け入れられていないと判断された商品は、すぐに陳列棚から外されてしまうようになりました。これを**棚落ち**といいます。このような商品を**死に筋商品**※、逆によく売れている商品を**売れ筋商品**といいます。メーカーや販売店はこのように、消費者の動向を追って、なおかつ先を読みながら消費者に受け入れられる商品を開発しているのです。

※粗利益：販売価格から、仕入れ価格を引いた数値のことです。
※死に筋商品：計画した販売高に対して極端に売れ行きが悪く、販売中止と判断された商品のことです。

顧客管理の多様化

大量生産·大量消費の時代には、消費者のニーズを把握するために**マスマーケティング**（Mass marketing、Mass:大衆）という手法を使っていましたが、その後、ターゲットを絞ったマーケティングが重視されるようになってきました。そして近年では、顧客一人ひとりの嗜好性に合わせたマーケティングへ変化しています。満足度は、性別や年齢などによっても異なり、個人情報や購入の履歴を把握できると、ニーズにあった商品を提供しやすくなります。さらに、買い手側一人ひとりの好みに合わせて個別な仕様で仕上げた商品やサービスの提供もできるようになります。

顧客一人ひとりの好みや価値観、状況の違いを把握・認識し、それぞれのニーズに合わせて異なったアプローチを行うというマーケティング・コンセプトを、**ワントゥワンマーケティング**（One to One Marketing）といいます。

商品陳列と販売戦略

商品陳列は、商品の**フェイス**※を揃えてお客様の目を引いたり、商品の関心を持ってもらえたり、最終的に購買の意思決定に向かわせる重要なものです。代表的な商品陳列は次の通りです。

※フェイス：商品の箱や袋といったパッケージの正面（表面）のことです。

▼代表的な陳列方法

陳列名称	陳列内容
バーチカル陳列 (垂直陳列)	同一商品や関連商品を、最上段から最下段まで縦に陳列する
ホリゾンタル陳列 (水平陳列)	同一商品や関連商品を、棚板に横に並べる
エンド陳列 (両端陳列)	売れ筋商品や一押し商品を、棚の両端(エンド)に陳列する。効果的な演出や展開を可能にする売り場配列。**POP**※を付けたり、実演販売を行うこともある
アイランド陳列 (島陳列)	**目玉商品**※、季節商品、催事商品などを、店舗内の通路の中央部分(島)に平台などを使って陳列する
先入先出陳列	先に仕入れたものを、先に販売する。特に、**日配品**※などを、消費期限の日付が古いものが前もしくは上、日付の新しいものが後ろまたは下に来るように陳列する
ジャンブル陳列 (投げ込み陳列)	カゴやワゴンに商品を投げ込んだままの陳列

※POP：Point of Purchase advertisingの略で、購買時点の広告の意味で、店員の手書きのものもあります。

※目玉商品：商品広告をしているうち、特にその店舗における低価格商品やお買得な商品である「特売品」のことです。

※日配品：「毎日店舗に配送される食品」の意で、牛乳や豆腐など冷蔵を要し、日持ちのしない食品を指します。

※その他、関連した商品を隣接陳列することにより、「ついで買い」効果を狙った「関連陳列」などがあります。

試験予想チェック!

食生活に関するアドバイスについての問題は頻出事項です。大事なことは、「何をどれだけ食べるのか」ではなく、ライフスタイルの中でどのように食と関わっていくことが大切なのか、ということを伝えることです。

食生活アドバイザーとして適切なアドバイスができるよう、最新の食マーケット動向に注意を払っておきましょう。POSシステムのメリットを考えたり、スーパーや繁盛している飲食店をチェックしたりすることも有効な情報源となります。

Step 2 「食マーケット（消費者意識の変化）」の要点チェック

チェック欄
1回目　2回目

□／□ 食生活を考えるということは、（　**ライフスタイル**　）全般を考えるということになります。食生活だけを取り外して問題を解決することはできません。

□／□ 過去には、（　**大量生産**　）・大量消費の時代があり物を持つこと自体が豊かとされてきましたが、一通り物が行き渡ったことにより、購買の基準は個人個人が自分の（　**価値観**　）に合うかどうかに変わってきました。

□／□ 1960年代までは、食事は家庭で作り家庭で食べるものでした。これを（　**内食**　）といいます。

□／□ 外食と内食の中間に位置する（　**中食**　）は、1980年代の（　**コンビニエンス**　）ストアの出現により大きく発展しました。女性の社会進出が増えたことにより、最近ではデパ地下の発展が追い打ちをかけています。

□／□ 外食、中食などの食事の区分が増えたことで、便利になった一方で、一人ひとりが異なった食事をとる（　**個食**　）、一人きりで食事をとる（　**孤食**　）の進行が始まりました。

□／□ 食の問題に解決策を提案する手法を（　**ミールソリューション**　）といいます。現在は（　**食卓を提案する**　）という新しい形に変化しつつあり、デパチカや（　**エキナカ**　）などもその一つです。

□／□ ホームミールリプレースメントは、家庭の（　**食事**　）に代わるものという意味で、女性の（　**社会進出**　）や個食化の進行などを背景に拡大傾向にあり、（　**トータルコーディネート**　）型の食品販売として進化しています。

□／□ 商品に印刷されたバーコードを読み取り精算を行う（　**POS**　）システムは、（　**販売**　）時点の方法を管理するもので、精算をスムーズにするだけでなく、タイムリーに売上高、（　**粗利益**　）を集計したり、在庫数を計算し必要な（　**発注**　）数量が即座にわかるようになりました。

□／□（　**POS**　）システムの導入によって、商品が消費者に受け入れられているか否かも即座にわかるようになったため、受け入れられていない商品はすぐに陳列棚から外されるようになりました。このような商品を、（　**死に筋商品**　）といいます。

□／□ 一押し商品や売れ筋商品を棚の両端に陳列する（　**エンド**　）陳列や、目玉商品を通路の中央部に平台などを使って陳列する（　**アイランド**　）陳列は、お客の目を引き、購買の（　**意思決定**　）に導くのに有効です。

□／□ 同一商品や関連する商品を、最上段から最下段まで縦に陳列することを（　**バーチカル陳列**　）といい、（　**ついで買い**　）効果を狙った関連した商品を隣接陳列することを（　**関連陳列**　）といいます。

頻出度★★★

5-2 業種から業態へ

Step 1 基本解説

販売形態の変化

ライフスタイルの変化は、食生活だけではなく小売業の販売形態にも変化をおよぼしてきました。単に「何を買うか」だけでなく、「何を」「いつ」「どのようにして」「どれくらいの値段で買うか」など、お客様の求めるものが変わってきています。

それを受けて近年では、**どんな商品を売っているか**（**業種**）から、**どんな売り方をするかを主眼に置いた営業形態**（**業態**）へ変化しています。これは、八百屋、魚屋、電気屋などのように、小売店を取扱商品の種類によって分類したものから、品揃えの充実したスーパーマーケットやコンビニエンスストアなどの店舗への変化です。

販売形態とその特徴

- **スーパーマーケット**※

食料品全般と雑貨を扱い、セルフサービス形式で大量販売を原則とする小売店。

※スーパーマーケットのグループ化：セブンイレブン、イトーヨーカ堂などのセブン＆アイ・ホールディングス、イオン、ダイエーなどのイオングループがあります。

- **デパートメントストア（百貨店）**

各店舗で仕入れを行う独立店舗経営を行う大規模小売店。

- **ドラッグストア**

医薬品や化粧品、日用品などを中心に販売する小売店。

- **ハイパーマーケット**

食品にウエイトを置きつつ、雑貨、衣料、住関連用品など生活に必要な商品をすべて網羅する、豊富な品揃えと価格訴求力を持つ巨大なスーパーマーケット。

● ショッピングセンター

商業集積と呼ばれる、計画的に造られた大型小売業の集団施設。

● コンビニエンスストア

文字通り「便利」を売り物にした、年中無休、長時間営業を売りにする小売店。フランチャイズに加盟するものが多い。

● カテゴリーキラー

家電など特定の商品分野で、豊富な品揃えと低価格を強みとして販売する大型小売店。近隣の百貨店などの小売業の売り場を閉鎖に追い込むほどの影響を与える場合もあります。

● ホームセンター

日曜大工用品、ガーデニング用品、ホビー用品などを中心に、生活関連雑貨を豊富に取り揃えた郊外型の小売店。

● アウトレットストア

メーカーや卸売業者、小売業者が自社製品の在庫処分をする小売店。

● ディスカウントストア

食料品、衣類、家電品、家庭用品などの実用品を中心に、総合的に商品を取り扱い、毎日、低価格（EDLP：Every Day Low Price）で販売する小売店。

● パワーセンター

同一敷地内にスーパーマーケット、カテゴリーキラー、ディスカウントストアなどが一堂に集まった郊外型の小売店。

● ホールセールクラブ

卸売(ホールセール)だけでなく、小売、法人、個人を問わない会員制の大量安売り販売店。倉庫型店舗構造で、ロット単位でまとめ買いができる。

アメリカに本社を持つコストコ（Costco）が代表的。

レギュラーチェーン

本部企業が店舗を増やして、鎖のようにつながった直営店舗で構成する形態を**チェーンストア**※といい、一般にレギュラーチェーンのことを指します。大手のスーパーマーケットなどはこの形態に含まれます。店舗の責任者や従業員は、本部が雇用します。

※チェーンストア：本部と店舗により構成され、資本や経営方法などが同一で、鎖のようにつながっている小売店のことです。

フランチャイズチェーン

本部（**フランチャイザー**）が加盟店（**フランチャイジー**）を募集して、その加盟店に一定地域内で商標や商号を使用することを認めて、商権を与える小売業態のことです。本部は加盟店に商品やサービス、情報を提供し、経営指導を行います。一方、加盟店は加盟料（**イニシャルフィ**）や経営指導料（**ロイヤリティ**）などを本部に支払う仕組みです。

フランチャイズチェーンは、小売業や外食産業をはじめ、フィットネスクラブや学習塾、不動産販売などといったさまざまな業界に拡大しています。

▼フランチャイズシステム

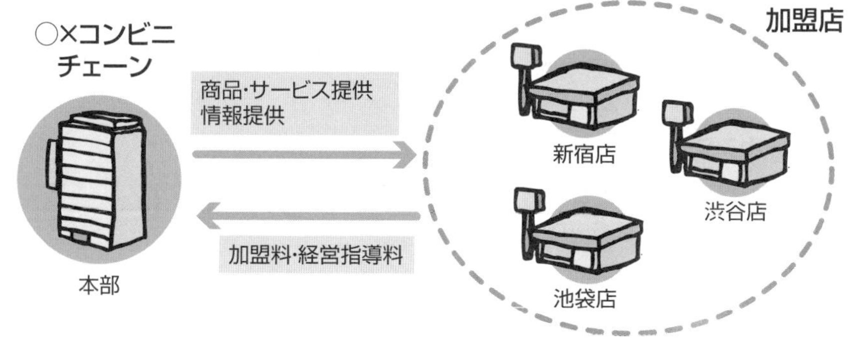

● スーパーバイザーとマーチャンダイザー

販売する商品の仕入れの判断を行う担当を、**スーパーバイザー**といいます。コンビニエンスストアなどでフランチャイズチェーンの加盟店を巡回し、品揃え、発注、陳列方法、在庫管理、販売員の指導など、店舗経営全体の指導や支援を行います。

また、商品を企画・開発する担当を**マーチャンダイザー**といいます。市場調査を行い、「どんな商品をどのように販売すれば良いか」を考えて企画し、原材料の調達をはじめ、流通方法や販売促進方法も編み出します。商品が消費者の前に現れるまで一貫して担当するため、企画・開発力が問われる仕事です。

● コンビニエンスストアの特徴

最大の特徴は、フランチャイズチェーンが多数を占めていることです。その他、一般的な特徴として次のようなものがあげられます。

(1) 売り場面積が 100m^2 前後 (30 坪前後)
(2) 24 時間、年中無休営業 (出店先施設の営業時間による)
(3) 半径 500m を商圏とする
(4) 食料品や日用雑貨など 3,000 品目を取り扱う。近年は生鮮食品も充実。
(5) 宅急便の取り次ぎ、各種チケットの販売、公共料金支払いなども取り扱う
(6) 金融機関 ATM を設置している
(7) 情報システムを使った商品管理をしている
(8) 多頻度小口物流※システムを導入している

※ 多頻度小口物流：店頭在庫を少なくしてきめ細かい補充に対応するために、少量の商品を頻繁に運ぶ物流です。

無店舗販売

パソコン、携帯電話やスマートフォンの普及と技術により、**ネット通販**という市場が急成長していますが、このような市場を**無店舗販売市場**といいます。楽天市場やヤフーなど、ネット上のショッピングモールへ登録することで簡単に店舗が持てることから出店は急増しており、利用者にとっても店舗に行かなくても欲しいものがピンポイントで探せ、自宅まで届けてもらえる、といった利便性があります。

ネット通販は、もはや今はなくてはならない存在になっています。

電子マネー

従来貨幣で行っていた決済を、データ通信を用いてカードや携帯電話を端末として買い物をしたり、交通機関を利用したりできるサービスです。主なものに、Edy（楽天）、nanaco（セブン＆アイ・ホールディングス）、鉄道系のSuica（JR東日本）、ICOCA（JR西日本）などがあります。

試験予想チェック!

さまざまな販売業態名は、押さえておきたいキーワードです。私たちのライフスタイルの変化とともに、小売業の形態も日々変化していることを、確認しておくようにしてください。
また、フランチャイズチェーンに関しても出題が多い傾向にあります。仕組みと用語を確認しておきましょう。

Step 2 「業種から業態へ」の要点チェック

チェック欄
1回目 2回目

□／□ 商業集積と呼ばれる、計画的に造られた大型小売業の集団施設を（ **ショッピングセンター** ）といいます。

□／□ ある特定の分野を扱う小売業態で、他の業態の売り場を閉鎖に追い込むほどの勢いを持つ大型小売店を（ **カテゴリーキラー** ）といいます。

□／□ 食料品、衣類、家電品、家庭用品などの実用品を総合的に取り揃えた、低価格の小売店を（ **ディスカウントストア** ）といいます。

□／□ メーカーや卸売業者、小売業者が自社製品の在庫処分をするための小売店を（ **アウトレットストア** ）といいます。

□／□ 食料品全般と雑貨を扱い、セルフサービスで大量販売を原則とする小売店を（ **スーパーマーケット** ）といいます。

□／□ 本部が加盟店を募集し、加盟店に一定地域内で商標や商号の使用を認め、商権を与える業態を（ **フランチャイズチェーン** ）といい、便利さを売り物にした（ **コンビニエンスストア** ）などの多くはこの業態をとります。

□／□ 本部が加盟店に情報や商品、サービスを提供する代わりに加盟店は、加盟料（ **イニシャルフィ** ）や経営指導料（ **ロイヤリティ** ）を支払います。

□／□ 商品を企画・開発し、原材料の調達から、流通方法や販売促進方法も編み出す担当を（　**マーチャンダイザー**　）、コンビニエンスストアなどのフランチャイズチェーンを巡回し、販売商品の仕入れの判断なども含めて店舗経営全体の指導や支援を行う担当を（　**スーパーバイザー**　）といいます。

□／□ コンビニエンスストアでは、（　**宅急便**　）の取り次ぎ、各種チケットの販売、（　**公共料金**　）支払いなどができ、（　**24**　）時間営業、年中無休の店舗が多いのが特徴です。

□／□ 楽天市場やヤフーなどを代表とする（　**ネット通販**　）という新しい市場が急成長しています。販売者側の店舗を持たず気軽に出店できる利便性と、消費者側のパソコンや（　**携帯電話**　）でいつでもどこでも買い物できるという利便性が合致した販売形態です。

□／□ データ通信を用い、カードや携帯電話を端末として買い物をしたり乗り物を利用したりするサービスを（　**電子マネー**　）といいます。

□／□ 多店舗展開にはいくつかの方式がありますが、一つの会社が直営店をたくさん出すチェーン方式を（　**レギュラーチェーン**　）といいます。

頻出度 ★★★

5-3 日本の商慣行と特徴

Step 1 基本解説

日本的商慣行

日本には、メーカー、卸業者、小売業者の利益を保護するために、独特の**商慣行**があります。しかし、現在では外国からも見直しを迫られたりするなど、市場開放に向けて規制緩和が進んでいます。

主な商慣行と特徴

● **制度価格**

メーカーが、卸売業者や小売業者に対して設定した販売価格のこと。

● **建値（たてね）制度**

制度価格の安定を図るために、メーカーが一定の取引数量について設定した適正価格のこと。

● **返品制度**

委託販売で売れ残った場合、その商品をメーカーや卸業者に返品することができるという制度。

● **一店一帳合制**

小売店が商品を仕入れるとき、特定の卸業者以外からは仕入れられないという制度。

● **委託販売**

メーカーや卸業者などが、小売店に商品を渡して販売してもらうこと。小売店は商品を販売し終わるまで代金を払わないという制度。

● **抱合わせ販売**

売れていない商品を売れ筋商品に付けて販売すること。両方を買わないと、商品を販売しないというもの。

● **押付販売**

百貨店や大手小売業者が、取引業者に対し優越的な地位を利用して、納入業者に商品を販売する(買わせる)こと。

※「抱合わせ販売」と「押付販売」は独占禁止法で禁止されています。

● **リベート**

メーカーが、自社商品の売上高に応じて、卸業者や小売業者に正当な販売差益以外に支払う謝礼金のこと。**割戻し金**、**報奨金**などとも呼ばれている。

● **メーカー希望小売価格**

メーカーや代理店など、小売業者以外が自社の製品にあらかじめ設定した販売価格のこと。

● **派遣店員制度**

百貨店や大型小売店に、自社商品の販売の手伝いのために人を派遣して商品売買すること。小売店側は人件費を抑えることができる。

● **販売協力金**

小売業者が卸売業者やメーカーに対して、イベント料、宣伝費などとして要求するお金のこと。売り場の改装、催事、広告などの費用は、卸売業者やメーカーが負担する。

● **商品添付制度**

小売店向けの販売促進として、注文の数量に上乗せして商品を納品する制度。一般的に、上乗せ分についてはサービス（無償）とする。

現在は、**独占禁止法**※により「抱合わせ販売」や「押付販売」は禁止されています。

※独占禁止法：私的独占の禁止及び公正取引の確保に関する法律のことです。

試験予想チェック!

過去には、「建値」「抱合わせ販売」「押付販売」などの言葉の意味を問う問題が出題されています。聞き慣れない言葉が多いですが、それぞれの特徴を押さえておきましょう。

Step 2 「日本の商慣行と特徴」の要点チェック

チェック欄
1回目 2回目

□/□ 日本には、メーカー、卸業者、小売業者の利益を保護するために、独特の(　**商慣行**　)があります。

□/□ 小売店が商品を仕入れるとき、特定の卸業者以外からは仕入れられないという制度のことを(　**一店一帳合制**　)といいます。

□/□ (　**リベート**　)とは、メーカーが、自社商品の売上高に応じて卸業者や小売業者に正当な販売差益以外に支払う謝礼金のことです。

□/□ メーカーや卸業者などが、小売店に商品を渡して販売してもらい、小売店は商品を販売し終わるまで代金を払わないという制度のことを(　**委託販売**　)といいます。

□/□ 委託販売で売れ残った場合、その商品をメーカーや卸業者に返品することができるという制度のことを(　**返品制度**　)といいます。

□/□ (　**建値**　)とは、価格の安定化を図るため、メーカーが一定の取引量に対し、(　**適正価格**　)を設定し、これを基準にして商品売買を行う制度のことです。

□/□ 売れていない商品と売れている商品をセットで販売する(　**抱合わせ販売**　)は、押付販売とともに、(　**独占禁止**　)法で禁止されています。

□/□ 自社の製品にあらかじめ設定した販売価格で、あくまでもメーカーなどが希望する価格のことを(　**メーカー希望小売価格**　)といい、メーカーが卸売業者や小売業者に対して設定した販売価格のことを(　**制度価格**　)といいます。

5-4 流通の機能（流通と物流）

Step 1 基本解説

流通とは

流通とは、**生産者**（農林水産畜産業者、メーカー、輸入商社など）から**消費者**に**モノ（商品、サービス、情報など）**を渡すまでの**一連の経済活動全般**を指します。

消費者にモノを売る**小売業者**（個人商店、百貨店、専門店など）、モノを仕入れて小売業者に卸す**卸売業者**（商社、卸売市場、食品問屋、酒類卸売業など）、またモノを運んだり、梱包したりといった**物流業者**から成り、モノが消費者に届けられるまでの仕組みを流通機構と呼んでいます。

なお流通には、目に見える**有形の物**だけでなく、商品やサービスの効用を高めたり、付加価値を向上させるという**無形のサービス**も含まれます。

また、流通を川の流れにたとえ、生産者側を「**川上**」、卸売業者や小売業者側を「**川中**」、消費者側を「**川下**」と呼び、「**川下戦略**」とは消費者への販売戦略のことを指します。

流通の役割

生産者と消費者との間には、次の3つのギャップ（隔たり）があります。そこで、流通は生産者と消費者のギャップを埋める役割を果たしています。つまり、生産と消費を結び付ける**パイプ役**を担っているということです。

スーパーやコンビニエンスストアに、商品が生産された翌日に並んでいるのを、私たちは当たり前のように感じていますが、実は流通の仕組みがあるからこそなのです。

▼3つのギャップ

人的　：生産した人と消費する人が違う
時間的：生産された時間と消費される時間が違う
空間的：生産された場所と消費される場所が違う

流通が持つ 4 つの機能

流通には、次の 4 つの機能があります。

商流機能…商品の売買をする取引機能
物流機能…商品の輸送・保管・荷役（にやく）・仕分け・梱包などを行う
金融機能…商品の代金を回収したり、代金の立て替えをする
情報機能…商品の「売れ筋・死に筋」情報や、マーケット情報、新商品情報などを提供する

流通経路

商品が生産者から消費者に渡る道筋を、流通経路（**チャネル**）といいます。流通経路を大別すると、次の 2 つになります。

直接流通…生産者が消費者に直接販売する（産地直送、訪問販売、通信販売など）
間接流通…卸売市場や卸業者を経由して小売業者へ行き、そこから消費者に販売する

進む卸の中抜き（直接流通）

流通の経路は、次のようなルートが一般的です。

生産者 ➡ 一次卸 ➡ 二次卸 ➡（三次卸）➡ 小売店 ➡ 消費者

しかし、近年では**卸の中抜き**（直接流通）と呼ばれ、これまでの卸業者や商社の機能そのものが問われるようになりました。これは、生産者と消費者の間に業者が介在することで、コストが高くなったり、情報が伝わりにくいといった理由があるからです。

▼流通の仕組み

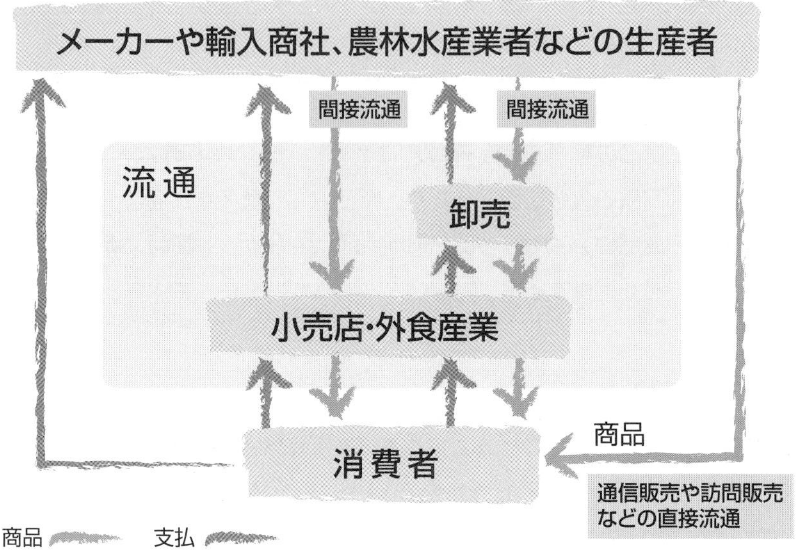

日本の流通構造の問題点として、①流通経路が多段階であること、②卸売業・小売業ともに小規模事業者が多いこと、③独特の取引形態による不透明な商慣行があることなどがあります。

環境問題とフードマイレージ

食料が生産地から食卓まで、どれくらいの距離を経て運ばれてきたかを示す指標を**フードマイレージ**(Food Mileage)といい、食料の重量と輸送距離を乗じて算出します。

急速に進む国際化の波もあり、さまざまな食品が世界各国から輸送されていますが、生産地と消費地が遠くなると、輸送に関わるエネルギーがより多く必要になり、地球環境に大きな負荷を掛けることになるなど、さまざまな問題が指摘されています。このフードマイレージの値を算出することで、食糧問題の一側面を認識することができます。

▼計算式

フードマイレージ（tkm）
＝輸入相手国からの食料輸入量（t）×輸出国から日本までの輸送距離（km）

かんばん方式

需要があるのに販売機会を逸してしまうことを、**チャンスロス**（機会損失）といいます。このチャンスロスを防ぐためには、**欠品**（発注ミスや納品ミス、補充忘れなどが原因で売り場にあるべき商品がない状態）があってはいけません。しかし、欠品を恐れて過剰に在庫を抱えると、保管スペースや鮮度の問題が出てきます。スーパーマーケットや外食産業でも事情は同じです。消費者の幅広い欲求に応えるために、在庫を増やしたくても限りがあるのです。スペースの問題だけではなく、在庫を増やし過ぎると収益が悪くなる恐れもあります。

そこで、**かんばん方式**と呼ばれるような、「必要なときに、必要なものを、必要なだけ供給する」という物流が求められるようになりました。つまり、**多頻度小口物流**といわれるものです。かんばん方式は**ジャストインタイム物流**とも呼ばれ、現在では、この物流システムが日本だけでなく世界中で採用されています。

しかし、効率がよくなる反面、チェーンストアなどに対して影響力を持たない納入業者が、在庫コストを押し付けられたり、運送業者が過酷な運送日程を強いられたり、**リードタイム**※を短縮させられるなどといった問題点を指摘されることがあります。

※ リードタイムとは、所要時間や調達時間のこと。
生産現場：製造の指示が出てから商品が完成するまでの期間
在庫管理：注文してから商品が届けられるまでの時間・期間

● 消費者起点流通

POSシステムの進歩と発達によって、販売者側が消費者のニーズを的確に把握できるようになり、消費者の要望がよりマーケットに影響を与えるようになってきました。

そのため、近年の物流の形態は、「売れるものを、売れるときに、売れる数だけ納品する」という消費者を中心とした**消費者起点流通**に変化しています。

ロジスティックスとは

これまでの物流は、商品を管理して、安く・早く・確実に届けるのを目的としており、運送料のコストなどの経費をいかに抑えるかなどがメーカーの課題でした。その一方、消費者のニーズの変化に合わせていく動きも必要となってきており、資材の調達をはじめ、適量の商品を**最適なタイミングで納品し、継続的にかつ無駄なく商品を供給していくこと**が求められています。

そのような、消費者のニーズなどに応じて、商品やサービスのライフサイクルの全過程(特に供給・配送・保全)を最適化するための総合的活動(考え方)を、**ロジスティックス**といいます。

また、環境に配慮した物流のことを**グリーンロジスティックス**といいます。環境にやさしい物流システムを指し、二酸化炭素や大気汚染物質の排出削減などの環境負荷低減効果だけでなく、輸配送の効率化によるコスト削減につながる考え方です。

具体的には、エコトラックの導入やバイオ燃料の使用、包装・梱包資材の削減や、リサイクルの推進を行います。

温度管理が新鮮さの決め手

現在、物流には多頻度小口物流の他にも、さまざまなサービスが求められています。

例えば、温度管理（－40℃以下の**超低温**、－18℃以下の**冷凍**、10℃以下の**チルド**）をともなう物流も、その一つです。トラックも**三温度帯**に合ったもので運ばれます。

スーパーマーケットを見ても、アイスクリームは冷凍品、デザート類はチルド品、塩や乾麺、日用雑貨は**常温品**と、保存する温度帯が違う商品が並んでいます。

これらをいかに効率的に運ぶかが、他社との差別化につながります。つまり、効率的に運ぶことで、価格を競争力のあるものにできるのです。

一方で、多頻度小口物流の弊害も指摘されています。交通渋滞の原因になる、排気ガスが大気汚染を悪化させる、新しいものが毎日搬入されてくるため、少しでも鮮度が落ちたものは売れなくなる、**食品の廃棄量**が増えるといったことなどです。

実際、賞味期限が一日古くなっただけで売れ残るということはよくあります。誰でも思い当たることだと思います。消費者の多くは商品を選ぶとき、少しでも新しい日付のものを選ぼうとします。しかし、それが食品の廃棄につながるとしたら、どうでしょうか。私たち自身が、自分の問題として考えてみる必要があるのです。

多様化する物流システム

● 共同配送

共同配送とは、**配送によるコストやロスを解消**するために、**メーカー各社の商品を混載して、小売業者まで一緒に配送**するシステムです。

メーカーから小売業者までの商品配送は、これまではメーカーが個別に卸売業者や輸送業者を利用して行っていました。小売業者は小口の注文で注文回数を増やすことで在庫不足を補う形であったため、多くの卸売業者や輸送業者と取引をせざるを得ない状況で、配送トラック便が多くなり、管理や荷受をするための人件費がかさんでいました。

● 窓口問屋制

窓口問屋制とは、共同配送をするために、一定地域ごとに指定の卸売業者を決めて、他の卸売業者の納入商品についてもそこで集約するシステムです。指定された卸売業者は、**物流センター**※の役割をし、商品を集荷して保管する（**倉庫機能**）だけでなく、商品の包装や荷造り、検品や仕分け、値付けなどの、小売業者の作業の一部（**流通加工の機能**）も果たします。

※物流センター：「配送センター」とも呼ばれ、商品の保管、仕分け、流通加工、配送などの役割を担っています。（流通加工は、商品価値を高める目的で加工を施すことで、包装、梱包、封入、組み立て、検品などが代表的です）

● クイックレスポンス（QR）

クイックレスポンスとは、発注から納品までの**リードタイム**を短縮したり、在庫の減少を行うなど、販売までのすべての無駄を取り除いて、その**削減したコストを販売価格の引き下げなどによって消費者へ還元**していくことをいいます。

流通に関する問題は、ほぼ毎回出題されています。私たちが口にする食物は生産されてから、いろいろな経路をたどって私たちの手に届いています。この生産者と私たち生活者（消費者）間の距離を埋める役割が、流通です。
流通の仕組みを理解し、近年の流通の特徴である「ジャストインタイム」や「ロジスティックス」、「グリーンロジスティックス」といった言葉を押さえておきましょう。

Step 2「流通の機能（流通と物流）」の要点チェック

チェック欄
1回目　2回目

□／□（　**商流**　）とは商的流通の略で、取引経路のことであり、取引にともなうカネの流れです。モノの流れとは、必ずしも一致しません。

□／□（　**物流**　）とは、物的流通のことであり、モノそのものの流れです。

□／□ 生産者と消費者が直接取引することを、（　**直接流通**　）といいます。例えば、産地直送やメーカーの通信販売などがあります。

□／□ 卸売市場や卸売業者を経由して、生産者から消費者に販売する形態のことを（　**間接流通**　）といいますが、近年では卸売業者や商社の意味が問われ、（　**卸の中抜き**　）といった生産者と消費者が直接取引を行う形が増えています。

□／□（　**流通チャネル**　）とは、流通経路のことです。「チャネル」とは水路や通路の意で、生産者から消費者までの経路を指します。

□／□ 冷凍、冷蔵、常温を指し、（　**三温度帯**　）といいます。トラックも冷凍車、冷蔵車というように、特殊な仕様の車で配送します。

□／□（　**常温品**　）は、温度管理が必要ない商品です。

□／□（　**かんばん方式**　）とは、トヨタ自動車が「ムリ・ムダ・ムラ」を排除するために確立した独特の生産方式で「必要なときに必要な量だけ作る」という考え方です。（　**ジャストインタイム物流**　）とも呼ばれています。

□／□（　**ロジスティックス**　）とは、輸送だけではなく、保管や包装、荷役などの業務までを含めた総合的なシステムとして「物流」を（　**戦略的**　）にとらえ直そうという視点から、近年使われるようになった言葉です。

□／□（　**グリーンロジスティックス**　）とは、（　**環境**　）に配慮した物流のことをいます。環境負荷低減効果だけでなく、輸配送の効率化による（　**コスト削減**　）につながる考え方です。

□／□ 食料の重量と輸送距離を乗じて算出する（　**フードマイレージ**　）は、食料が（　**生産地**　）から（　**食卓**　）までどれくらいの距離を経て運ばれてきたかを示す指標です。

□／□ 配送によるコストやロスを解消するためにメーカー各社の商品を混載して、小売業者まで（　**一緒に配送する**　）システムは、（　**共同配送**　）といいます。

□／□（　**窓口問屋制**　）とは、一定地域ごとに指定の卸売業者を決め、他の卸売業者の商品もそこで（　**集約する**　）物流システムです。

□／□ 在庫を減らしたり、リードタイムを短縮するなど、製造から販売までのすべての（　**無駄**　）を取り除いて、浮いたコストを消費者に還元することを、（　**クイックレスポンス**　）といいます。

□／□ 近年の物流は、売れるものを、売れるときに、（　**売れる数**　）だけ納品するという消費者を中心とした（　**消費者起点流通**　）に変化しています。

Step 3 演習問題と解説

5-1 食マーケット（消費者意識の変化）

例題(1) ライフスタイルと食事に関する次の記述の中で、もっとも適当なものを選びなさい。

1. 「家庭の食事に代わるもの」という意味のミールソリューションには、エキナカ、デパチカなどがある
2. 従来、食生活の基本は、自宅で食事をとる内食と知人宅で食事をとる外食の2つだった
3. コンビニエンスストアの出現により、外食産業が発達した
4. 中食、外食などの発達により、ライフスタイルに合わせた食事のとり方を選択できるようになり、便利になった
5. 食の問題に解決策を提案する手法のホームミールリプレースメントは、「食卓を提案する」という新しいスタイルに変化しつつある

正解 4

例題(1)の解説

1. 「家庭の食事に代わるもの」という意味は、ホームミールリプレースメントのことです。
2. 従来の食生活の基本は、家庭内で調理したものを家庭内で食べる内食です。知人宅でも、その家庭内で完結しているのであれば内食です。外食は、レストランなど外食産業にお金を払って、調理済みの食事を外でいただくスタイルです。
3. コンビニエンスストアの出現した1980年代に、弁当や総菜を買って帰り、自宅や職場で食べる中食スタイルが生まれました。
5. 食の問題に解決策を提案する手法は、ミールソリューションのことです。

試験対策のポイント

内食、外食、中食それぞれの内容と、メリット・デメリットを整理しておきましょう。

例題(2) **食マーケットの近年の特徴として、次の記述の中で、もっとも不適当なものを選びなさい。**

1. コンビニエンスストアなどで、バーコードを読み取ることで精算するシステムをPOSシステムといい、バーコードはJANコードとも呼ばれている
2. ワントゥワンマーケティングとは、売り手側が買い手側の性別や年齢、購買履歴などをデータとして持ち、一人ひとりに合わせた商品の提供やサービスを行うことをいう
3. 商品陳列は、場所や並べ方によって、お客様の目を引いたり商品に関心を持ってもらえたりなど、上手に行うと有益に働く
4. 売れ行きの良い商品を「売れ筋商品」、売れ行きの悪い商品を「死に筋商品」と呼ぶ
5. 一押し商品などを棚の両端に陳列するのをバーチカル陳列といい、実演販売を行うこともある

正解 5

例題(2)の解説

3. 目玉商品や季節商品などは、アイランド陳列にします。
5. バーチカル陳列ではなく、エンド陳列のことです。

試験対策のポイント

POSシステムに関する事柄(利点やワントゥワンマーケティングなど)問題や陳列に関する用語を問う問題などが頻出傾向にあります。押さえておきましょう。

5-2 業種から業態へ

例題(3) **商品やサービスを最適な場所、時期、価格、数量などにおいて、市場に提供するためのマーケティング、仕入れ、販売などについて、一貫して考える商品担当者を何というか、もっとも適当なものを選びなさい。**

1. スーパーバイザー
2. ゼネラルマネージャー
3. マーチャンダイザー
4. ネットワークスペシャリスト
5. マーケティングプロデューサー

正解 3

例題(3)の解説

1. 販売する商品の仕入れの判断を行う担当者は、スーパーバイザーです。

! 試験対策のポイント

スーパーバイザーとマーチャンダイザーの役割の違いを、しっかり押さえておきましょう。

5-3 日本の商慣行と特徴

例題(4) **日本独特の商慣行の記述として、もっとも不適当なものを選びなさい。**

1. 「一店一帳合制」とは、メーカーや卸売業者などが、小売店に商品を渡して販売してもらうことをいう
2. 「建値制」とは、製造元メーカーが、小売店などの流通段階でマージンなどを見込んだ上で適正価格設定し、商品売買を行う制度である

3. 「リベート」とは、製造元メーカーが独自商品の売上高に応じて、卸売業者や小売業者に正当な販売差益以外に支払う謝礼金をいう
4. 「返品制度」とは、委託販売で売れ残った場合にその商品をメーカーなどに返品することができるという制度をいう
5. 「押付販売」と「抱合わせ販売」は、独占禁止法で禁止されている

正解 1

例題(4)の解説

1. 一店一帳合制ではなく、委託販売のことです。

試験対策のポイント

頻出傾向にある、建値制度、一店一帳合制度、リベートなどの用語と、その意味をしっかり押さえておきましょう。

5-4　流通の機能（流通と物流）

例題(5) **次の流通に関する記述として、もっとも不適当なものを選びなさい。**

1. 生産者から消費者に直接販売することを直接流通といい、卸売業や小売業が関与する取引は間接流通という
2. 流通の対象となるモノには、有形の商品と無形の商品やサービスに関しても含まれる
3. 生産者と消費者の間には、「人・時間・場所・サービス」の4つのギャップがある
4. 流通を川の流れにたとえ、消費者側を「川下」、生産者側を「川上」と呼んでいる
5. チャネルとは、商品が消費者に渡る道筋である流通経路のことであり、直接流通と間接流通がある

正解 3

例題(5)の解説

3. 生産者と消費者の間にあるギャップは、「人・時間・場所」の3つです。

4. 関連事項として、消費者への販売戦略を川下戦略といったりします。

例題(6) **「ロジスティックス」に関する記述として、もっとも適当なものを選びなさい。**

1. 環境に配慮することを目的に、具体的には、エコトラックの導入やバイオ燃料の使用、包装・梱包資材の削減やリサイクルの推進を行う物流システムをいう
2. 正式には、「生産流通履歴情報把握システム」といい、産地、加工、流通の仕方の履歴が閲覧できるシステムである
3. 商品やサービスのライフサイクルの全過程（特に供給・配送・保全）を最適化するための総合的活動である
4. 食料が、生産地から食卓までどれくらいの距離を経て運ばれたかを示す指標である
5. 従来紙幣で行っていた決済を、データ通信を用いてカードや携帯電話を端末として買い物をしたり、交通機関を利用したりできるサービスである

正解 3

例題(6)の解説

1. グリーンロジスティックスのことです。

2. トレーサビリティのことです。

4. フードマイレージのことです。

5. 電子マネーのことです。

試験対策のポイント

流通の機能に関しては、特にグリーンロジスティックスに関する出題が目立ちます。ロジスティックスと併せて、必ず確認しておきましょう。

例題(7) **「ジャストインタイム物流」に関する記述として、もっとも不適当なものを選びなさい。**

1. 「必要なときに、必要なモノを、必要な量だけ」供給する仕組み
2. 注文してから商品が届くまでの時間（リードタイム）は、短くなる傾向にある
3. 日本の大手電機メーカーが部品調達効率化のために開発した「かんばん方式」という仕組みを、食品流通に応用したものである
4. 外食産業や食品小売業にとっては、原材料の在庫負担が少なくなることや、いつでも新鮮な商品を提供できるというメリットがある
5. 力のある小売業者が、力のない納入業者にジャストインタイム物流を要請するということは、在庫コストを押し付けるなどの問題点も指摘されている

正解 3

例題(7)の解説

3. 大手電機メーカーではなく、トヨタ自動車が確立した独特の生産方式です。

試験対策のポイント

流通について学ぶということは、モノ(商品)が生産されてから、どのようにして消費者の手に渡るかという、世の中の仕組みを勉強することです。現在は、IT技術の発達によって新たな流通革命が起きています。基本的な流通の仕組みを押さえるとともに、新聞などで取り上げられる「物流センター」や「ロジスティックス」といった記事を読むことで理解を深めましょう。

第6章 やりくり上手になろう

6-1　家計と経済 ★★★★

食生活は経済と密着しています。経済の基本的なお金の動き、そして円高・円安や税金についての概要を学びます。

6-2　生活の中の消費者問題 ★★★

商品を購入した際、トラブルを未然に防ぐための方法であるクーリングオフについて、そして、社会問題となっている怪しい商法についても学びます。

6-3　食品の安全と環境問題 ★★★★★

食品の安全のための HACCP と、その他、各種定められている食にからむ法、その概要についても学びます。

6-4　生活と IT 社会 ★★★

生活は IT と切り離せない部分が多く、セキュリティ対策が重要です。また、消費も現金からカードへと変化しているため、その状態についても学びます。

6-5 食料自給率 ★★★

日本の食料自給率の低迷が問題になっています。食料自給率の現状とその問題点、そして改善点についても学びます。

※★マーク（1つ～5つ）の数が多い程、試験頻出度が高くなります。★マークが多くついているものは特に、繰り返し熟読し覚えるようにしてください。

頻出度★★★★

6-1 家計と経済

Step 1 基本解説

価格と物価

市場に出回っている**“物”の価格**を、総合的かつ平均的に見たものを「**物価**」といいます。“物”の品目は無数にあり、価格も刻々と変動したり、また“物”の値段は需要と供給の関係などでも変わっていったりするため、物価を算出するのは容易ではありません。そこで、「**ある時点からある時点に、価格が全体としてどのくらい推移したか**」を示すようにします。すなわち、ある時点を基準とした「指数」(**物価指数**)で表します。物価指数は、基準となる年の物価を100として、以後の各年次の物価をそれに対する数字で表します。また、基準になる年は、5年ごとに改定されます。

物価指数は、その国の経済動向や水準を判断する材料として用いられています。暮らしの中で代表的なものは、**消費者物価指数**※1と**企業物価指数**※2です。

※1 総務省統計局が作成し、毎月発表しています。消費生活におよぼす影響をみる、暮らしの良し悪しを測る代表的な経済指標。専門調査委員が百貨店やスーパーマーケット、一般商店などの店頭に出向いて商品の価格を調べ、これをもとに、それぞれの商品ウエイトを掛け合わせ、加重平均で算出します。

※2 日本銀行調査統計局が企業物価を作成し、毎月、発表しています。企業間で取引される卸売段階での商品価格の水準を示す景気の動向がわかる指標。以前は「卸売物価指数」というものでした。

その他の経済指標

GDP※1(国内総生産)【内閣府】、景気動向指数【内閣府】、日銀短期経済観測【日本銀行】、**マネーストック**※2【日本銀行】、百貨店売上高【日本百貨店協会】、新車登録台数【日本自動車販売協会連合会】、住宅着工統計【国土交通省】などがあります。

※1 GDP:Gross Domestic Productの略。1年間に国内で生み出された利益の合計です。

※2 マネーストック:以前はマネーサプライと呼ばれていたもので、金融機関以外の一般企業や地方自治体、個人が保有する通貨の量です。

インフレとデフレ

物価が持続的に上昇していく状態を、**インフレーション**（インフレ）といいます（消費者物価や企業物価などの一般的物価が持続的に上昇していく状態）。

逆に、物価が持続的に下落していく状態を、**デフレーション**（デフレ）といいます。

インフレではお金の価値が下がり、デフレではお金の価値が上がることになります。

インフレ ➡ 1個100円だった果物が200円に **物価上昇**
（100円の価値が1/2に下がる）
デフレ ➡ 1個100円だった果物が50円に **物価低下**
（100円の価値が2倍に上がる）

デフレは金額だけ見ると、物を安く買えて良いことのように感じますが、実際には不景気と結び付いています。物の金額が安くなっているということは、売る側としては売上が減少して経営が悪化します。それにより、人件費を削ったり、リストラしたりすることで、失業者が増大する恐れもあります。

そして、長引く不景気とデフレ状態が複合的になった経済状況を、**デフレスパイラル**といっています。

なお、経済活動が停滞（スタグネーション：stagnation）して不況になりながらも、物価が持続的に上昇（インフレーション：inflation）する状態を、**スタグフレーション**といいます。

通常、景気が停滞すると、消費者の需要が落ち込み、物価は落ち着くといわれていますが、1970年代の第一次オイルショック後、主要先進国にて金融引き締め政策を取った際、景気が沈静化しても、物価の状況に変化が生じないケースがみられました。生活は、デフレーションのときよりもいっそう苦しくなります。このような状態が、スタグフレーションです。

円高と円安

円高や円安により、私たちの生活はさまざまな影響を受けます。安い輸入品によって国内の産業が弱体化する、海外からの食品輸入がいっそう増えると、**食料自給**

率が低下するなどの変化が起きるのです。**円高**とは、円の価値が相対的に高くなることで、**円安**とは円の価値が相対的に安くなることです。

また、極端な円高が起きると、国内の主要企業が工場を海外に移すことで国内の雇用が減少し、同時に国内の産業が衰退していく**産業の空洞化**につながることがあります。

例

円高 ➡ 1ドル110円が100円になる　輸入品を買うのは 割安
円安 ➡ 1ドル110円が120円になる　輸入品を買うのは 割高

【円高】
①輸入業者が有利となる
②輸出しにくくなる
③輸出業者の株価が下がる
④工場を海外に移すことで国内の産業が衰退していく、産業の空洞化になることがある。

【円安】
①輸出業者が有利になる
②輸入物価が上がる
③貿易摩擦が起こる可能性がある
④円を外貨に換える動きが活発になる

消費者は何を求めているのか

消費者の間では、「生活の質はできるだけ落としたくない、また安全で安心できるものを買いたい」という意識が定着してきたようです。企業にとっては、食の安全を確保し、安心して食べてもらえる商品をいかに提供できるかが課題だといえます。

消費者は商品やサービスを購入する際、質や機能に照らし合わせた上でその価格で見合っているかを考えて購入します。質に見合った価格設定（**値ごろ感**のある価格設定）は重要で、売れ行きを左右する要素です。

また、消費者に選ばれるためには、今までのようなメーカーの有力商品として全国各地で販売される**ナショナルブランド**(National Brand：NB)ではなく、卸売業者や小売業者が独自に企画・生産する**プライベートブランド**(Private Brand：PB)の開発なども行っていかなければなりません。

所得と税金

収入とは、**入ってきたお金の総額**のことです。手取り金額ではなく、経費などを差し引く前の支給総額のことを指しています。

所得とは、**収入から必要経費などを差し引いた金額**のことで、この所得に対して**所得税**がかかります。この違いを知らなかったり、控除制度を利用しなかったりすると、損をすることがあります。

所得税は、所得に比例して段階的に税率が引き上げられる、**累進課税制度**が採用されています。

可処分所得

実際に手元に残り、**消費にまわされるお金**のことです。

例えば、会社勤務の場合、収入である「給与」から所得税、住民税、社会保険料（健康保険料、年金保険料、雇用保険料）などを差し引いた残りの金額が可処分所得です。

国税・地方税

私たちが支払っているさまざまな税金は、国や地方公共団体の収入（歳入）となる最大のものです。国に納める税金を国税、都道府県や市区町村に納める税金を地方税といいます。

国税には、所得税、法人税、相続税、消費税、酒税、揮発油税、印紙税などがあり、地方税は、都道府県税と市町村税に分かれます。

直接税と間接税

直接税は、税金を納める義務のある人と、その税金を実質的に負担する人が同一人である税金をいい、**間接税**は、納税義務者と税負担者とが異なる場合の税金をいいます。代表的な間接税に、**消費税**があります。

例えば、スーパーマーケットで物を買った人はお金を支払いますが、消費税分も負担して支払います。そして､その消費税を実際に税務署に納めるのは､スーパーマーケット(消費税を納める義務のある人)なのです。

直接税……所得税、住民税、法人税、事業税、相続税、贈与税など
間接税……消費税、酒税、たばこ税、揮発油税、印紙税など

▼所得税の種類

種類	内容
利子所得	預貯金や公社債の利子などの分配金による所得
配当所得	株主や出資者が法人から受ける配当などによる所得
事業所得	農業、漁業、製造業、卸売業、小売業、サービス業その他の事業を営んでいる人のその事業から生ずる所得
不動産所得	家賃、地代、駐車場代などの不動産貸付け、船舶や航空機の貸付けの対価による所得
給与所得	勤務先から受ける給料、賞与などの所得
退職所得	退職により勤務先から受ける退職金などの所得
譲渡所得	土地、建物、会員権などの資産を譲渡、売却することによって生ずる所得
山林所得	山林を伐採して譲渡したり、立木のままで譲渡することによって生ずる所得
一時所得	生命保険の保険金、懸賞の賞金などによる所得
雑所得	上記の所得のいずれにも該当しない所得（公的年金・個人年金、作家以外の人が受ける原稿料や印税、講演料や放送謝金など）

税金に関する主な用語

- 源泉徴収… 企業が従業員に給与や報酬を支払う際、所得税などを差し引いて、税金として納付すること
- 年末調整… 源泉徴収は仮定の数字を用いて算出されているため、差し引いた所得税などについて、1月1日～12月31日の1年分の精算を行うこと
- 還付申告… 還付を受ける（納め過ぎた税金を戻してもらう）ために行う申告のこと
- 確定申告… 申告納税制度をとる、所得税や法人税などについて、課税標準および税額を確定するために、納税義務者が行う申告のこと
- 申告納税… 税務署に提出する納税申告書を、納税者自らが記入して税金を納付すること

試験予想チェック!

インフレやデフレに関した問題、円安、円高の問題はよく出題されています。具体例とともに、必ず覚えておきましょう。また、消費者の意識についてのキーワード、「値ごろ感」「シズル感」、「食の安全・安心」という観点からの出題も増えています。模擬問題に取り組むなどして慣れておきましょう。なお、可処分所得についての出題も要注意です。

Step 2 「家計と経済」の要点チェック

チェック欄
1回目 2回目

□／□ （ **インフレーション** ）とは物価が上昇することで、“物”の値段が（ **高く** ）なり、（ **デフレーション** ）とは物価が持続的に下落してく状態で、お金の価値は（ **上がり** ）ます。

□／□ 景気の低迷とデフレ状態が複合的になった経済状況を（ **デフレスパイラル** ）といい、景気の低迷とインフレ状態が複合的になった経済状況を（ **スタグフレーション** ）といいます。

□／□ 円高や円安によって生活はさまざまな影響を受けますが、海外からの食品輸入がいっそう増えると、（ **食料自給率** ）が（ **低下** ）します。

□／□ その商品の性能や特質に照らし合わせて妥当と思われる価格のことを（ **値ごろ** ）といい、いくらだったら妥当か、といった感覚を（ **値ごろ感** ）といいます。

□／□ 商品を消費者に選んでもらうために、これまでの（ **ナショナルブランド** ）から、自社企画商品の（ **プライベートブランド** ）へ、販売戦略のスタイルが変化しています。

□／□ 国内企業の（ **製造拠点** ）が海外に移行されることで（ **国内産業が衰退** ）することを、（ **産業の空洞化** ）といいます。

□／□ （ **所得** ）とは、（ **収入** ）から経費などを差し引いた金額のことで、ここから（ **所得税** ）が計算されます。

□／□ 私たちの（　**生活の原動力**　）となるもので、収入から経費、所得税、住民税、社会保険料などを差し引いた残りの金額のことを、（　**可処分所得**　）といいます。

□／□ （　**直接税**　）には、所得税、住民税、事業税、（　**相続税**　）などがあり、（　**間接税**　）には、消費税、酒税、（　**たばこ税**　）などがあります。

□／□ （　**所得税**　）は、所得に（　**比例**　）して段階的に税率が引き上げられる（　**累進課税**　）制度が採用されています。

□／□ 円高の影響は（　**輸入**　）業者が有利となる、（　**輸出**　）がしにくくなるなどがあげられ、円安の影響は（　**輸出**　）業者が有利となる、（　**貿易摩擦**　）が起こる可能性があるなどがあります。

□／□ 納め過ぎた税金を戻してもらうために行う申告を（　**還付申告**　）といいます。

□／□ （　**源泉徴収**　）は、企業が従業員に給与や報酬を支払う際に、所得税などを差し引いて税金として納付することをいいます。

頻出度 ★★★

6-2 生活の中の消費者問題

Step 1 基本解説

暮らしの中の契約

私たちは、日常生活においてさまざまな契約を結んでいます。買い物をするときは“売買契約”、電車やバスに乗るのは“運送契約”、会社に勤務するのは“雇用契約”、お金を借りるのは“金銭消費貸借契約”というように、すべて契約が結ばれているのです。契約は､｢これを買います｣と消費者が意思表明すれば、契約書を交わさずとも売買契約が成立します。

しかし、インターネットによる通信販売など、あらかじめ自分で現物を見て確認できない商品を購入する場合は、内容など入念にチェックする必要があります。

また、販売員やカタログの説明を判断基準にして購入する場合は、話術や誇大広告の説明などに惑わされがちです。後悔しないように、またトラブルを未然に防ぐためにも｢**いくらで、どのような内容か、条件はどんなものか**｣などを詳細に確認しておくことが大切です。

クーリングオフ制度

クーリングオフ制度とは、一定の期間内であれば「業者との間で締結した契約を**一方的に解約できる権利**」であり、被害者救済を目的としたものです。一定期間とは、契約書を交付された日を含めて **8 日以内**です。マルチ商法であれば 20 日以内など、内容によって期間が異なります。契約のキャンセル方法は、キャンセルを通知する文書を一方的に送りつければ良く、その**発送日が契約解除の日**として認められます。

- **クーリングオフができる場合**

クーリングオフができる場合として、次のようなケースがあります。

(1) 訪問販売、割賦販売、マルチ商法など法律に規定のある場合
(2) 業界が自主的に規定している場合
(3) 業者が個別に契約内容に取り入れている場合

● クーリングオフの適用ができない場合

ただし、前記の条件を満たしていても、次のような場合にはクーリングオフの適用はできません。

(1) クーリングオフができる期間が経過してしまった場合
(2) 3,000円未満の商品を受け取り、かつ代金を全額支払ってしまった場合
(3) いったん使用してしまうとクーリングオフができないことを、あらかじめ告げられていた商品の場合（化粧品など）
(4) 乗用車など、クーリングオフの対象でない商品の場合

問題になっている商法

世の中にはいろいろな商法があり、詐欺まがいの商法などに引っかかってしまう人も後を絶ちません。トラブルに巻き込まれたり、犯罪にあったりしないためには、どんな商法があるのか？どのようにしてだまされてしまったのか？など、情報を事前に得ておくことが大切です。絶対引っかからない！と思っていても、かなり巧妙な手口を使う犯罪グループなども出てきていますから、注意が必要です。

● アポイントメントセールス

「あなたが選ばれました」などと電話をかけ、営業所などに呼び出して、言葉たくみに高価な商品を売りつける商法。アポイントメントセールスには、「**恋人商法**（デート商法）」というものもあります。異性の魅力を用いて最初は電話などで会話して警戒心を解き、お付き合いをほのめかしたり結婚などを引き合いに出して、アクセサリーや着物などの高額商品を売ったり契約させたりする方法です。

● マルチ商法

健康食品や化粧品などの商品やサービスの購入契約をした会員に、さらにその買い手や会員を紹介させる商法。自分よりも下位の会員を増やしていかない限り、利益が得られない構造になっています。強引な勧誘をする結果、人間関係が壊れたり、売れなかった商品を自分で抱え込んでしまうなどの問題が多くあります。

● キャッチセールス

街頭で声をかけて、営業所や喫茶店に連れて行き、化粧品、絵画など高額な商品をしつこく勧誘して契約させようとする商法。「モニターになると商品が安くなる」と言ってエステ会員権などを購入させる、モニター商法を合わせたものもあります。

● ネガティブオプション（送りつけ商法）

自宅に注文もしていない商品が代金引換郵便で届いたり、請求書が入っていたりする。「受け取った以上はしょうがない」というあきらめ、勘違いで代金を支払ってしまうことを狙った商法（ダイエット食品、雑誌、ビデオソフトなど）です。

● SF 商法

会場に人を集めて、日常品をタダ同然で配って雰囲気を盛り上げた後に、最終目的の高額な商品を売りつける商法。早く買わないと損をするという気にさせる、人の心理を利用したものです。

最初にこの商法を始めた団体「新製品普及会」の名にちなみ、SF 商法と呼ばれています。

会場内の雰囲気で一種の催眠状態のようにさせ、買いたい心理を高める**催眠商法**もあります。

商品例：羽毛布団、電気治療器具など。

● **振り込め詐欺**

家族を装い電話をかけ、「交通事故にあったからその示談金としてお金をすぐに振り込んで欲しい」といい指定の口座に振り込ませるという商法。

架空請求詐欺、**融資保証詐欺**、**オレオレ詐欺**なども、お金を至急に口座に振り込めという共通点から、総称して「振り込め詐欺」と呼ばれています。

● **霊感商法**

悩みごとの相談にのって弱みを見つけると、「あなたの家には悪霊が取り憑いている」などといって、高額な古美術品などを売りつけたり、霊をお祓いするといって高額な料金を請求します。

● **内職商法**

パソコンで文書作成をして「自宅で高収入」「サイドビジネスに最適」などと募集をし、申し込むと高額商品を買わせたり、高額な代理店契約をさせられたり、材料代を支払わせたりします。

● **かたり商法**

「消防署から来ました」などと、作業服を着て職員を装って家を訪問し、消火器などの商品を購入させる商法。水を変色したように見せかけて、「こんな水を飲んでいたら健康に悪いです」といって高額な浄水器を取り付ける**実験商法**もあります。

● **フィッシング詐欺**

金融機関のwebサイトなどを装い、カードの暗証番号などを入力させて、それを犯罪に悪用するものです。

● 原野商法

値上がりの見込みがほとんどないような山林や原野について、「大型商業施設の開発計画がある」などと嘘をつき、「将来高値で売れる」と勧誘して、時価の何十倍もの高値で不当に買わせる方法です。

● クリーニング商法

電話で布団やエアコンのフィルターのクリーニングなどを勧めて来訪し、掃除後に高額な作業代金を請求したり、クリーニング器具を買わされたりします。

試験予想チェック!

クーリングオフに関した単独問題が過去に出題されていますので、今後も要チェックです。
また、世間では「振り込め詐欺」が大問題となっていますが、いろいろな商法についての出題は今後も出題される率は高いので覚えておきましょう。

Step 2 「生活の中の消費者問題」の要点チェック

チェック欄
1回目 2回目

□／□ 一定期間内であれば、業者との間で締結した契約を（　**一方的**　）に解約できる権利のことを、（　**クーリングオフ**　）制度といいます。なお、自分でお店に出向いて購入したものなどは、（　**クーリングオフ**　）は適用されません。

□／□ （　**アポイントメント**　）セールスとは、「あなたが選ばれました！」などといい電話をかけ、営業所などに呼び出して、言葉たくみに高額な商品を売りつける商法です。

□／□ 注文もしていない商品が代金引換郵便で届いたり、請求書が入っていたりする（　**送りつけ商法**　）は、（　**ネガティブオプション**　）ともいわれています。

□／□ 会場で人を集め、日常品を無料で配るなどして雰囲気を盛り上げた後に、高額な商品を売りつける商法は、（　**SF商法**　）と呼ばれ、買わないと損をするという気にさせる、人の（　**心理**　）を利用したものです。

□／□ ネットワークビジネスともいわれ、商品やサービスの購入契約をした会員に、さらにその買い手や会員を紹介させる商法のことを、（　**マルチ商法**　）といいます。

□／□ 街頭で声をかけて営業所などに連れて行き、しつこく商品購入を勧誘する商法は、（　**キャッチセールス**　）です。「手相を見ましょうか？」などと声をかけることで、「先祖の霊が成仏していない」と不安におとしいれて、高額な印鑑セットやつぼなどを売りつけるという（　**霊感**　）商法もあります。

□/□ 作業服を着て、消防局や水道局の職員を装い家を訪問し、消火器、浄水器などの商品を購入させるのは（ **かたり** ）商法といいます。

□/□ （ **訪問販売** ）、割賦販売、マルチ商法など法律に規定のある場合、クーリングオフの対象で、契約のキャンセルが可能です。キャンセルする際は、（ **文書** ）を作成し業者に送ります。

□/□ 値上がりの見込みがほとんどないような山林や原野について、将来高値で売れるような言い回しをして、時価の何十倍もの高値で不当に買わせる商法を（ **原野商法** ）といいます。

□/□ 電話で布団やエアコンのフィルターのクリーニングなどを勧めて来訪し、掃除後に高額な作業代金を請求してきたり、クリーニング器具を買わせたりする商法に（ **クリーニング商法** ）があります。

6-3 食品の安全と環境問題

Step 1 基本解説

HACCP

読み方は**ハセップ**または**ハサップ**で、**危害分析重要管理点**という意味を持っています。1960年代に、宇宙開発のアポロ計画の際にNASA（アメリカ航空宇宙局）で宇宙食の安全性を確保するために生み出された手法で、国連食糧農業機関（FAO）と世界保健機構（WHO）の合同機関の食品規格（CODEX）委員会が各国に発表・推奨し、国際的に認められている方法です。

HACCPは、原料の入荷・製造・出荷、すべての工程で**あらゆる危害の予測**をして、危害を防止し、異常が起こった場合には速やかに対策をとり解決できるよう、**常に監視・記録**をして改善処理をしていくという、合理的な**食品管理システム**です。

HA (Hazard Analysis)	危害分析（微生物・異物など） 食品の製造工程すべてにおいてあらゆる危害の要因について調査・分析
CCP (Critical Control Point)	重要管理点（殺菌・包装工程など） 食品の製造工程に沿って、危害を確実に制御できる重要管理点を決定する

※ 近年、日本では「危害分析」から「ハザード分析」と呼び名が変更されつつあります。

食中毒や異物混入事件が新聞の記事やニュースで取りざたされ、関心の高い問題になっていますが、食品を製造したり供給したりする側は、このような事故が起きないように対策を練らなければなりません。2020（令和2）年6月より食品衛生法において、原則として**すべての食品等事業者にHACCPの導入が義務化**されました。

食品表示法

食品表示に関するルールはこれまで、JAS法、食品衛生法、健康増進法の3つの法律で定められていましたが、食品表示に関する規定をまとめて「**食品表示法**」が定められ、2015（平成27）年4月1日に施行されました。従来の表示ルールを一元化することで、消費者と食品の製造・流通に関わる事業者の双方にとってわかりやすく使いやすい基準にする目的で施行されました。

食品を摂取する際の安全性や、消費者の選択の機会を確保し、必要な情報を提供しています。

JAS法

Japanese Agricultural Standardの略で、**日本農林規格等に関する法律**です。

JAS法の主な目的は、**消費者への情報開示**で、飲食料品などが一定の品質や特別な生産方法で作られていることを保証している任意の**JAS規格制度**があります。JAS法の食品表示に関する規定は、食品表示法に移管されました。なお、違反した業者には「指示」「公表」「命令」の段階を経て、罰金が科せられます。

食品衛生法

この法律は、**すべての飲食物（薬事法に規定する医薬品・医薬部外品を除く）の衛生上の危害の発生を防止**して、公衆衛生面の向上を定めたものです。食品事業者などは、飲食物に限らず、食品添加物・残留農薬・調理器具・容器包装などのすべての安全性を確保し、また安全性の確保のために知識や技術を身に付け、必要な措置を実施するように努めなければなりません。

食品衛生法では、主に乳幼児が口に触れたり、口に入れたりする可能性があり健康を損なう恐れがある玩具も、食品と同じように規格や製造に関わる基準を設け規制しています。

健康増進法

健康増進法とは、**国民の栄養改善や健康維持・増進と、現代病予防**を目的として制定された法律です。健康の増進は、国民一人ひとりの取り組みに対して、国や地方公共団体、企業などが、その取り組みの努力を支援するというものです。
※受動喫煙防止の内容についても、健康増進法により定められています。

景品表示法

景品表示法は、正式には「**不当景品類及び不当表示防止法**」といいます。消費者なら、誰もがより良い商品やサービスを求めます。ところが、実際より良く見せかける表示が行われたり、過大な景品付き販売が行われると、それらにつられて消費者が実際には質の良くない商品やサービスを買ってしまい、不利益を被る恐れがあります。

景品表示法は、商品やサービスの品質、内容、価格などを偽って表示を行うことを厳しく規制するとともに、過大な景品類の提供を防ぐために景品類の最高額を制限することにより、消費者の皆さんがより良い商品やサービスを自主的かつ合理的に選べる環境を守ります。

食品安全基本法

食品安全基本法とは、**食品の安全性の確保に関する施策を総合的に推進**するための法律です。責任と役割を明らかにするとともに、基本的な方針を定めます。食品の**トレーサビリティ**などが求められ、法律的にも社会的にも、食品製造に対する消費者の安全・安心への関心が高くなったことを受けた法律だといえます。

トレーサビリティとは、追跡（trace）＋可能（ability）を意味し、正確には「**生産流通履歴情報把握システム**」といって、生産と流通の履歴情報をインターネットで検索できるシステムです。消費者に食の安心を提供するためには、衛生面に重きを置いたこれらの手法だけでは不十分であり、今や、その食品の生産、製造および流通上の透明性を確保することが、消費者の信頼を得るために必要不可欠となっています。トレーサビリティの確立は、このような透明性を確保する手段の一つです。

● 牛肉トレーサビリティ法

牛肉トレーサビリティ法は、正式には「牛の個体識別のための情報の管理及び伝達に関する特別措置法」といいます。BSEや牛肉の産地偽装問題などが多発する中で、消費者の関心が高まったことから、安心して購入できるようにすることを目的に作られました。

日本で生まれた牛ならびに生体で日本に輸入された牛に**10桁の個体識別番号**を付け、その番号をインターネットで検索すると、その牛がどこで生まれ、加工され、流通したかの履歴を確認できるシステムです。

▼牛肉トレーサビリティの情報例

① 性別	④ 繁殖者	⑦ 母牛
② 品種	⑤ 繁殖者住所	⑧ 生産主
③ 自家・導入	⑥ 父牛	⑨ 生産主住所

▼個体識別番号と耳標

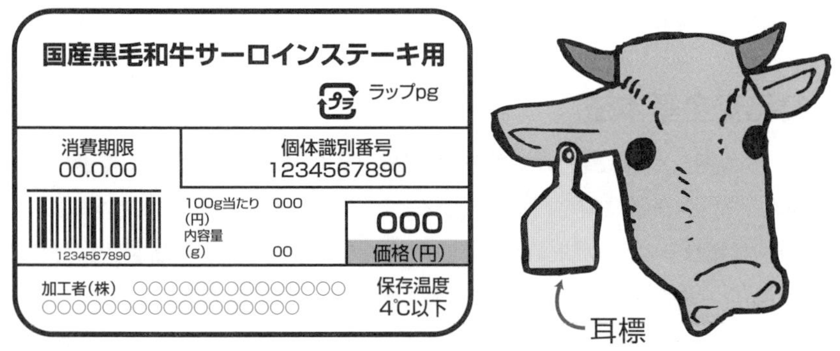

● 米トレーサビリティ法

米トレーサビリティ法は、正式には「米穀等の取引等に係る情報の記録及び産地情報の伝達に関する法律」といいます。事故米穀の不正流通事件や産地偽装問題が多発したことなどを契機に、2010（平成22）年10月から、米や対象となる米加工品(対象米穀等)を扱う事業者は、取引の記録の作成と保存が義務付けられました。

さらに、2011（平成23）年7月からは、生産者などが出荷した対象米穀等を出荷または販売する場合には、**産地情報の伝達**が義務付けられました。

米トレーサビリティ法は、大きく2つの内容で構成されています。

(1)トレーサビリティの確保のため、事業者は米穀等(米や米加工品)を取引した際など、品名・数量・入荷年月日・取引先などの内容について、記録を作成し、保存すること。

(2)消費者が産地情報を入手できるように、法律の対象となる製品に使われた米(米穀等から非食用のものを除いたもの)を取引する際に、その米穀自体や原料に用いられている米穀の産地を相手に伝達すること。

▼米トレーサビリティシステム情報例

名称	精米		
原料玄米	産地	品種	産年
	単一原料米 静岡県　コシヒカリ　24年度		
内容量	5kg		
精米年月日	2012年 10月 10日		
販売者	○○○○○株式会社 静岡県 △△市○○○○○○ TEL 000-000-0000		

▼米トレーサビリティ法の対象商品

- ●米穀(籾、玄米、精米、砕米)
- ●米粉や米粉調製品、米麹、米菓生地等の中間原材料
- ●米飯、餅
- ●団子
- ●米菓
- ●清酒
- ●単式蒸留焼酎
- ●みりん

対象事業者は、対象品目となる米・米加工品の販売、輸入、加工、製造または提供の事業(外食事業者)を行うすべて(生産者を含む)となります。

PL法

Product Liability の略で、「**製造物責任法**」という意味を持っています。

これは、**食品製造物の欠陥によって人の命や体・財産に被害が生じた場合**に、**被害者を保護**するとともに、**製造者**などの**損害賠償の責任**について定めたものです。

事故防止のために、容器などに警告表示があるものが増え、誤使用や物質摂取の防止のため、予想される危険について細かく書かれています。

PL法の**対象食品は加工された食品**で、農産物・水産物・畜産物などの未加工の**生鮮食品は対象とならず**、対象者は企業や個人を問いません。また、販売者の商品の保管方法が不十分で、販売者側に過失があった場合には、販売者は製造者などに対して責任を負担しなければなりません。

※干物などのように、単に乾燥、切断、冷凍、冷蔵したものも対象外です(不動産、電気、ソフトウェア、無形のサービスなども対象外です)。

食品リサイクル法

食品リサイクル法は、「食品循環資源の再利用等の促進に関する法律」です。食品事業者（食品メーカー・レストラン・小売店など）が、できる限り食品廃棄物を出さないように取り組み、出てしまった食品廃棄物は飼料や肥料などにしてリサイクルし、環境を守るために努力しようという法律です。

食品関連事業者全体の食品廃棄物などは、年間 1,765 万 t（農林水産省食料産業局 2018 年度）にも上ります。業種別で見ると、食品製造業が 1,400 万 t ともっとも多く、次いで外食産業が 215 万 t、食品小売業が 122 万 t、食品卸売業が 28 万 t の順となっています。

また、家庭から出る食品廃棄物も 766 万 t、家庭の食品ロスは 276 万 t ですから、食品事業者だけではなく、消費者も「料理を作り過ぎない」「食材を買い過ぎない」「外食する際料理を頼み過ぎて残さない」など、努力し協力することを求められています。

容器包装リサイクル法

正式には、「容器包装※に係る分別収集及び再商品化の促進などに関する法律」です。

今までは、市町村だけが全面的に責任を持ち、容器包装廃棄物の処理をしていましたが、消費者もそれぞれの市町村の分別に従って廃棄し、それを市町村が収集し、事業者（容器を製造または容器を用いて中身の販売をする事業者）は**再商品化**（リサイクル）し、三者一体となって**容器包装廃棄物**を**削減**していこうということを義務付けた法律です。「消費者」「市町村」「事業者」それぞれの取り組みは、以下の通りです。

※ 容器包装とは：
商品を入れる「容器」及び包む「包装」のことで、商品を使い終わった後に残る不要となったものですが、リサイクルの分別対象にならないものがあります。

①消費者「**分別排出**」

・レジ袋を購入しない・もらわない

・マイバッグ持参

・過剰包装を断る

②市町村「**分別収集**」

・事業者、市民と連携して地域の容器包装廃棄物の削減・分別収集の徹底

③事業者「**リサイクル**」

・容器包装リサイクル法に基づく指定の法人にリサイクルを委託し、費用の一部を負担する

・レジ袋を有料化・容器包装を軽量化するなど、容器包装廃棄物の削減に努める

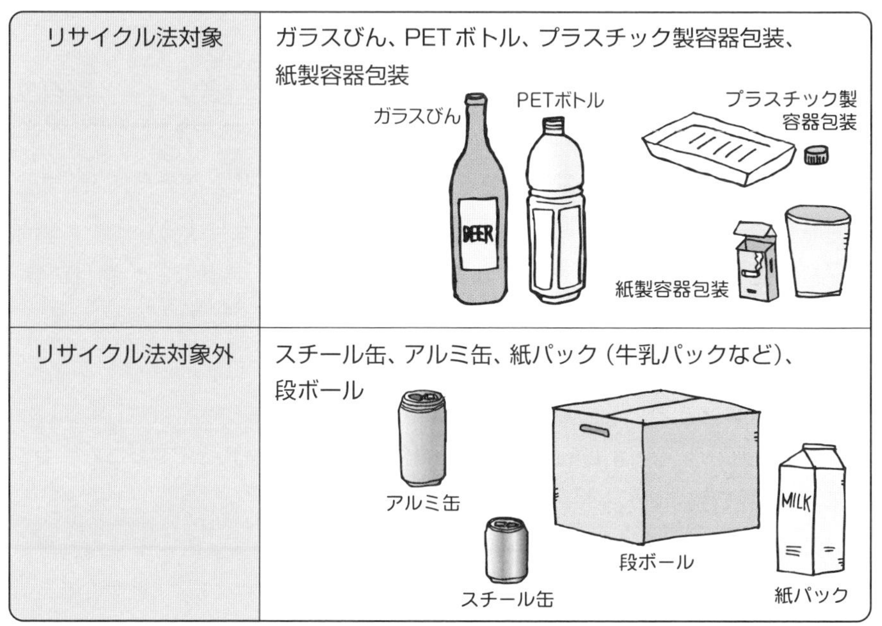

リサイクル法対象	ガラスびん、PET ボトル、プラスチック製容器包装、紙製容器包装
リサイクル法対象外	スチール缶、アルミ缶、紙パック（牛乳パックなど）、段ボール

循環型社会への取り組み

私たちの食と生活に、ゴミの問題は深く関連しています。また、これからは限りある資源を有効に活用して、地球環境の保全に努めていく必要があります。食品リサイクル法や容器包装リサイクル法も循環型社会への取り組みの一つです。

このような、資源を上手に使い回し、再生産を行って、持続可能な形で循環させながら利用していく循環型社会には、次のような政策があります。

● 3R

リサイクル、リユース、リデュースを合わせて3Rと呼びます。この3Rの活用で廃棄物や環境への悪影響を減らし、資源やエネルギーを繰り返し使う**循環型社会システム**を構築していく取り組みがさまざまな場所で行われています。

・Recycle（リサイクル＝再生利用）
・Reuse（リユース＝再利用）
・Reduce（リデュース＝減量）

リデュースの「ゴミの減量」という取り組みには、製品を部分交換することで製品全体を買い替えたりせずに継続的に使用できるようにすることや、製品の寿命を延ばすことなどもあげられます。それにより、無駄な買い物（消費）や製品の生産を抑制することができます。

● ゼロエミッション

ゼロエミッション（Zero emission）とは、自然界に対する廃棄物ゼロとなる社会システムのことです。

産業により排出されるさまざまな廃棄物・副産物について、他の産業の資源などとして再活用することにより、社会全体として廃棄物をゼロにしようとする考え方です。ゼロには「自然界をこれ以上破壊しない」という思いが込められています。

しかし、新たな資源を作るよりもリサイクルの工程にかかるエネルギーの方が大きく、逆に温暖化を促進してしまうなど、真の意味でのゼロエミッションの道は遠く険しいものとなっています。

● コンポスト

落ち葉や樹皮・もみがら・藁（わら）などの植物や、動物の排泄物などを利用して堆積・攪拌・腐熟させ、堆肥を作ることです。

● デポジット

「預かり金」「保証金」という意味を持っていて、ビールや飲料を購入して、瓶などを返却すると容器代が返ってくるシステムです。容器にはあらかじめ容器代が上乗せされていて、容器の回収率をよくするために行われています。

● ゴミゼロ運動

自然環境を守るために、各自がゴミを持ち帰ったり、街のゴミ拾いをする運動をいいます。

試験予想チェック!

HACCPやPL法に関する問題がよく出題されています。また、牛肉のトレーサビリティ法の内容も、問題文の中で扱われています。
リサイクルに関する問題もよく出題されているので、現状をよくつかんでおきましょう。また、リサイクルマークに関する問題も出ています。

Step 2 「食品の安全と環境問題」の要点チェック

チェック欄
1回目 2回目

□／□ HACCPとは、原料の入荷・製造・出荷すべての工程で（ **あらゆる危害の予測** ）をし、常に（ **監視・記録** ）をして改善処理をしていく（ **食品管理システム** ）です。

□／□ 「製造物責任法」という意味を持ち、食品製造物の欠陥によって人の命や体・財産に被害が生じた場合に被害者を（ **保護** ）し、製造者などの（ **損害賠償の責任** ）について定めたものを（ **PL法** ）といいます。

□／□ すべての飲食物の（ **衛生上の危害発生** ）を防止して、（ **公衆衛生面の向上** ）を定めたものを（ **食品衛生法** ）といいます。この法律は、飲食物だけに限らず、（ **添加物** ）・（ **調理器具** ）・（ **容器包装** ）など、すべての安全性を確保しなければなりません。

□／□ 日本で生まれた牛、ならびに生体で日本に輸入された牛に（ **10桁** ）の（ **個体識別番号** ）を付けて、インターネットで検索すると、その牛がどこで生まれ、加工・流通したかの履歴を確認できるシステムを（ **牛肉トレーサビリティ法** ）といいます。

□／□ （ **米トレーサビリティ法** ）は、産地偽装問題をきっかけに、米や対象となる（ **米加工品** ）を扱う事業者に、取引の記録の作成・保存が義務付けられたシステムです。

□／□ 食品事業者が、できる限り（ **食品廃棄物** ）を出さないように取り組み、出てしまった場合には（ **飼料** ）や肥料などにして（ **リサイクル** ）して、環境を守るために努力しようという法律を（ **食品リサイクル法** ）といいます。

□／□ 消費者・市町村・事業者が三者一体となって容器包装廃棄物を削減していくことを義務付けた法律を、（　**容器包装リサイクル法**　）といいます。これは、消費者が（　**分別排出**　）、市町村が（　**分別収集**　）、事業者が（　**リサイクル**　）するという役割が決められています。

□／□ できるだけ廃棄物を出さずに環境を改善しようという方法の一つである（　**3R**　）とは、（　**リサイクル**　）・（　**リユース**　）・（　**リデュース**　）をまとめて呼ぶ言葉です。

□／□ 瓶などを返却すると容器代が返ってくるシステムを、（　**デポジット**　）といいます。

□／□ 健康の増進は、国民一人ひとりの取り組みに対して、国や地方公共団体、企業などがその取り組みの努力を支援するという法を、（　**健康増進法**　）といいます。

□／□ 商品やサービスの品質、内容、価格などを偽って表示を行うことを規制して、消費者がより良い商品やサービスを自主的かつ合理的に選べる環境を守るためにある法を、（　**景品表示法**　）といいます。（　**景品類の制限**　）や（　**不当な表示**　）の禁止を規定しています。

□／□ （　**食品衛生法**　）では、乳幼児が口に触れたり、口に入れたりする可能性があり健康を損なう恐れがあるため、（　**玩具**　）にも食品と同じように規格や製造に関わる基準を設け規制しています。

頻出度 ★★★

6-4 生活とIT社会

Step 1 基本解説

eコマース(EC)

Electronic Commerce(エレクトロニックコマース)の略で、**電子商取引**という意味を持っています。インターネットなどのネットワークを利用したオンラインショッピングなどが主な例です。企業と消費者との電子商取引で、一般的に「**B to C** (Business to Consumer)」といいます。パソコンや携帯電話でネットワークを利用して買い物をする消費者が増え、企業側もそういった消費者を対象に、電子商取引をここ数年で成長させています。しかし、ネットワークを通じて直接店へ足を運ばずに手軽に買い物ができる一方で、個人情報の流出などの**セキュリティ問題**が大きな課題となっています。

▼ eコマース取引形態

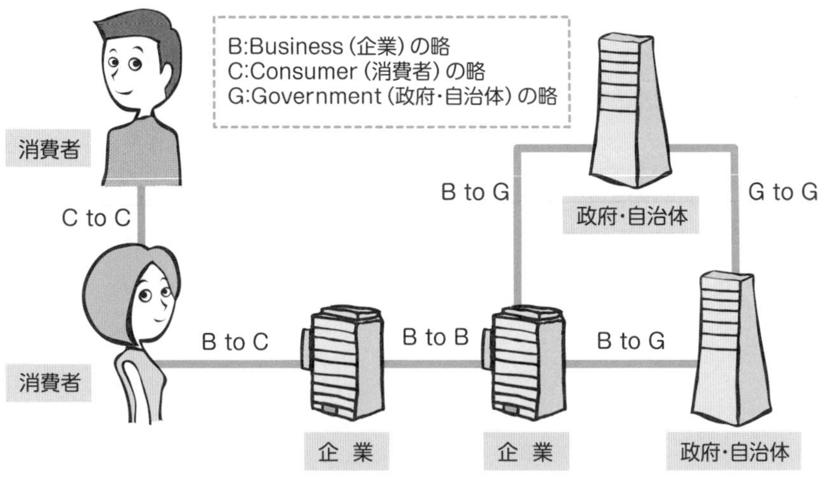

ブロードバンド

「広帯域」という意味を持っていて、通信速度が高速なインターネット接続サービスのことです。以前は通信料金が高額であったために、大企業やコンピューター関連の会社などにしか使われていませんでしたが、ここ数年で技術が普及するようになって料金が定額になるなど、一般の人も手軽に利用できるようになりました。

セキュリティ技術

インターネットが普及するにつれ、個人情報の流出・不正アクセス・ウイルス感染などが問題となっているため、不正侵入の防止やウイルスの駆除・感染防止などの対策が常に求められています。

消費とカード社会

近年、商品を購入する際に、現金ではなくカードを使う消費者が増えています。カードによって、支払いのタイミングが異なります。特徴を踏まえた上で使用しましょう。

● **プリペイドカード(代金前払い)**

先に現金を支払って、その金額分に達するまで使用できるカードです。代表的なものは図書カードやQUOカード、VISAトラベルプリペイドカード、マックカード、最近ではSuicaやPASMOなどがあげられます。

● **クレジットカード(代金後払い)**

利用できる加盟店でカードを提示すると、クレジットカード会社がいったん支払いをし、クレジットカード会社が後からカード利用者へ商品代金を請求するシステムです。クレジットカードを利用する人は、自分の支払い能力に見合った計画的な利用をする必要があります。

● **デビットカード(代金即時払い)**

その場に現金を持ち合わせていなくても、連携した銀行などに預金残高があれば金融機関のキャッシュカードの提示で支払いができるシステムです。一般的に、預金残高がなければ支払いをすることはできません。

デビットカードの加盟店に設置されたカード端末機に金融機関のキャッシュカードを挿入すると、口座番号、暗証番号の順で入力が促され、番号を入力すると、代金が引き落とされる仕組みになっています。デビットカードというカードがあるわけではありません。

試験予想チェック!

インターネットのウイルス問題や通信販売の問題など、さまざまな問題が起きていますが、ニュースや新聞でよく取り扱われている記事はスクラップにしておくなどして対策しておきましょう。ワントゥワンマーケティングに関した出題も予想されます。

Step 2 「生活とIT社会」の要点チェック

チェック欄
1回目　2回目

□／□ （　**電子商取引**　）という意味を持つ、パソコンや携帯電話のネットワークを利用して商品の売買をすることを（　**e コマース**　）といいます。

□／□ 通信速度が高速な（　**インターネット接続サービス**　）のことを（　**ブロードバンド**　）といい、技術の進化で一般の人も手軽に利用できるようになっています。

□／□ インターネットの普及が進むにつれて、（　**個人情報の流出**　）・（　**不正アクセス**　）・ウイルス感染などが問題になっていて、そうしたことを予防・改善させる（　**セキュリティ技術**　）が求められています。

□／□ 先に現金を支払って、その金額分に達するまで利用できるカードを（　**プリペイドカード**　）といいます。

□／□ 利用できる加盟店でカードを提示すると、商品の購入ができ、商品代金はカード会社から利用者へ後から請求されるシステムのカードを、（　**クレジットカード**　）といいます。

□／□ 現金をその場で持ち合わせていなくても、連携した銀行などに預金残高があればカードの提示で支払いができるシステムのカードを、（　**デビットカード**　）といいます。

頻出度★★★

6-5 食料自給率

Step 1 基本解説

食料自給率の推移

一見、豊かに見える私たちの食生活は、実際は海外から食料を大量に輸入することによって成り立っています。食の問題を考えていくにあたり、まずは日本の現状を知っておきましょう。

食料の**国内での生産量**と**国内での消費量**との関係を数値化したものを、**食料自給率**といいます。農林水産省が発表しており、国内の食料消費が、国内の農業生産でどの程度まかなえているかを示す指標のことです。

一般的には、**供給熱量食料自給率（カロリーベース自給率**※**）**で計算します。

> 供給熱量食料自給率（%）＝国産供給熱量÷供給熱量× 100

※カロリーベース自給率：畜産物（牛肉、豚肉、鶏肉、卵、牛乳など）は、それぞれの飼料自給率を掛けて計算します。

自給率には、この他に、主食の米や麦などの穀物を見る**穀物自給率**や、食品の重さそのものを用いて計算した**重量ベース自給率**などがあります。また価格を用いて計算する**生産額ベース食料自給率**は、比較的低カロリーであるものの、健康を維持・増進する上で重要な役割を果たす野菜や果物などの生産活動をより的確に反映するためのものです。

日本の供給熱量食料自給率は、1965（昭和40）年の73%から大きく低下し、2000（平成12）年には40%となり、近年も40%前後で推移しています。農林水産省の「食料需給表（令和元年度）」によると、2019（令和1）年度の供給熱量食料自給率は38%、飼料用を含む重量ベースの穀物自給率は28%となっています。

農林水産省によると、私たちの食卓に並んでいる食材の**約80%**は輸入されたものです。何も輸入せずに国内生産されたものだけを消費する場合、日本は第二次世界大戦の敗戦前後の食料難時代を上回る飢餓状態に陥ると推測されています。

※食料自給率の基本的な考え方は「国内生産量÷国内消費量×100」です。

食料自給率を向上させるために

食料自給率が高かった時代は、米、野菜、大豆、魚をはじめとした伝統的な食材が中心で、それに牛乳、乳製品、油脂、果実、肉などが加わった、品目が豊富で栄養バランスが保たれた健康的なものでした。しかし近年では、食生活が西洋化し、パンや肉を中心としたものになり、国内で生産がまかなえない原材料が多いため、輸入量が高くなっています。その結果、食料自給率を下げることにつながっています。

2030（令和12）年度の目標として、カロリーベース45%、生産額ベース75%をかかげています。

▼日本の品目別食料自給率（2019（令和1）年度）

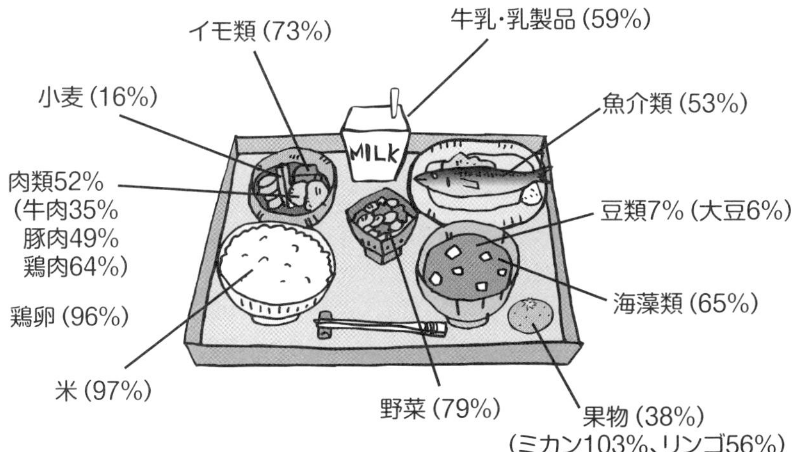

出典：農林水産省「日本の食料自給率」より作成
※品目別食料自給率：重量によって、それぞれの品目別に自給率を算出した食料自給率です。

欧米型の食生活がもたらした変化は、食料自給率の低下だけでなく、**栄養バランスの崩壊**にもつながっています。脂肪の過剰摂取、鉄分やカルシウムの不足などになりやすく、生活習慣病や肥満の要因にもなります。これらの問題解決のためにも、日本の伝統的な食生活を農業・漁業のあり方などとともに、総合的に再認識することが不可欠です。

試験予想チェック!

先進国の中でも、日本の食料自給率は非常に低く問題視されていますので、出題される可能性は今後も高いでしょう。カロリーベース自給率、フードマイレージなどの用語とともに、品目別食料自給率も覚えておきましょう。

Step 2 「食料自給率」の要点チェック

チェック欄
1回目　2回目

□／□ （　**農林水産省**　）が発表している、食料の国内での消費量と国内での生産量との関係を数値化したものを、（　**食料自給率**　）といいます。国内の食料消費が、国内の農業生産でどの程度まかなえているかを示す指標のことです。

□／□ 主食の米や麦などの穀物について、国内の全消費量と国内生産量の関係を数値化したものは、（　**穀物自給率**　）です。

□／□ 日本の供給熱量食料自給率は、1965（昭和 40）年の 73%から大きく（　**低下**　）し、2000（平成 12）年に 40%になって以降横ばいで、食卓に並んでいる食材の約（　**8**　）割が輸入されたものとなっています。

□／□ 欧米型の食生活は、食料自給率の低下だけでなく、（　**脂肪**　）の過剰摂取、鉄分や（　**カルシウム**　）の不足など、（　**栄養バランスの崩壊**　）につながっています。

□／□ 食料自給率を向上させるには、日本の（　**伝統的**　）な食生活を、農業・漁業のあり方などとともに、総合的に再認識する必要があります。

□／□ （　**供給熱量食料自給率**　）は（　**カロリーベース**　）自給率ともいわれ、（　**国産供給熱量**　）÷（　**供給熱量**　）× 100 によって算出されます。

□／□ 食料自給率は、日本では一般的に（　**カロリーベース**　）を用いていますが、食べ物の価格を用いて計算した（　**生産額ベース**　）の食料自給率もあります。

Step 3 演習問題と解説

6-1 家計と経済

例題(1) **次の経済に関する記述で、もっとも不適当なものを選びなさい。**

1. 経済活動が停滞（スタグネーション）して不況になりながらも、物価が持続的に上昇（インフレーション）する状態を、スタグフレーションという
2. 生産の拠点を海外に移してしまうという産業の空洞化問題は、円高が進んだことがその要因である
3. セーフガードは緊急輸入制限措置ともいわれ、ある特定の産品の輸入が急増したことなどにより、国内産業に影響がおよぶとして、緊急措置として輸入の制限や関税率を高くすることである
4. デフレーションは物価が下がるので、社会生活にとっては一見良いように見えるが、物が売れず、不景気となり、失業者が増える懸念がある
5. 輸出企業にとって、円高が進むことは利益が増えることになる

正解 5

例題(1)の解説

2. 「製造業の空洞化」、「雇用の空洞化」ともいわれ、自国で生産するより、他国で作る方が安く物ができるのです。

5. 円高とは円の価値が（ドルに対して）高くなっている状況のことで、日本製品の購入者が減るなどして、輸出してもうけている会社の利益は減ることになります。

試験対策のポイント

円高・円安やデフレ・インフレ問題はよく出題されていますが、いくつかの具体例とともにしっかり覚えておかないと判断がつかなくなるので注意が必要です。緊急輸入制限措置や産業の空洞化というキーワードについても、押さえておきましょう。

例題(2) 暮らしの中の契約の問題について、もっとも不適当なものを選びなさい。

1. 強引な勧誘による販売などで交わされた契約に対して、契約後10日以内であれば、その契約を解除できる、クーリングオフ制度というものがある
2. 自宅に注文もしていない健康食品が届き、中に振り込み用紙が入っていたというような、送りつけ商法というものがある
3. 街頭で「手相を見てあげましょうか」と声をかけ、「先祖が成仏していないのでこのまま放っておくと家族が病気になる」などといって不安にさせ、高額なつぼや印鑑セットなどを契約させる、霊感商法というものがある
4. 商品について「アンケートの協力をしてくれればプレゼントを差し上げます」などといって会場に誘い込み、高額な下着や健康器具などを紹介し、早く買わないと損するという状況・雰囲気にさせしつこく購入をさせる、SF商法というものがある
5. 水道局を装い、水道メーターなどをチェックした後で、蛇口に取り付ける器具などを売りつける、かたり商法というものがある

正解 1

例題(2)の解説

1. 契約解除期間は、訪問販売の場合は契約日から8日以内、マルチ商法であれば20日以内と、契約した内容によっても異なります。

試験対策のポイント

クーリングオフ制度に関する問題は、頻出傾向にあります。どういう場合が適用され、またどういう場合には適用されないかなどについて知っておきましょう。また、悪徳商法についても確認しておいてください。

例題(3) 食品の安全と環境問題に関して、もっとも適当なものを選びなさい。

1. 宇宙開発の際に宇宙食の安全性を確保するために生み出された手法で、どんな空気の状態でも安全に食べられる食品のことを、HACCPという
2. 消費者・市町村・事業者が三者一体となって容器包装廃棄物を削減していくことを義務付けた法律を、PL法という
3. 3Rとは、リサイクル・リセット・リユースの言葉を総称した言葉である
4. 食品安全基本法は、関係者の責任と役割を明らかにするとともに基本的な方針を定め、食品の安全性の確保に関する施策を総合的に推進する法律である
5. デポジットとは、「保証する」という意味を持った、食品製造物の欠陥によって被害が生じた被害者を保護し、製造者などの損害賠償の責任について定めたものである

正解 4

例題(3)の解説

1. HACCPは、宇宙食の安全性を確保するために生み出された手法ですが、原料のすべての工程であらゆる危害の予測をし、常に監視・記録して速やかな対策をしていく食品管理システムのことです。空気の状態のことではありません。
2. PL法ではなく、容器包装リサイクル法です。
3. 正しくは、リサイクル・リユース・リデュースです。
5. デポジットではなく、PL法です。

試験対策のポイント

リサイクルと対象商品の例や、どんな製品に生まれ変わるのか？なども知っておきましょう。また、リサイクルと地球環境の関わりなどに関しても、文中の設問として扱われてきています。食品安全基本法などについても、調べて読んでおきましょう。

例題(4) 食の安全と環境問題について、もっとも不適当なものを選びなさい。

1. 健康増進法は、国民の栄養改善や健康維持・増進と疾病予防を目的とした法律で、受動喫煙防止の内容なども定められている
2. 米トレーサビリティ法は、「米穀等の取引等に係る情報の記録及び産地情報の伝達に関する法律」といい、2010（平成22）年10月に制定された
3. 景品表示法は、商品やサービスの品質、内容、価格などを偽って表示を行うことを厳しく規制するとともに、消費者がより良い商品やサービスを自主的かつ道理的に選べる環境も守っている
4. 包装容器リサイクル法の対象は、ガラス瓶、ペットボトル、スチール缶、アルミ缶、紙パックなどである
5. 循環型社会への取り組みとして、3R、ゼロエミッション、コンポストなど、ゴミ問題を意識した取り組みが行われている

正解 4

例題(4) の解説

4. スチール缶、アルミ缶、紙パックは従来リサイクルが行われていたため、対象から除外されています。

例題(5) 生活とIT社会に関して、もっとも適当なものを選びなさい。

1. eコマースとは、インターネットコマーシャルの略で、ネットワークを利用した宣伝活動のことである
2. eコマースとは、オンラインショッピングなどで起こる個人情報の流出や不正アクセスなどを防止するために作られたセキュリティ技術である
3. デビットカードは、先に現金を支払って、その金額分に達するまで利用できるカードである
4. eコマースは、一般的にB to C (Business to Commerce) という
5. パソコンなどで情報の管理が容易にできるようになり、顧客のニーズに合わせた商品の提供・サービスが細かくできるようになった

正 解 5

例題(5) の解説

1. eコマースは、ネットワークを利用した電子商取引のことです。
2. セキュリティ問題は大きな課題ですが、eコマースはセキュリティ技術のことではなく、電子商取引のことです。
3. これはプリペイドカードの説明です。デビットカードは、現金を持ち合わせていなくても連携した銀行などに預金残高があれば、カードの提示で支払いができるカードのことです。
4. B to Cは、「Business to Consumer」の略です。
5. 年齢や性別、購入傾向などを把握して、販売戦略をたてる売り手が増えています。

試験対策のポイント

個人情報の漏洩が問題になっています。個人情報保護法についても、新聞記事などを読むようにして理解しておいてください。また、パソコンとワントゥワンマーケティングの関係、企業の動向などについても押さえておきましょう。

6-5　食料自給率

例題(6)　農林水産省が発表している、食料の国内での生産量と国内での消費量との関係を数値化したものを何というか、もっとも適当なものを選びなさい。

1. 穀物自給率
2. 景気動向指数
3. 消費者物価指数
4. マネーストック
5. 食料自給率

正 解 5

例題(6)の解説

1. 食料の国内生産量と国内消費量の関係は食料自給率で表しますが、「穀物自給率」は主食の米や麦などの穀物の自給率だけをみるものです。2、3、4は、どれも自給率には関係ない内容です。

! 試験対策のポイント

日本は、外国から大量の食料を輸入しています。日本の食料自給率の低さが問題となっている実情があるため、出題されやすい傾向にあります。ニュースや新聞などでも話題になった際は、気を付けて見ておくようにしましょう。

3ステップで最短合格！
食生活
アドバイザー®検定
3級
テキスト&
模擬問題
[第5版]

直前対策

1

図でまとめて覚える！用語ポイント

食生活アドバイザー検定の試験範囲の内容では、3原則や5大要素など複数の語句でセットにされてまとめられているものが多くみられます。それに着目して、直前対策①では、よくある3つの関連語句、5つの関連語句について試験範囲の中からピックアップ＆図解にして、リズムのように唱えて覚えられるようにまとめました。

繰り返して、セットで暗唱し覚えましょう。

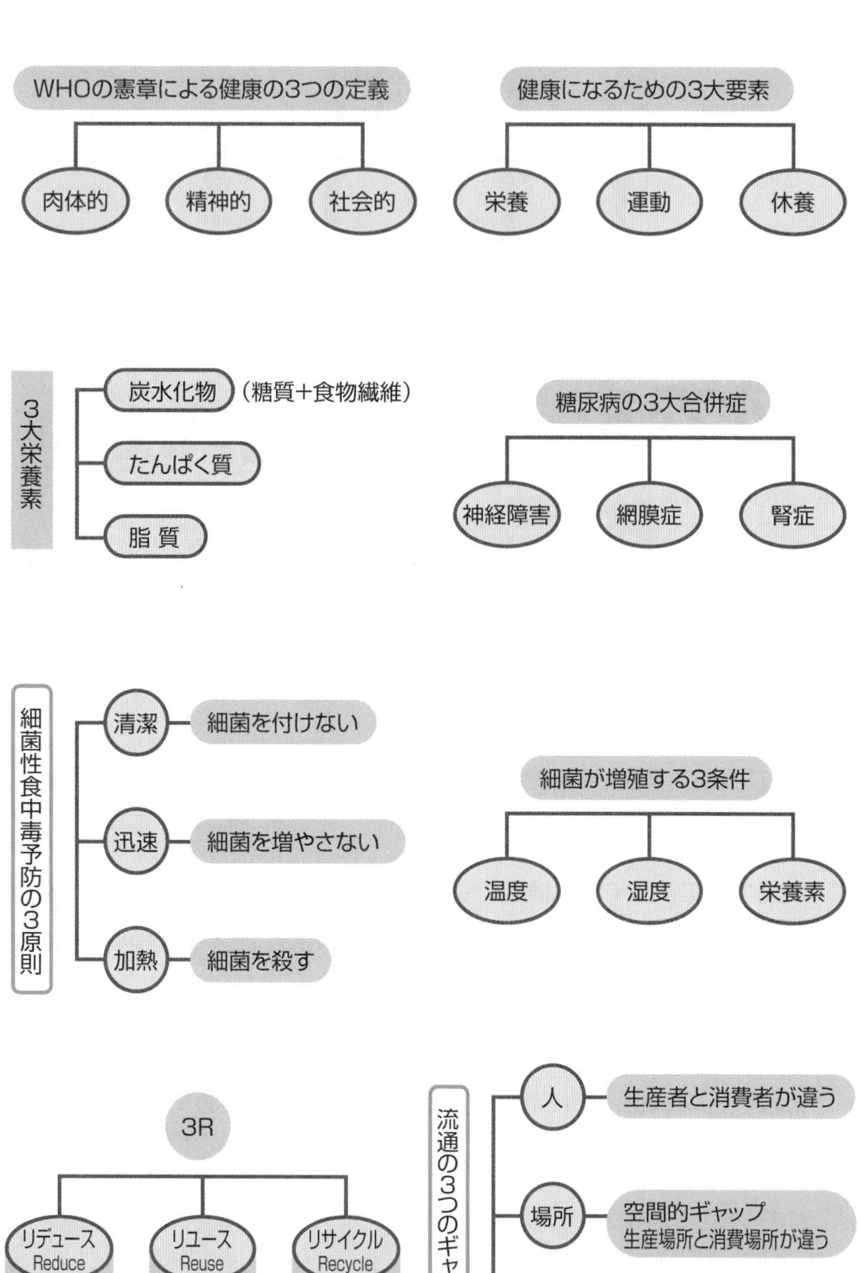
WHOの憲章による健康の3つの定義
肉体的
精神的
社会的
健康になるための3大要素
栄養
運動
休養
3大栄養素
炭水化物
（糖質＋食物繊維）
たんぱく質
脂 質
糖尿病の3大合併症
神経障害
網膜症
腎症
細菌性食中毒予防の3原則
清潔
細菌を付けない
迅速
細菌を増やさない
加熱
細菌を殺す
細菌が増殖する3条件
温度
湿度
栄養素
3R
リデュース
Reduce
減量
リユース
Reuse
再使用
リサイクル
Recycle
再生利用
流通の3つのギャップ
人
生産者と消費者が違う
場所
空間的ギャップ
生産場所と消費場所が違う
時間
生産と消費の時間が違う

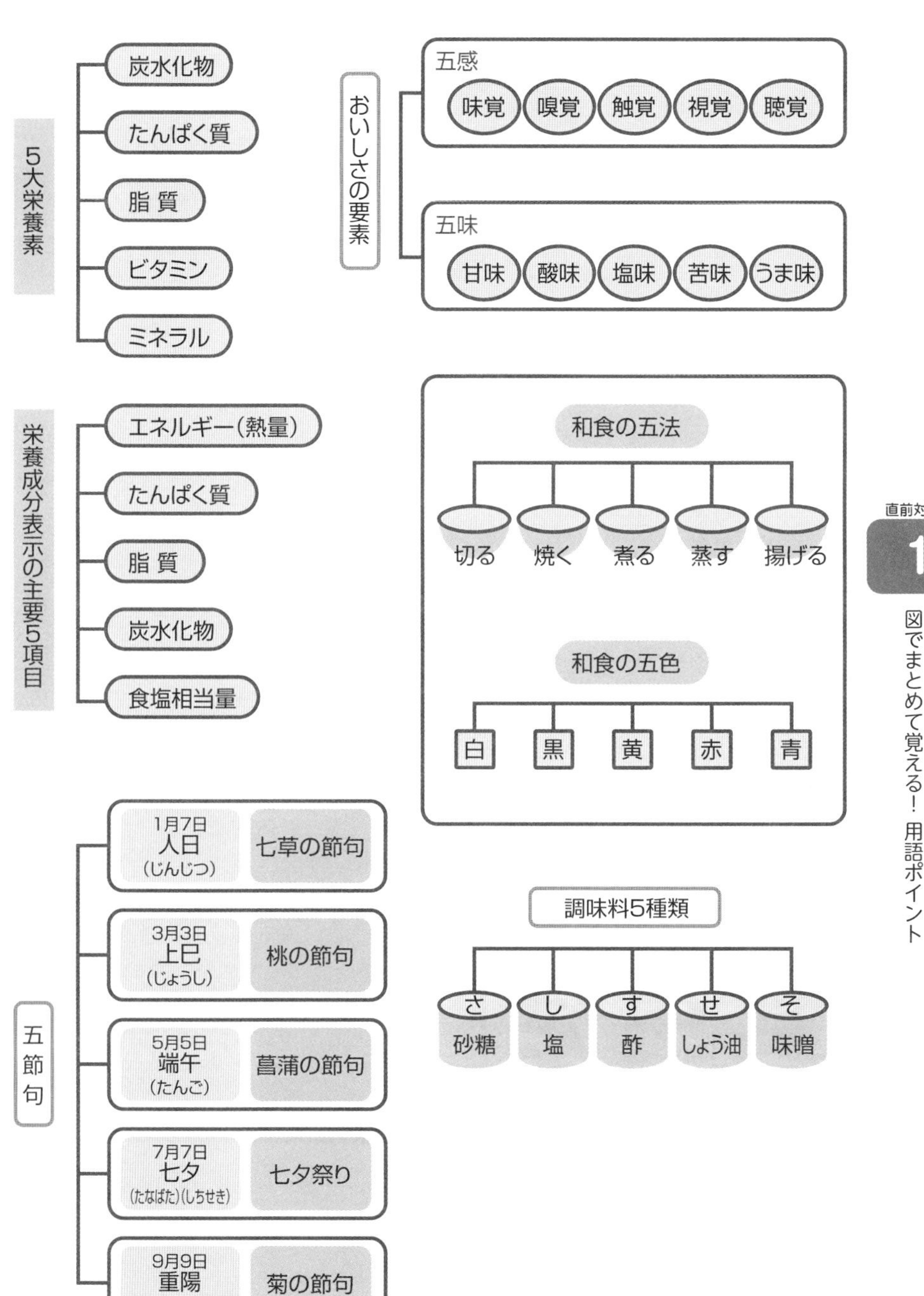
5大栄養素
炭水化物
たんぱく質
脂 質
ビタミン
ミネラル
おいしさの要素
五感
味覚
嗅覚
触覚
視覚
聴覚
五味
甘味
酸味
塩味
苦味
うま味
栄養成分表示の主要5項目
エネルギー(熱量)
たんぱく質
脂 質
炭水化物
食塩相当量
和食の五法
切る
焼く
煮る
蒸す
揚げる
和食の五色
白
黒
黄
赤
青
五節句
1月7日
人日
(じんじつ)
七草の節句
3月3日
上巳
(じょうし)
桃の節句
5月5日
端午
(たんご)
菖蒲の節句
7月7日
七夕
(たなばた)(しちせき)
七夕祭り
9月9日
重陽
(ちょうよう)
菊の節句
調味料5種類
さ
砂糖
し
塩
す
酢
せ
しょう油
そ
味噌

3ステップで最短合格！
食生活
アドバイザー®検定
3級
テキスト&
模擬問題
［第5版］

直前対策

2

対比で覚える！重要用語

ここでは、反対の意味を持つ用語、同じ意味の用語など、対比させて覚えた方が良い用語を全章からピックアップしています。実際の試験問題でも、対比用語がたくさん隠されて出題されているのです。7月、11月の試験において交互に出題されることもあります。

2つをペアで覚えていた方が、試験対策としてはとても有効なのです。重要関連用語としてここに出てくるものは、必ず覚えておくようにしてください。

第1章　ウエルネス上手になろう

栄養	栄養素
生命の維持のため食物を体内へ取り入れ、骨・筋肉・血液を作り発育させるといった状態のこと。	食べ物に含まれている炭水化物、脂質、たんぱく質、ビタミン、ミネラルなどの物質を指す。

栄養学	食生活学
栄養素の働き・健康との関係を客観的に研究する学問。	健康的に活動する状態（ライフスタイル：心と体の両面）について、主観的に研究する学問。

孤食	個食
一人きりの孤独な食事。	家族が揃っていても別時間に食事をしたり、それぞれが異なった食事をとること。

水溶性食物繊維	不溶性食物繊維
水に溶け、水分を抱き込んでゲル化。血中コレステロール値を低下させ、糖質吸収を抑制。	水に溶けず、水分を吸収して膨らむ。便秘の予防・改善。

水溶性ビタミン	脂溶性ビタミン
水に溶けやすく、体内に蓄積されず排出されるため、食事ごとに一定量とる必要がある。	水に溶けにくく、脂に溶けやすい。肝臓に蓄積されるため、とり過ぎると過剰症を起こすものがある。ビタミンA・D・E・K。

基礎代謝量	安静時代謝量
生命維持に最低限必要なエネルギー量。	座った姿勢で安静にしている状態で消費されるエネルギー量。

アネロビクス	エアロビクス
無酸素性運動。主に糖質を消費。運動継続時間：2〜3分	有酸素性運動。主に脂肪を消費。運動継続時間：長時間

積極的休養	消極的休養
軽い運動をしたり、仲間とコミュニケーションをとったりしながら積極的に心身のリフレッシュを図る休養のこと。	睡眠や何もせずに横になるなど、安静な状態での休養のこと。

第２章　もてなし上手になろう

ハレ	ケ
行事やお祝いごとのある特別な日。	日常または通夜や告別式がある日。

上巳	端午
桃の節句（ひな祭り）。白酒、菱餅、草餅、ハマグリのお吸い物、ちらし寿司を食す。	菖蒲の節句（こどもの日）。ちまき、かしわ餅を食す。

春彼岸	秋彼岸
春分の日の前後３日間。彼岸だんご、精進料理、ぼたもちを食す。	秋分の日の前後３日間。彼岸だんご、精進料理、おはぎを食す。

地産地消	身土不二
その土地で生産されたものを、その土地で消費する。	地元の自然に適応した作物を育て、食べることで健康を維持できるという考え方。

ファストフード	スローフード
注文してすぐに提供され、短時間に食される簡単で安価な食品。	その土地の伝統的な食文化や食材を見直す運動、または、その食品自体。

旬の走り	旬の盛り
季節の初めに収穫した野菜・果物・魚介で初物ともいう。希少なため値段は高め。	野菜・果物・魚介類の出回る最盛期（旬）のこと。値段は安くなり栄養価が高い。

促成栽培	抑制栽培
野菜や果物の生育を短くし、出荷する目的で行う栽培方法。	野菜や果物の生育を遅らせて出荷する目的で行う栽培方法。

五感	五味
視覚、嗅覚、触覚、聴覚、味覚。	甘味、酸味、塩味、苦味、うま味。

懐石料理	会席料理
茶会や茶事の席で出す簡素な料理のこと。軽食。	結婚披露宴などで出される宴席の料理。あまり厳格な作法はない。

本膳料理	袱紗料理
日本料理の正式な膳立て。	本膳料理を略式化したもの。

海老で鯛を釣る	濡れ手で粟
わずかな労力や品物で多くの利益を得ること。	苦労せずに多くの利益を得ること。

第３章　買い物上手になろう

動物性食品	植物性食品
肉類、魚介類、乳類、卵類。	野菜類、果実類、豆類、穀類、海藻類。

生鮮食品	加工食品
生野菜や果物、鮮魚、精肉などの加工していない食品。	生鮮食品などを製造、または加工した飲食料品。

消費期限	賞味期限
日持ちしない食品に記載し、年月日で表示される。製造加工後、概ね5日以内が対象。	日持ちする食品に記載するおいしさを保てる期限のことで、年月日または年月で表示。製造加工後、概ね6日以上が対象。

栄養成分表示	アレルギー表示
表示の義務があり、一定のルールがある。消費者が食品を正しく選択するための情報。	特定原材料7品目は、食品容器包装への表示が義務付けられている。

有機農産物	特別栽培農産物
化学農薬、化学肥料および化学土壌改良剤の使用を中止してから3年以上（単年生作物は2年以上）経過して、堆肥などによる土づくりをした農地で栽培された農産物のこと。	農薬・化学肥料の両方を、その地域で一般的に行われている慣行栽培より50%以上減らした農産物のこと。

牛乳	加工乳
牛から絞ったままの生乳100%を原料に、成分無調整で加熱殺菌、均質化などの処理を行ったもの。	生乳に乳製品（脱脂乳・バター・クリームなど）を加えるなどして、成分を調整したもの。濃厚牛乳、低脂肪乳などがある。

動物性自然毒	植物性自然毒
動物の有毒成分。フグ毒：テトロドトキシン　貝毒：テトラミン	植物の有毒成分。トリカブト：アコニチン　ジャガイモの芽：ソラニン

除菌	滅菌
有害微生物を除去すること。ろ過、沈殿などの方法がある。	微生物をほとんど死滅させ、ほぼ無菌状態にすること。高圧蒸気殺菌などの方法がある。

変質	変敗
乾燥や変色、変形などにより外観や内容に変化が生じ、食用に適さなくなること。	油脂が劣化することにより粘性をおびたり、色や味が悪くなり、食用に適さなくなること。

腐敗	発酵
食品中のたんぱく質が微生物（腐敗細菌）により分解され、他の化合物に変化する。微生物の作用をコントロールできないため、食用に適さなくなる。腐った状態のこと。	食品に微生物が作用して、他の化合物に変化する。微生物の作用をコントロールして、有益なものを作り出す。

交配	遺伝子組換え
従来の品種改良。さまざまな品種を掛け合わせて、人工的に遺伝子の組換えを行うこと。	ある農産物から優れた遺伝子を取り出し、他の農作物に取り入れ、目的とする性質を持った農産物に育種すること。

冷凍食品	チルド食品
－18℃以下（日本冷凍食品協会において。食品衛生法は－15℃以下）で保存する食品。	－5～5℃の温度帯で流通する食品。

第５章　生き方上手になろう

業種	業態
取扱商品やサービスの種類による分類（どんな商品を売っているか）。例：八百屋、魚屋、電気屋など	営業形態（どんな売り方をするか）。例：立地・利便性・品揃え・運営・価格設定・接客サービスなど

イニシャルフィ	ロイヤリティ
フランチャイズチェーンにおいて、加盟店が本部に支払う加盟料。	フランチャイズチェーンにおいて、加盟店が本部に支払う経営指導料。

マーチャンダイザー	スーパーバイザー
マーケティング・仕入れ・販売などの権限を持つ商品担当者（計画から販売活動まで）。	仕入れの判断（品揃え、発注、陳列方法、在庫管理、販売員の指導）など、店舗経営全体の指導や支援をする担当者。

ミールソリューション	ホームミールリプレースメント
食の問題に解決策を提案する手法。現在は「食卓を提案する」という新しいスタイルに変化しつつある。	ミールソリューションにおける手法の一つ。「家庭の食事に代わるもの」という意味で、食卓の食事をスーパーマーケットなどが代わりに作って提供する形式。

直接流通	間接流通
生産者が消費者に直接販売する。	生産者と消費者の間に、卸売業者や小売業者が入り販売する。

ロジスティックス	グリーンロジスティックス
適量を生産・効率よく継続的に商品を流すことを目的とした考え方。	環境に配慮した物流。

売れ筋商品	死に筋商品
よく売れている商品。	売れていない商品。棚落ちともいう。

ナショナルブランド	プライベートブランド
全国的な知名度を持つ商品（メーカーの有力商品）略してNBともいう。	企業（卸売業者や小売業者）が独自に企画・生産する商品。略してPBともいう。

消費者物価指数	企業物価指数
消費生活におよぼす影響をみる、暮らしの良し悪しを測る代表的な経済指標。	企業間で取引される卸売段階での商品価格の水準を示す、景気の動向がわかる指標。

インフレーション	デフレーション
物価指数が持続的に上昇していく状態。	物価指数が持続的に下降していく状態。

円高	円安
円の価値が相対的に高くなること。輸入に優位。	円の価値が相対的に安くなること。輸出に優位。

直接税	間接税
税金の負担者と税金を納める人が同一である税金。所得税、住民税、法人税、事業税など。	税金を負担する人と税金を納める人が異なる税金。消費税、酒税、たばこ税、印紙税など。

食品リサイクル法	容器包装リサイクル法
食品廃棄物削減・再利用（飼料・肥料の原材料）のため制定された、食品循環資源の再利用促進に関する法律。	容器包装廃棄物の減量化を図るために制定された、容器包装に係る分別収集・再商品化促進に関する法律。

クレジットカード	デビットカード
商品を先に受け取り、その代金を後で支払うことができる。	支払い代金を直接銀行口座から引き落とす形で利用されるカード。実質的には現金で払っていることと変わらない。

直前対策

3

試験直前
よくでる重要項目
チェックテスト

ここでは、本当によく出題されている用語を含めた、その章の単元ともいえるチェックテストです。最低限できた方がよい問題ばかりです。その設問が適当か不適当かを○×で答えることにより、どの程度、自分が理解しているのかがわかります。答えられなかった場合は必ず、その用語が掲載されている章、ページに戻り、より理解を深めるようにしてください。

第 1 章　ウエルネス上手になろう

□ 1　過剰摂取された糖質は、肝臓や筋肉にグリコーゲンとして蓄えられ、必要に応じて消費されるが、さらに余ると体脂肪として蓄えられる。

□ 2　不溶性食物繊維は血中コレステロール値を低下させ、水溶性食物繊維は便秘予防になる。

□ 3　ビタミン B_1 は豚肉などに多く含まれ、糖質の代謝を促す補酵素として働く。

□ 4　脂溶性ビタミンは、ビタミン A、ビタミン D、ビタミン E、ビタミン C である。

□ 5　ナトリウムは過剰摂取すると、高血圧や心臓病、脳卒中の一因になることがある。

□ 6　カリウムは細胞内液の浸透圧の維持や心臓や筋肉の機能を調整する働きがあり、小魚に多く含まれる。

□ 7　ダイエットは、ゆるやかな摂取エネルギーの減少と消費エネルギーの増加を、同時に行うことが望ましい。

□ 8　糖尿病の食事の注意点は、塩分の使用や食物繊維の摂取を控えめにする。

□ 9　積極的休養は肉体的疲労をやわらげ、消極的休養は精神的疲労をやわらげる。

解答

1. ○　2. ×　水溶性食物繊維と不溶性食物繊維の説明が逆。　3. ○
4. ×　ビタミン C ではなくビタミン K。　5. ○
6. ×　小魚でなく、干し柿や枝豆、納豆に多く含まれる。　7. ○
8. ×　食物繊維は多く摂取する。　9. ×　積極的休養と消極的休養の説明が逆。

第２章　もてなし上手になろう

☐ 1　上巳の節句は七草の節句とも呼ばれ、重陽の節句は菊の節句とも呼ばれる。

☐ 2　米寿は 88 歳のお祝いで、古希は 70 歳のお祝いである。

☐ 3　その土地で生産されたものをその土地で消費することを地産地消といい、土産土法や身土不二の考え方とも結び付く。

☐ 4　深川めしは神奈川県、ほうとうは山梨県の郷土料理である。

☐ 5　スローフード運動は、伝統的な食文化を見直そうとするイタリアで始まった運動である。

☐ 6　本膳料理は、日本料理の正式な膳立てで、一汁三菜という基本献立がある。また略式化したものを、袱紗料理という。

☐ 7　会席料理とは、茶会で出される空腹を一時的にしのぐ程度の簡素な料理である。

☐ 8　日本料理は素材そのものの風味を引き出す味付けと、季節感を大切にし、見た目も重視するといった特徴がある。

☐ 9　料理を引き立たせるための添え物のことを、あしらいという。

☐ 10　どれを食べようかと迷いながら箸をうろつかせることを、そら箸という。

☐ 11　探り箸とは、汁椀などをかき混ぜて中身を探ることである。

解答

1. ×　上巳の節句は、桃の節句（ひな祭り）。　2. ○　3. ○
4. ×　深川めしは東京。　5. ○　6. ○
7. ×　茶会や茶事の席で出されるのは懐石料理。　8. ○　9. ○
10. ×　迷い箸のこと。　11. ○

第３章　買い物上手になろう

□ 1　畜産物の表示は輸入品でも、一般に知られた地名を現産地として表示することが認められている。

□ 2　生鮮食品の表示は、商品そのものに貼り付けるなどして表示しなければならない。

□ 3　冷凍した水産物を解凍して販売するときは、「冷凍」と表示しなければならない。

□ 4　複合原材料とは、２種類以上の原材料からなる原材料のことをいう。

□ 5　特定原材料とは、卵・乳・小麦・エビ・カニ・やまいも・落花生の７品目である。

□ 6　栄養成分表示の主要５項目は、熱量（エネルギー）・たんぱく質・脂質・炭水化物・食塩相当量である。

□ 7　牛乳と表示できるのは、生乳100%を加熱殺菌しただけのものである。

□ 8　生産形態による分類は、生鮮食品３品と加工食品のことである。

□ 9　酸化、中和、加水分解などにより、食品を加工する方法は物理的加工という。

□ 10　食品加工の目的には、保存性を高める、嗜好性を高める、栄養価を高めるなどがある。

解答

1. ×　畜産物の輸入品は原産国名でなければならない。　2. ×　商品に近接した壁やボードなどを利用した食品表示でもよい。　3. ×「解凍」表示が必要。
4. ○　5. ×　やまいもでなく「そば」。　6. ○　7. ○　8. ○
9. ×　化学的加工のこと。　10. ○

第４章　段取り上手になろう

□ 1　動物性自然毒にはフグのテトラミンや、植物性自然毒には毒キノコのアマトキシンなどがある。

□ 2　腸炎ビブリオ菌は、他の細菌と比べて増殖速度が速く、真水や熱に強い菌である。

□ 3　腸管出血性大腸菌は生体内毒素型で、ベロ毒素を産生する。

□ 4　ノロウイルスは夏に多く発生し、二枚貝が原因食品であり、人から人へは感染しない。

□ 5　除菌とは、洗浄・ろ過・沈殿などの物理的方法によって有害微生物を除去することである。

□ 6　滅菌とは、食品や調理器具に付着している微生物をほとんど死滅させ、ほぼ無菌の状態にすることである。

□ 7　微生物が食品の成分を分解して起こる現象のうち、人間に有害な場合は発酵という。

□ 8　遺伝子組換えの表示対象となる農産物は大豆、とうもろこし、ばれいしょ、なたね、綿実、アルファルファ、てん菜、パパイヤの８農産物である。

□ 9　発酵の技術を利用して製造される食品のうち、カビによるものに鰹節（青カビ）、カビと細菌によるものにチーズ（麹カビ・乳酸菌）などがある。

□ 10　キャリーオーバーとは、微量で影響をおよぼさないため、表示を免除される食品添加物のことである。

解答

1. ×　フグはテトロドトキシン。　2. ×　真水や熱に弱い。　3. ○
4. ×　冬に多く、人から人へ感染する。　5. ○　6. ○
7. ×　有害な場合は腐敗。　8. ○
9. ×　チーズが青カビ、鰹節が麹カビ。　10. ○

第５章　生き方上手になろう

☐ 1　スーパーマーケットのサンドイッチやお寿司などは、家庭の食事に代わるものであり、ミールソリューションと呼ばれている。

☐ 2　ワントゥワンマーケティングとは、顧客一人ひとりの要望や状況、それぞれのニーズに合わせて異なったアプローチを行おうというマーケティング・コンセプトをいう。

☐ 3　データ端末を用いて、カードや携帯電話を端末として買い物をしたり、交通機関を利用したりできるサービスを、電子マネーという。

☐ 4　日本的商慣行には、委託販売、抱合わせ販売、一店一帳合制、リベート、オープン価格などがある。

☐ 5　最近では、コスト削減や情報伝達を上手く行うために、流通経路から卸売業者を外す、卸の中抜きの傾向が見られる。

☐ 6　近年、どんな売り方をするかを主眼に置いた営業形態（業態）から、どんな商品を売っているか（業種）へ変化している。

☐ 7　コンビニエンスストアの特徴は、フランチャイズチェーンが多いことや、半径500mを商圏とするなどがある。

☐ 8　環境に配慮した物流のことを、ロジスティックスという。

☐ 9　POSシステムは、受注時に「何を、いくつ、いくらで」受注したかを記録するものです。

解答

1. ×　ホームミールリプレースメント。　2. ○　3. ○
4. ×　オープン価格ではなく、建値制。　5. ○　6. ×　業種から業態へ変化。
7. ○　8. ×　ロジスティックスではなく、グリーンロジスティックス。
9. ×　販売時に「何が、いくつ、いくらで」売れたかを記録。

第6章　やりくり上手になろう

☐ 1　物価が上昇し続ける状態をインフレーションといい、通貨の価値も上がる。

☐ 2　円安は輸出業者に有利となり、貿易摩擦が起こる可能性がある。円高は輸入業者に有利となり、産業が空洞化する可能性がある。

☐ 3　直接税には、所得税、住民税、法人税、相続税、事業税、贈与税などがあり、間接税には、消費税、たばこ税、酒税、揮発油税、印紙税などがある。

☐ 4　マルチ商法の場合は契約書の公布日から8日以内、訪問販売の場合は20日以内であれば、クーリングオフができる。

☐ 5　ネガティブオプションとは、金融機関のwebサイトなどを装い、カードの暗証番号などを入力させ、それを犯罪に悪用するものです。

☐ 6　PL法の対象食品は加工された食品のため、未加工の生鮮食品は対象外である。

☐ 7　健康増進法により、牛肉トレーサビリティ法と米トレーサビリティ法が定義されている。

☐ 8　さまざまな廃棄物を再生利用・他分野で利用するなどして、廃棄物をゼロにしようとする考えを、コンポストという。

☐ 9　牛肉トレーサビリティ法に基づき、個体識別番号は、日本で生まれた牛ならびに国産牛に付ける。

☐ 10　供給熱量食料自給率は、国産供給熱量÷供給熱量×100により算出される。

解答

1. ×　通貨の価値は下がる。　2. ○　3. ○

4. ×　訪問販売が8日、マルチ商法が20日。　5. ×　フィッシング詐欺の説明。

6. ○　7. ×　健康増進法ではなく、食品安全基本法

8. ×　コンポストではなくゼロエミッション。　9. ○　10. ○

3ステップで最短合格！
食生活
アドバイザー®検定
3級
テキスト&
模擬問題
［第5版］

【制限時間】 1時間30分（実際の試験時間も1時間30分です）
・自分で時間を計ってチャレンジしてみましょう。

【問題数】 50問（実際の3級試験問題数と同じです）
・すべて選択問題です（実際の試験では、マークシートへの記入となります）。

【予想模擬問題・配点】 100点満点（1問2点×50問）
・合格ラインは、60点以上が目安です。

合格！のため予想模擬問題

(1) 「ビタミン」に関する記述として、もっとも不適当なものを選びなさい。

1. 妊娠中の女性は葉酸の体内需要が高まるといわれ、妊婦に対しては、葉酸の摂取を心がけるように勧めている
2. ビタミンEは、不足すると脚気や神経障害の欠乏症を引き起こすことがある
3. ナイアシンは血行をよくし、脳神経の働きを助ける特徴がある
4. ビタミンA、ビタミンKのどちらも、脂溶性ビタミンである
5. ビタミンCは精神的なストレスがかかったり、喫煙などで大量に消費されるといわれている

(2) 「ミネラル」に関する記述として、もっとも不適当なものを選びなさい。

1. カリウムは血圧を正常に保つ、筋肉の働きを良くする、腎臓の老廃物の排泄を促進するといった働きがある
2. 加工食品には、食品添加物としてのリンの使用が多く、近年、リンをとり過ぎる傾向にある
3. ミネラルは過剰症を引き起こす心配がないため、サプリメントなどでもどんどん摂取した方が良い
4. ミネラルは無機質で、微量栄養素であるが、体の健康維持をするには必須な栄養素である
5. 食品中のカルシウムや鉄分は、食品によって吸収率が極端に低いものがあり、摂取する際は食材選びや吸収率を高める調理の工夫も必要である

(3) 「消化や吸収」に関する記述として、もっとも適当なものを選びなさい。

1. 食べ物を口に入れて噛み砕くことを咀嚼といい、嚥下運動により食べ物が口から小腸まで送られる

2. 消化には、機械的消化や化学的消化、消化液に含まれる消化酵素の働きにより、食べ物が分解される生物学的消化がある
3. 唾液には、炭水化物を加水分解するための「リパーゼ」という消化酵素が含まれている
4. 胃液には、食物とともに入ってきたウイルスや細菌の増殖を抑制し、殺菌するといった役割がある
5. 栄養素が便となって排出されるまでの時間は、食後約8時間から12時間かかるといわれている

(4)「糖質」に関する記述として、もっとも適当なものを選びなさい。

1. 糖質は魚や肉に多く含まれ、エネルギー源として使われる栄養素である
2. 炭水化物を分類すると、その構成分子の数により、単糖類、二糖類、多糖類に分類される
3. 糖質はとり過ぎると体内に脂肪として蓄えられるが、必要に応じてどんどん使われていくので、肥満につながることはほとんどない
4. 摂取された糖質はブドウ糖が多数結合したグルコースのカタチで肝臓と筋肉に貯蔵される
5. たんぱく質や脂質と比べると、糖質は消化吸収が遅く、すぐにエネルギー源にならない

(5)「生活習慣病」に関する記述として、もっとも不適当なものを選びなさい。

1. 生活習慣病には死の四重奏と呼ばれる肥満症、高血圧症、胆石症、糖尿病などがある
2. 以前は成人病と呼ばれていたが、成人に限らず、小学生や中学生にも発症する例が多くなり、生活習慣病と変更された
3. 食生活の欧米化が進み、動物性脂肪の過剰摂取になりやすく、また食物繊維の摂取不足により、生活習慣病になる人が増えている
4. 生活習慣病の原因には、食事以外に、運動不足や喫煙などの原因もある
5. 生活習慣病をチェックする健康診断、通称メタボ健診というものがある

(6) 次のうち、ミネラルに分類される栄養素として、もっとも不適当なものを選びなさい。

1. ナイアシン
2. マンガン
3. カリウム
4. ヨウ素
5. マグネシウム

(7) 「3大栄養素」に関する記述として、もっとも適当なものを選びなさい。

1. 脂質は1g当たり4kcalのエネルギーを持っている。動物性の油脂類はとり過ぎると肥満や動脈硬化などの原因となるため、注意が必要である
2. 糖質は、一般的にもっとも多く摂取されている栄養素で、全エネルギーの80%弱を糖質から得ているといわれている
3. 脂質には、熱やエネルギーになる他、体の構成成分になったり、体の調子を整えたりする働きがある
4. たんぱく質が不足することにより、免疫力低下、成長障害、精神障害などの症状が出ることがある
5. たんぱく質は1g当たり4kcalのエネルギーを持っており、肉類、魚類、乳製品などの動物性食品にのみ含まれている

(8) 「食物繊維」に関する記述として、もっとも不適当なものを選びなさい。

1. 食物繊維には、水溶性食物繊維と脂溶性食物繊維とがある
2. 食物繊維には、便通をよくしたり、発がん物質をやわらげる働きがあるという
3. あまり多量に食物繊維を摂取すると下痢を引き起こす。体が弱っている時や高齢者に対しての料理では、注意が必要である
4. 食物繊維は人間の消化液では消化されない成分だが、糖質の吸収を遅らせたり、コレステロールの排出を促進したりして、生活習慣病の予防効果で注目されている
5. 食物繊維を多く含む食品には、ごぼう、きのこ、こんにゃく、海藻類などがある

(9) 代謝やダイエットに関する記述として、もっとも適当なものを選びなさい。

1. 基礎代謝量は一般に冬より夏の方が高く、男性と女性では、男性の方が高い
2. リバウンドにならないようにするためには、誰もが、1日の総カロリーが500kcal前後になるような食事制限を長期間にわたって検討する必要がある
3. 椅子に座るといった、一定の姿勢を保つための必要なエネルギー消費量のことを、基礎代謝量という
4. 有酸素性運動では、代謝を活発にし糖質を消費し、体脂肪率を改善するのに役立ち、無酸素性運動では、脂肪を減らして筋肉量を増やし、基礎代謝の向上につながる
5. 睡眠中は、起きているときよりも基礎代謝量がさらに下がり、食事をすると特異動的作用により、熱量生産が高まるため代謝が活発になる

(10) 旬や旬の食材に関する記述として、もっとも不適当なものを選びなさい。

1. 時知らずとは、一年中どの季節でも食べることができて旬を感じさせない食材で、無季ともいわれる
2. 旬の名残とは、旬の最盛期を過ぎた時季のことである
3. 旬の走りとは、初物と同じ意味で、味や栄養価はまだ未熟な状態なため、縁起が悪いと敬遠されている
4. トマトやきゅうり、また魚介類ではうなぎやアジは、夏が旬の食材といわれている
5. 大根やネギ、また魚介類ではタラやブリは、冬が旬の食材といわれている

(11) 「料理の目的」に関する記述として、もっとも不適当なものを選びなさい。

1. うまみを付けて味を整えたり、色や形といった外観の見栄えをよくして、食品をおいしく食べられるようにする
2. 食材の無駄を少なくすることで、経済的な面に寄与するだけでなく、効率性によって時間の有効利用を可能とする

3. 栄養性を向上させ、消化吸収をよくする。ビタミンやミネラルのように、調理方法によっては栄養素が破壊・流出してしまうものもあり、そのようなマイナス面をカバーする
4. 生まれ育った土地の郷土料理や、それぞれの家に伝わる家庭の味を守るといった食文化の継承も、調理の目的の一つといえる
5. 食品に含まれる有害な部分を除いたり、殺菌のために加熱したり、硬い食品を煮てやわらかくしたりする

(12) 「懐石料理」の説明として、もっとも適当なものを選びなさい。

1. 室町時代の武家や貴族の間の伝統的な饗応料理のこと
2. 仏教の教えからきた料理のことで、一般的には動物性の食品を使用していない料理のこと
3. 茶事を催すとき、茶をふるまう前に供する食事のこと
4. 別名、割烹料理とも呼ばれ、刺身を中心とした代表的な日本料理のこと
5. 酒を楽しむための料理で、多くは最後にごはんとみそ汁、香の物が出される

(13) 羊羹を数えるときに使用する漢字として、もっとも適当なものを選びなさい。

1. 柵
2. 杯
3. 棹
4. 丁
5. 帖

(14) 「箸を２本揃えてスプーンのようにすくう」という箸使いのタブーを表す言葉として、もっとも適当なものを選びなさい。

1. 込み箸
2. 横箸
3. 探り箸
4. 握り箸
5. 寄せ箸

(15)「お祝いの行事」に関する記述として、もっとも不適当なものを選びなさい。

1. 「帯祝」とは、懐妊の報告とともに、妊婦が腹帯を巻き、安産を祈願する儀式である
2. 「お七夜」とは、生後7日目に命名するという習わしの儀式で、赤飯や鯛でお祝いする
3. 「初宮参り」とは、生後30日くらいに、産土神に参拝し、出産報告と子どもの健やかな成長を祈願する儀式である
4. 「お食い初め」とは、生後120日目の子どもに料理を作って、初めて食べさせる(実際には、真似ごと)儀式である
5. 「十三参り」とは、生後13日目に、生まれてきた子どもに災いが起きないようにと祈願するために参拝する儀式である

(16) 次の「食事のおいしさの要因」に関する組み合わせとして、もっとも不適当なものを選びなさい。

1. 人工的な環境要因 —— 部屋、照明
2. 社会的な要因 —— 宗教、食文化
3. 心理的な要因 —— 喜怒哀楽、不安
4. 生理的な要因 —— テクスチャー、外観
5. 化学的な要因 —— 味、香り

(17)「中国料理」に関する記述として、もっとも不適当なものを選びなさい。

1. 円卓での席次は、入り口から一番遠いところが上座で、出入り口に一番近いところが下座となる
2. 料理は大皿から取り分ける形式で、ゲストや目上の人から自分の分は自分で取り分けるのが一般的である
3. 一つの取り皿に一つの料理を取り、皿を持たずに食べるのがマナーである
4. 広大な土地と長い歴史の中で、さまざまな気候風土、習慣といった背景から、形式にとらわれない合理的な調理が多い
5. 食材の持つ特徴を活かし、季節感や色彩、見た目の美しさなどを重視した調理法を取り入れている

(18) 次のうち、生鮮食品扱いになるものとして、もっとも適当なものを選びなさい。

1. うなぎの蒲焼き
2. アジのたたき
3. カツオのたたき
4. 牛と豚の合い挽き肉
5. 衣を付けたエビフライ（揚げる前）

(19) 水産物の食品表示に関する記述として、もっとも不適当なものを選びなさい。

1. マグロ単品の刺身につまが添えられている場合でも生鮮食品としてみなされ、マグロについてのみは、名称と原産地表示が必要である
2. 原産地は水域名でも、水産物を水揚げした港名または水揚げした港が属する都道府県名の、どちらの表示でも構わない
3. アサリなどの貝類の場合、砂抜きした場所を原産地にしてはならない。輸入物であれば原産国を表示する
4. カキフライなどのように水産物を加工したものを店内で作り、店頭販売する場合は原産地の表示の必要はない
5. 国産品・輸入品とも、養殖されたものは「養殖」と表示しなければならない

(20) 次の記述のうち、もっとも不適当なものを選びなさい。

1. 畜産物の輸入品の食品表示において、US、オージービーフなどという表示は認められていない
2. 飲食店が料理の注文を受けて、配達した場合には食品表示は必要ない
3. 加工食品の表示は、同じ場所に一括表示しなければならず、期限表示のみを「別途表面に記載」などと表示する方法は本来、認められていない
4. 松阪牛・神戸牛など地名を表したブランド名が表示してある場合、国産表示は省略できる
5. 加工食品の表示は、容器包装されているものが表示の対象となる

(21) 食品加工の目的に関する言葉の組み合わせとして、もっとも不適当なものを選びなさい。

1. 食品の保存性を高める（利益向上）
2. 食品を食べやすくする（やわらかくする）
3. 食品の栄養価を高める（カルシウム添加）
4. 食品の嗜好性を高める（着色）
5. 食品の安全を確保する（毒などの除外）

(22) 牛乳に関する記述として、もっとも不適当なものを選びなさい。

1. 乳飲料とは、生乳や乳製品以外に、カルシウムや鉄分を強化したり、コーヒーや果汁などを加えたりして加工したものをいう
2. 牛乳とは、搾取したままの生乳を100%使用して加熱殺菌した成分無調整のものである
3. 全粉乳とは、生乳や牛乳などからほとんどすべての乳脂肪分を除去し、粉末状にしたものである
4. 加工乳とは、生乳や牛乳を原料として製造された乳製品、クリーム、バターなどを原料として作られたものである
5. 低温長時間殺菌をした牛乳をパスチャライズといい、ロングライフ牛乳は超高温短時間殺菌した牛乳である

(23) 次の食品のうち食物アレルギーの原因物質となる「特定原材料」として、もっとも適当なものを選びなさい。

1. クルミ
2. 山芋
3. 落花生
4. バナナ
5. 大豆

(24) 次の「栄養成分表示における主要５項目」の組み合わせのうち、もっとも不適当なものを選びなさい。

1. エネルギー、たんぱく質
2. 炭水化物、脂質
3. 脂質、食塩相当量
4. ビタミン、ミネラル
5. たんぱく質、炭水化物

(25) 次の食品のうち、遺伝子組換えの表示が義務付けられていない加工食品として、もっとも適当なものを選びなさい。

1. 納豆
2. ポップコーン
3. 豆乳
4. しょう油
5. 冷凍ばれいしょ

(26) 次の遺伝子組換えに関する記述として、もっとも不適当なものを選びなさい。

1. 有用な遺伝子が見つかったときは、交配技術と異なり、短期間で新種の開発ができるという大きなメリットがある
2. 遺伝子組換え技術は、除草剤に対して枯れにくくする、害虫に食われにくくする、日持ちを良くするなどの目的として開発された
3. 遺伝子組換えにより、農薬使用量の減少が可能なため、環境や資源問題などの解決策につながる
4. 日本で安全性審査の手続きを経た遺伝子組換え農産物は、「じゃがいも、大豆、テンサイ、トウモロコシ、ナタネ、綿実、アルファルファ」の７農産物である
5. 遺伝子組換えの表示が免除される食品には、しょう油、コーン油、ナタネ油などがある

(27) 次の語句とその語句に関連する言葉の組み合わせとして、もっとも不適当なものを選びなさい。

1. 牛肉のトレーサビリティ —— BSE
2. キャリーオーバー —— ADI
3. 遺伝子組換え農産物 —— GMO
4. 食事のマナー —— TPO
5. 国内総生産 —— GDP

(28) 食中毒の予防に関する記述として、もっとも不適当なものを選びなさい。

1. 細菌性食中毒の多発時期は、主に6月から10月で、細菌の最適な環境である高温多湿の時期である
2. 魚介類・肉類用と野菜用などに調理器具を分け、肉類の食材の加工を先に行い、野菜類は最後に切るようにする
3. 食材を冷蔵・冷凍することは、細菌の増殖を抑えるのに効果的である。しかし、細菌が死滅するわけではないので、食べるときには十分な加熱調理が必要である
4. 細菌は水分を好むため、調理器具を濡れたまま放置せずに洗浄した後は速やかに水気をふきとり、湿気の少ない場所に置くようにする
5. 香辛料（わさび・唐辛子など）には殺菌効果があるとされているが、長時間の殺菌作用は望めないため、刺身や弁当を食べるときに、香辛料があるからといって安心しきってはいけない

(29) 次の食中毒菌と関連のある原因食品やその他の特徴との組み合わせとして、もっとも不適当なものを選びなさい。

1. サルモネラ菌 —— 卵 —— 発熱・下痢
2. 腸炎ビブリオ菌 —— 魚介類 —— 真水や加熱に強い
3. 腸管出血性大腸菌 —— 肉類 —— ベロ毒素
4. 黄色ブドウ球菌 —— 食品全般 —— 潜伏期間1〜3時間
5. ボツリヌス菌 —— 瓶詰・缶詰 —— 視覚・言語障害

(30) 次の特徴を持つ食中毒菌はどれか。もっとも適当なものを選びなさい。

・嘔吐型と下痢型がある
・芽胞の形で存在する
・日本で多発し、農作物などを広く汚染する

1. 黄色ブドウ球菌
2. ボツリヌス菌
3. セレウス菌
4. ウエルシュ菌
5. カンピロバクター

(31) ノロウイルスに関する記述として、もっとも適当なものを選びなさい。

1. 農作物に感染していることが多い。食材を室温に長時間放置しないことや、再加熱の際には中心まで十分に加熱をすることが大事である
2. 酸素のあるところでは増殖しないため、ソーセージやハムなど、肉類の缶詰の中で増殖しやすい。缶詰がふくれあがった状態のときは内容物が汚染されている可能性が高いので、食べずに捨てる
3. 動物の肉や卵・卵の殻に感染していることが多い。十分に加熱することや、卵の殻や生肉を触った後はよく手を洗ってから他の食材に触るなど注意が必要である
4. 生牡蠣・ホタテなどの二枚貝に感染していることが多く、冬に多発する。人から人への空気感染もする。食材の加熱調理や、手指の十分な洗浄・消毒を怠らないようにする
5. 前日に大量に調理され、そのまま室温に放冷された食材が汚染されることが多く、集団食中毒などの原因になることが多い。保管する際には小分けにして急速冷却や、飲食前に十分に加熱することが予防につながる

(32) 微生物の作用により人間にとって有用な食品が作られていますが、その微生物と食品との組み合わせで、もっとも不適当なものを選びなさい。

1. パン(酵母)
2. 清酒(細菌)

3. ビール（酵母）
4. ヨーグルト（細菌）
5. 納豆（細菌）

(33) 食中毒の予防として、もっとも不適当なものを選びなさい。

1. 料理を保存する際は、熱い料理をすぐに冷蔵庫に入れるようにする
2. 手指、食品、食器、調理器具などの汚れや有害物質を、水や洗剤で取り除く
3. 購入した食品は、持ち帰るときも、冷蔵庫に保存するときも、肉や魚などのドリップや水分がもれないように、ビニール袋などにそれぞれ分けるようにする
4. 食品を腐敗させたり、変敗させたりしないような技術として、「塩蔵法」という保存方法があり、「立て塩」や「撒塩法」などがある
5. 冷蔵庫の温度調節に気を付けて使う。冷蔵は10℃以下、冷凍は–15℃以下になるようにする

(34) 食中毒防止のための3原則とは何か、もっとも適当なものを選びなさい。

1. 殺菌・迅速・冷凍
2. 洗浄・加熱・乾燥
3. 躾・清掃・消毒
4. 清潔・迅速・加熱
5. 整理・整頓・躾

(35) 食品の変敗が食品に適さなくなる理由として、もっとも適当なものを選びなさい。

1. 食品中のたんぱく質が、微生物の酵素作用により分解されるため
2. 食品の長時間の放置により、乾燥、変色、変形、異臭がするため
3. 食品中の有機化合物が微生物の作用により分解し、他の化合物になるため
4. 油脂が劣化することで粘性をおび、色や味が悪くなるため
5. 空気中の酸素や太陽光線などの作用で酸化されるため

(36) ミールソリューション（MS）に関する記述で、もっとも不適当なものを選びなさい。

1. もともとは、アメリカのスーパーマーケット業界が、外食産業から顧客を取り戻すために提唱したマーケティングの手法である
2. 食事のさまざまな問題点について、解決策を提供していこうというものである
3. 家庭の食事に代わるHMRと呼ばれるものは、ミールソリューションの手法の一つである
4. MSにはさまざまなものがあり、デパチカ、エキナカなどが各地で広がっている
5. 食肉料理の安全性を考えて、食中毒やその他の事故を防ぐために、その予防策や解決策を提供していくものである

(37) 次の言葉の意味のうち、もっとも不適当なものを選びなさい。

1. 医食同源とは、中国のことわざで、食事は医療と同じくらい大切という意味である
2. 偏食とは、好きなものだけを食べて、嫌いなものは食べずに残してしまう状況のことである
3. 個食とは、家族と一緒に食事をせずに、たった一人で食べることである
4. 青菜に塩とは、元気がなく、しょげていることのたとえである
5. 濡れ手で粟とは、苦労せずに多くの利益を得ることのたとえである

(38) 販売形態とその特徴についての記述として、もっとも不適当なものを選びなさい。

1. パワーセンターとは、スーパーマーケット、専門店、ディスカウントストアなど複数の業種・業態の小売店が同一敷地内にある、郊外型の小売店のことである
2. ディスカウントストアとは、メーカーや卸売業者、小売業者が自社製品の在庫を処分するための小売店のことである
3. カテゴリーキラーとは、ある特定の分野を扱い、スーパーマーケット、百貨店など他の業態の同じ分野の売り場を閉鎖させるほどの勢力を持った小売店のことである

4. ホールセールクラブとは、卸売（ホールセール）だけでなく、小売、法人、個人を問わない会員制の大量安売り販売店のことである
5. ハイパーマーケットとは、食品にウエイトを置きつつ、雑貨、衣料、住関連用品など生活に必要な商品をすべて網羅する豊富な品揃えと価格訴求力を持つ巨大なスーパーマーケットのことである

(39) POSシステムについての記述として、もっとも不適当なものを選びなさい。

1. POSシステムとはPoint Online Systemの略である
2. これによりその商品が「売れるか・売れないか」が、よりシビアにメーカーの商品開発に反映されるようになった
3. POSシステムとはスーパーやコンビニなどのレジカウンターで、商品に印刷されたバーコードを機械で読み取り、精算するシステムのことである
4. 「何が、いつ、どれだけ売れたか」ということの他に、購入者の性別や年齢層まで記録することができる
5. 販売店ではPOSシステムのデータを元に、在庫の管理データや、商品をメーカーや問屋に注文するための発注データが、簡単に作れるようになった

(40) コンビニエンスストアに関する内容について、もっとも不適当なものを選びなさい。

1. スーパーバイザーという販売する商品の仕入れの判断を行う担当が、各店舗を巡回し、品揃え、発注、陳列方法、在庫管理、販売員の指導など、店舗経営全体の指導や支援を行う
2. 食用品や日用雑貨など、3,000品目を取り扱い、近年は生鮮食品も充実している
3. 目玉商品、季節商品、催事商品などは、島陳列（アイランド陳列）といった、店舗内の通路の中央部分（島）に平台などを使って陳列する
4. コンビニエンスストアで売られているお総菜やお弁当は、外部の人手によって調理されたものだが、自宅やオフィスなどに持ち帰り食べることから「内食」と呼ばれている
5. 購買者が来店する可能性のある距離は、半径500mである

(41) 日本独特の商慣行の一つである「リベート」の説明として、もっとも適当なものを選びなさい。

1. メーカーから卸売業者に対して、取引価格とは別に販売高や契約率を基準に支払われる謝礼金のことで、「割戻し金」ともいう
2. 小売店が商品を売り切るまでは、卸売業者やメーカーに対して代金を支払わないという販売方法
3. 小売業者が卸売業者やメーカーに対して、イベント料、宣伝費などとして要求するお金のこと
4. メーカーが商品の販売価格を決め、その価格に基づいて、卸売業者や小売業者の仕入れ価格を決める制度のこと
5. 商品が販売元の企業へ戻される行為のことで、食品業界では、スーパーマーケットなどが賞味期限の切れそうな商品などを卸売業者へ返品している

(42)「物流システム」には次のようなシステムがありますが、説明としてもっとも不適当なものを選びなさい。

1. 顧客サービスを中心として、在庫計画、仕入れ、調達、輸配送、物流センターをトータルに考え、全体を情報システムでコントロールし、物流を効果的・総合的に行うシステムがある
2. 自社だけでなく、仕入れ先・取引先も含め、原材料の調達から生産・流通へと、商品が最終的に顧客または消費者に至るまでの「供給連鎖」(サプライチェーン) 全体をコントロールしていき、コスト改善を図り利益配分を実現化していくシステムがある
3. 静脈物流といわれる物流は、CO_2排出量や渋滞問題などの環境に配慮した上で、原材料の調達、輸配送、廃棄・リサイクルまでをトータルに考えていくシステムである
4. ジャストインタイム物流は、日本の家電メーカーの生産方式を物流に応用したもので、「欲しいものを、欲しいときに、欲しい数だけ納品する」という仕組みである
5. 生産と販売を結ぶシステムで、保管・荷役・包装・輸配送といったモノの流れが対象となり、共同配送、窓口問屋制、クイックレスポンスなどといったシステムがある

(43) 次の用語の説明において、もっとも不適当なものを選びなさい。

1. 特定の食品や栄養素について、健康への有用性を過大に評価することをフードファディズムという
2. スローフード運動とは、イタリアで始まった食にまつわる文化をもっと大切にしようという運動である
3. ワントゥワンマーケティングとは、ある一つの集団へビジネスターゲットを合わせたマーケティングのことである
4. フードマイレージとは、食品が輸入されてから、消費者の口に入るまでの距離を数値化することである
5. 値ごろ感とは、購入しようと思っている商品の価格に対して、この値段であれば購入しても良いと感じることである

(44) 経済状況に関連する言葉の組み合わせとして、もっとも適当なものを選びなさい。

1．円高 － 円の価値が下がる － 産業の空洞化
2．円安 － 円の価値が上がる － 貿易摩擦
3．円安 － 輸出業者が有利 － 1ドル=100から110円になる
4．緊急輸入制限措置 － GMO － セーフガード
5．インフレ － 物価上昇 － お金の価値が上がる

(45) 次の言葉のうち間接税ではないものとして、もっとも適当なものを選びなさい。

1. 酒税
2. たばこ税
3. 消費税
4. 相続税
5. 印紙税

(46) 食の安全に関する事項について、もっとも不適当なものを選びなさい。

1. 安全性などが問題視されてきたため、遺伝子組換え農産物を食品として利用する場合は、その表示が義務付けられている
2. 食品添加物の1日摂取許容量をADIといい、生涯にわたってとり続けても健康に問題ない量とされている
3. ダイオキシン類は、水に溶けやすく、脂肪に溶けにくい性質を持つため、魚介類や動物の脂肪組織に蓄積される
4. 農薬が人体に影響があるほど大量に農作物に残ったまま流通するのを防ぐため、食品衛生法により残留農薬基準が定められている
5. 高病原性鳥インフルエンザ（H5N1）やA型豚インフルエンザ（H1N1）など、近年は新たなインフルエンザの人から人への感染が確認されている

(47) 循環型社会の取り組みに関する記述として、もっとも不適当なものを選びなさい。

1. リサイクル法の対象製品は、ガラスびん、PETボトル、アルミ缶、紙パックなどである
2. 環境を改善するための方法で、できるだけ廃棄物を出さないようにしていく考えとして、リサイクル、リユース、リデュースという「3R」という取り組みがある
3. 製品の販売価格にデポジット（預託金）を上乗せし、製品が適切に返却された場合に預託金を払い戻す制度で、消費者自身が返却を進んで実行するようになるだけでなく、環境中に放置された廃棄物の収集を促す効果がある
4. リサイクルは石油や石炭などの天然資源の浪費を抑えることができる
5. ゴミ問題を解決するためには、ゴミを出さない、ゴミを再利用する、再利用できないゴミはきちんと処分するということが大事である

(48) 次のうち、「米トレーサビリティ法」の対象となる食品の組み合わせとして、もっとも不適当なものを選びなさい。

1. 米飯・餅
2. みりん・味噌

3. 玄米・精米
4. 清酒・米菓
5. せんべい・だんご

(49) 次の記述のうち、もっとも不適当なものを選びなさい。

1. 日本の自給率は世界的にみて高い水準にある
2. 食料自給率とは、食料の国内での生産量と国内での消費量との関係を数値化したものである
3. 一般的に食料自給率といった場合、カロリーベース自給率のことを指し、主食の米や麦などの穀物を見るものには、穀物自給率がある
4. 日本の食料自給率でもっとも低いのは、米、肉類、小麦、魚介類の中で、小麦が一番低い
5. 農林水産省によると、現在、日本の食卓に出される食品の約8割は、輸入されたものであるといわれている

(50) 次の記述において、もっとも不適当なものを選びなさい。

1. 食品事業者は、飲食物に限らず、容器包装・添加物・調理器具・残留農薬、すべての安全性を確保しなければならず、衛生上の危害の防止に努めなければならない
2. 宇宙食の安全性を確保するために構想された手法で、原料の入荷から出荷まで、あらゆる危害の予測をし、異常が発生した場合には速やかに対策・解決ができるよう常に監視・記録されるシステムがある
3. 製造物の欠陥により、人の命や身体・財産などに被害が生じた場合に、過失が認められた製造者・販売者は責任を負わなければならない法律がある
4. 牛肉には、生産・加工・販売までの流通履歴を10桁の個体識別番号をもとにインターネットなどで検索できるシステムがある
5. 「血圧や血中のコレステロールを正常に保つ」など、特定の効能が科学的根拠に基づき証明されていると国が認めた加工食品のことを、特別用途食品という

予想模擬問題　解答と解説

(1) 正解 2

問題解説

1. 妊娠初期に葉酸が不足すると、神経系の障害を持つ子どもが生まれるリスクが高まるといわれています。
2. 脚気や神経障害はビタミン B_1 の欠乏症です。ビタミン E の主な欠乏症は溶血性貧血です。
3. ナイアシンは水溶性ビタミンで、不足すると皮膚炎を引き起こしやすくなります。
4. 脂溶性ビタミンは、ビタミン A、ビタミン K の他にビタミン D、ビタミン E の 4 種類です。

(2) 正解 3

問題解説

1. カリウムは干し柿、インゲン、枝豆などに含まれています。
3. 銅、ヨウ素など、過剰症を引き起こすものがありますので注意が必要です。
5. p49 の栄養素の吸収率を参照してください。

(3) 正解 4

問題解説

1. 嚥下（えんげ）運動の他に、蠕動（ぜんどう）運動があります。
2. 消化酵素の働きによる消化は、化学的消化です。
3. 唾液にはアミラーゼという消化酵素が含まれます。
5. 便になって排泄されるのは、食後 24 ～ 72 時間（1 ～ 3 日）後です。

(4) 正解 2

問題解説

1. 糖質は穀類やいも類などに多く含まれます。
2. 糖質は、単糖類、二糖類、少糖類、多糖類に分類できます。3 級での取り扱いはありませんが、過去に出題されたことがあるため知っておきましょう。
3. 糖質のとり過ぎは肥満につながっていきます。
4. グルコースはブドウ糖のことで、貯蔵される物質はグリコーゲンです。
5. 糖質は脂質やたんぱく質に比べると消化吸収が早く、すぐにエネルギー源になります。

(5) 正解 1

問題解説

1. 死の四重奏とは肥満症、高血圧症、脂質異常症、糖尿病です。

(6) 正解 1

問題解説

1. ナイアシンは水溶性ビタミンです。

(7) 正解 4

問題解説

1. 脂質は 1g 当たり 9kcal のエネルギーを持っています。
2. 糖質の摂取量は全エネルギーの 60%弱といわれています。
3. 脂質には体の調子を整える働きはありません。
5. 大豆や大豆の加工品といった植物性食品にも、良質のたんぱく質が含まれています。

(8) 正解 1

問題解説

食物繊維には水に溶ける水溶性食物繊維と、水に溶けない不溶性食物繊維とがあります。

(9) 正解 5

問題解説

1. 夏より冬の方が、基礎代謝量は高くなります。
2. 1日の総カロリーを極端に減らすと、他のビタミン、ミネラルなどの栄養素が充分に摂取できず、危険な状態になりかねません。
3. 基礎代謝量の説明ではなく、安静時代謝量の説明です。
4. 有酸素性運動で脂肪が消費され、無酸素性運動で糖質が消費されます。

(10) 正解 3

問題解説

3. 昔から、初物は縁起が良いといわれてきました。

(11) 正解 2

問題解説

1. 食材をおいしくするという調理の目的です。
2. 経済的な価値を付加することは、調理の目的には合っていません。
3. 消化・吸収率をよくして、栄養価を高めることも調理の目的です。
4. 食文化の継承は調理の目的として大切にしたいことです。
5. 食材を、飲食物として衛生上安全なものにすることも調理の目的です。

(12) 正解 3

問題解説

1. 「本膳料理」のことです。日本料理の正式な膳立てで、配膳やそれぞれの料理の呼び方などに定めがあります。1人前の料理をいくつもの膳にのせて一度に出す室町時代に整えられた形式で、日本の正式な饗応料理といわれています。

2. 「精進料理」のことです。仏教の思想を基本とした料理で、動物性の材料を使わず、植物性の材料を使います。だしは昆布やしいたけなどからとり、たんぱく質も野菜や豆腐、湯葉などからとります。また、ニラやネギなどの香りが強い野菜や香辛料もあまり用いません。

3. 「懐石料理」をいただくことで、茶会や茶の湯の茶事の前に軽食で小腹を満たします。濃茶は、空腹時に飲むと刺激が強過ぎることから、濃茶を楽しむために出されるようになった料理だといわれています。懐石料理では、旬の食材を使い、食材の持ち味を活かして季節感を出すのが基本です。

4. 「割烹」とは、包丁で材料を割くという意味の「割」と、火で煮るという意味の「烹」を合わせてできた言葉で、食物を調理することをいいます。今日では、日本料理そのものを指して、割烹料理ということもあります。

5. 「会席料理」と懐石料理は読み方は同じでも、まったく別物です。大きな違いの一つに、ごはんの出方があります。会席料理は酒宴の料理であるため、最後にごはんが出されますが、一方、懐石料理では最初にごはんが出てきます。

(13) 正解 3

問題解説

1. マグロなどの魚を刺身用などにさばいて、長方形に切った切り身を呼ぶときに使う単位です。

2. 液体や粉状のものを器に満たした量を数えるときに使います。例えば、小さじ1杯など。また、烏賊や蛸を数えるときにも使います。

3. 筆筒などを数えるときに使う単位ですが、羊羹などの棹物菓子を数えるときにも使われます。

4. 豆腐を数えるときに使う単位です。

5. 紙・海苔などの一定の枚数を、ひとまとめにして数える単位です。海苔10枚に対して1帖と数えます。

(14) 正解 2

問題解説

1. 箸で口に食べ物を押し込むことです。
3. 汁椀などをかき混ぜて中身を探ることです。
4. 手で箸を握って持つことです。
5. 箸で器を引き寄せることです。

(15) 正解 5

問題解説

1. 妊娠 5 ヶ月目に、胎児を守るためと妊婦の動きを助けるために、妊婦が腹帯を着け、無事に出産できることを祈ります。
2. 生後 7 日目の名付け祝いです。
3. 子どもが生まれて、初めて産土の神に参拝することです。赤飯・紅白餅・鰹節を食べて子どもの健やかな成長を祈ります。
4. 子どもが一生食べ物に困らないようにと願い行われる儀式です。
5. 「十三参り」とは､生まれた年の干支が初めて巡ってくる年（数え年で十三歳）に、立派な大人になれるようにと祈願する行事です。

(16) 正解 4

問題解説

4. 生理的な要因とは、空腹度や健康状態などの要因です。テクスチャー、外観は、物理的な要因です。

(17) 正解 5

問題解説

1. 入り口からもっとも遠いところが上座になり、主賓が座ります。入り口にもっとも近いところが下座で、招待主が座ります。

2. 中国料理は大皿に盛り、各自で取り分けます。円卓は時計回りに回し、着席したまま取るのがマナーです。他の人が取っていないか、食器がぶつからないか確認してから回します。

3. 日本料理では器を持っていただくのがマナーですが、中国料理は基本的に取るときも、食べるときも、取り皿は置いたままで、左手は器に添える程度にします。スープやチャーハンなどはレンゲを使います。

4. 中国料理は海外の料理や食材を積極的に取り入れて、発展させていくため料理の種類も非常に多く、合理的な調理が多いのが特徴です。

5. 日本料理の特徴です。日本は新鮮なものを生でいただいたり、旬の食材を使い、シンプルな調理法で素材の味を活かします。器にもこだわり、料理をより引き立てる盛り付けで繊細さを持っています。

(18) 正解 2

問題解説

2. アジのたたきは、生鮮食品扱いになり、カツオのたたきは火で炙っているため加工食品扱いとなります。

(19) 正解 2

問題解説

2. 原産地を特定することが難しく、水域名も特定困難な場合に限り、水揚げした港名、または、水揚げした港が属する都道府県名での表示が可能となります。

5. 他に、冷凍ものを解凍して販売する場合は「解凍」表示が必要です。

(20) 正解 3

問題解説

賞味期限などの表示が、別の場所に表示されても問題はありません。

(21) 正解 1

問題解説

2、3、4、5 は食品本来の消費者側にとっての加工目的ですが、1 は販売側の営利目的です。

(22) 正解 3

問題解説

3. 全粉乳とは、生乳や牛乳などからほとんどすべての水分を除去し、粉末状にしたものです。

(23) 正解 3

問題解説

特定原材料は小麦・落花生・そば・卵・乳・エビ・カニです。
今回は、植物性の食品群からの出題でした。特定原材料 7 つを、植物性と動物性に分けて覚えておくと良いでしょう。

(24) 正解 4

問題解説

4. ビタミン、ミネラルという項目はなく、ビタミン C やカルシウムを表示する場合は、5 項目の表示の次に表示することができます。

(25) 正解 4

問題解説

しょう油は製造過程で、組換え遺伝子およびたんぱく質が分解されているだろうと思われる食品のため表示の義務はありません。他には、ナタネ油、コーン油などもそうです。

(26) 正解 4

問題解説

1. 交配と遺伝子組換え技術の相違が問われる問題が出題されていますので、押さえておきましょう。
4. パパイヤが 2011（平成 23）年 12 月から追加され、8 農産物になりました。
5. これらの食品は、組換えられた遺伝子などが加工後に検出されないため、非遺伝子組換え扱いになっています。

(27) 正解 2

問題解説

2. ADI は、食品添加物の 1 日摂取許容量のことです。
4. TPO とは、Time（時）、Place（場所）、Occasion（場合）のことです。

(28) 正解 2

問題解説

調理器具を分けることは大事ですが、先に加工するのは肉類ではなく野菜類です。ただ、調理順に気を付けたからといって安心してはいけません。野菜類にも細菌は付着している可能性はありますので、十分な洗浄をし、水気をふきとり、室温に放置せず早めに食べるようにしましょう。

(29) 正解 2

問題解説

2. 腸炎ビブリオ菌は真水や加熱に弱いため、しっかり真水で洗ったり、加熱したりすることで食中毒を予防できます。

(30) 正解 3

問題解説

3. 嘔吐型と下痢型があり、芽胞の形で存在するという特徴があるのがセレウス菌です。

(31) 正解 4

問題解説

1. セレウス菌に関する説明です。
2. ボツリヌス菌に関する説明です。
3. サルモネラ菌に関する説明です。
4. 夏場に多い食中毒に対して、ノロウイルスは冬に発生することがほとんどです。油断しがちな時期の食中毒の予防を怠らないように常に注意していき、発症を防ぐように食材に触れるものの消毒や食材の加熱に気を配るようにしましょう。
5. ウエルシュ菌に関する説明です。

(32) 正解 2

問題解説

2. 清酒は清酒酵母とコウジカビから作られます。

1. パン酵母、3. ビール酵母、4. 乳酸菌、5. 納豆菌から、それぞれの食品が作られます。

(33) 正解 1

問題解説

冷蔵庫に入れることは大事ですが、熱い料理を冷まさずに入れると冷蔵庫内の温度が上がり、他の食品に影響が出ますので、あら熱を取ってから入れるようにしましょう。

(34) 正解 4

問題解説

食中毒予防の３原則は、清潔（細菌を付けない)、迅速（細菌を増やさない)、加熱（細菌を殺す）です。

(35) 正解 4

問題解説

1 は腐敗、2 は変質、3 は発酵、5 は酸化型変敗（酸化または酸敗）のことです。

(36) 正解 5

問題解説

MS と食の安全性は関係がありません。

(37) 正解 3

問題解説

3. 個食は、家族が一緒に食事をしても、各自ばらばらなメニューであるようなことを意味します。一人で食べることは、孤食といいます。

(38) 正解 2

問題解説

2. メーカーや卸売業者、小売業者が自社製品の「在庫を処分するため」の小売店とは、アウトレットストアを指します。ディスカウントストアは実用品を中心に、総合的に商品を取り揃えた「低価格」の小売店のことをいいます。

(39) 正解 1

問題解説

1. 正解は Point Of Sales System です。
2. 商品開発、販売促進の基本は、消費者の動向を追うことです。
3. バーコードを読み取ることにより、「何が、いくつ、いくらで売れたか」を記録することができます。
4. 商品の情報とともに、それを購入したお客様の情報を入力することで、より細やかな消費者動向を知ることができます。
5. その他、日々の売上、粗利益の集計も瞬時にできるようになりました。

(40) 正解 4

問題解説

4. 内食ではなく、中食の説明です。内食と中食の違いは調理労働の担い手の有無で、内食は基本的に食事を摂る家族の誰かが、その食事のための調理労働を担っています。家で作ったおにぎりを出先で食べれば、これは内食の延長線上にあるものとみなされ、コンビニエンスストアで購入した弁当などを家庭に持ち帰って食べれば、この行為は中食となります。

(41) 正解 1

問題解説

1. 支払い条件についてはケース・バイ・ケースで、不透明、不明確さが指摘されています。
2. 委託販売の説明です。売れ残った商品は返品されます。
3. 販売協力金の説明です。売り場の改装、催事、広告などの費用は、卸売業者やメーカーが負担します。
4. 建値制度の説明です。卸売業者と小売業者の仕入れ価格の格差をなくすことで、店頭での安売りを防ぐことができますが、この制度は消えつつあります。現在では、特売価格を小売店側が決めて、メーカー側がそれに従うという仕組みに変化しつつあります。

5. 返品制度の説明です。消費者側からは「流通コストが高くなる」「取引が不透明」などの指摘を受けていますが、メーカー側は「返品を認めないと安売りされ、商品イメージがダウンする」などと、互いの意見は食い違っています。

(42) 正解 4

問題解説

1. ロジスティックスの説明です。
2. SCM（サプライチェーンマネジメント）の説明です。3級での取り扱いはありませんが、何度か過去に出題された用語ですので押えておきましょう。
3. グリーンロジスティックスの説明です。
4. ジャストインタイム物流は、家電メーカーではなく、トヨタ自動車が確立した生産方式を物流に応用したものです。
5. 物流の説明です。

(43) 正解 3

問題解説

3. 一つの集団ではなく、一人ひとりにターゲットを合わせたマーケティングのことです。

(44) 正解 3

問題解説

1、2.　円高は円の価値が上がり、円安は円の価値が下がることです。

4. GMO（遺伝子組換え農産物）ではなくGATT（関税および貿易に関する一般協定）のことです。
5. インフレでは、お金の価値が下がります。

(45) 正解 4

問題解説

4 は直接税です。直接税には他に、所得税、法人税、贈与税などがあります。

(46) 正解 3

問題解説

ダイオキシンは、水に溶けにくく、脂肪に溶けやすい性質です。

(47) 正解 1

問題解説

リサイクル法の対象商品は、ガラスびん、PET ボトル、紙製容器包装、プラスチック製容器包装です。アルミ缶は、義務はありません。

(48) 正解 2

問題解説

2. 味噌は大豆製品のため、「米トレーサビリティ法」の対象にはなりません。

(49) 正解 1

問題解説

1. 先進国において、低い水準にあります。

(50) 正解 5

問題解説

1. 食品衛生法に関する説明です。
2. HACCP に関する説明です。
3. PL 法に関する説明です。
4. 牛肉トレーサビリティ法に関する説明です。
5. 特定保健用食品の説明です。

索引

数字・アルファベット

3R. 280
3 大アレルゲン 167
3 大栄養素. 27
3 大合併症. 54
5 大栄養素. 27
22 食品群 161,162
ADI 208
A 型豚インフルエンザ 211
B to C. 284
BSE 209
COVID-19. 211
DDT 209
e コマース 284
GDP 258
GMO. 206
HACCP. 273
JAN コード .227
JAS 規格. 172,274
JAS 法 154,274
O-157. 186
PCB 209
PL 法. 277
POP 229
POS システム 226
QOL 224
SF 商法 268
TPO 125
WHO. 20

あ行

アイランド陳列. 229
アウトレットストア. 233
和える 114
亜鉛. 38,39
青菜に塩 130
秋茄子は嫁に食わすな 131
秋彼岸 80
揚げる 114,115
あしらい. 120
アナフィラキシーショック 167
アネロビクス 60
アポイントメントセールス 267
アミノ酸. 28
アミラーゼ. 47,48
洗う. 114
粗利益 227
アレルギー表示 167
アレルゲン. 167
泡立てる 114
安静時代謝量 44
塩梅. 133
胃 48
イオウ 39

域内消費……90
医食同源……133
委託販売……239
一汁三菜……102,103
いちょう切り……112
一店一帳合制……239
一般 JAS マーク……172
遺伝子組換え……156,205,206
遺伝子組換え農産物……205,206
イニシャルフィ……234
鰯七度洗えば鯛の味……132
インスタント食品……150,202
インフレーション……259
ウイルス……186,187
ウエルシュ菌……189
魚心あれば水心……132
雨後の筍……131
内食……224
移り箸……127
器……122,123
独活（うど）の大木……131
海背川腹……132
盂蘭盆……80
売れ筋商品……227
運動……59,60
運動時代謝量……44
エアロビクス……60
衛生管理……195
栄養……20,59
栄養学……21
栄養障害……186
栄養成分表示……168
栄養素……20,49,190
エキナカ……225,226
えぐい渋いも味のうち……131
エスニック料理……105
エネルギー代謝……43
海老で鯛を釣る……132
恵方巻き……80
塩蔵法……201
円高……259
嚥下（えんげ）運動……48
エンドスルファン……209
エンド陳列……229
円安……259
おいしさの要因……96
黄色ブドウ球菌……186,188
大晦日……80
沖の？（はまち）……132
お食い初め……85
送りつけ商法……268
お七夜……85
押付販売……240
おとそ……80
帯祝……86
オレオレ詐欺……269
卸売業者……242
卸の中抜き……243
オンラインショッピング……284

か行

カード社会……285

外食 225
会席料理 103
懐石料理 103
化学的加工 152
化学的消化 47
化学的変化 199
化学的要因 98
化学物質 187
鏡開き 80
かき箸 127
確定申告 263
加工食品 38,94,150,151,156,160
加工乳 173
加工年月日 159
賀寿 84
可処分所得 261
かしらひだり 121
かたり商法 269
火中の栗を拾う 131
活性酸素 31
かつらむき 113
カテゴリーキラー 233
カテゴリーでの分類 150
カビ 200
カビ毒 187
加盟店 234
加盟料 234
鴨が葱をしょってくる 131
芥子は気短かものに掻かせろ 133
ガラス食器 123
カリウム 39
カルシウム 27,38,39,49
カロリーベース自給率 288
川上 242
川下 242
川中 242
環境ホルモン 208
間接税 262
間接流通 243
感染型 186,188
乾燥法 201
かんばん方式 245
カンピロバクター 186,188
還付申告 263
灌仏会 80
還暦 84
機会損失 245
機械的消化 47
危害分析重要管理点 273
企業物価指数 258
喜寿 84
基礎代謝 43,44,59
基礎代謝量 43,46
逆性石けん 194
キャッチセールス 268
キャリーオーバー 208
吸収 47
吸収率 49
牛肉トレーサビリティの情報例 276
牛肉トレーサビリティ法 275
牛乳 158,167,173
休養 59,60,61

狂牛病……209
業種……232
業態……232
共同配送……247
郷土料理……89
供給熱量食料自給率……288
切る……112,114,115
金婚式……86
銀婚式……86
緊張エネルギー量……44
クーリングオフ制度……266
クイックレスポンス……247
空気遮断法……201
腐っても鯛……133
くし形切り……113
クリーニング商法……270
グリーンロジスティックス……246
グリコーゲン……30,47,60
クリスマス……80
クレジットカード……285
燻煙法……201
ケ……78
経営指導料……234
経済指標……258
景品表示法……275
欠品……245
健康……20
健康寿命……24,59
健康障害……186
健康増進法……154,274
源泉徴収……263
倹約遺伝子……53
原野商法……270
恋人商法……267
抗菌……195
高血圧症……52,55
高病原性鳥インフルエンザ……210
公正マーク……173
交配……205
酵母……200
小型球形ウイルス……189
五感……97,115
古希……84
国税……261
穀物自給率……288
小口切り……112
小正月……80
孤食……24,96,225
個食……24,96,225
五色……115,116
五節句……78
こねる……114
個別5品目……161
五法……115
五味……97,115
ゴミゼロ運動……281
込み箸……127
コラーゲン……36,39
コレステロール……30,36,55,56,173
コンビニエンスストア……159,225,226,232,233
コンポスト……281

婚礼……85

さ行

細菌性食中毒……186
さいの目切り……113
催眠商法……268
逆さ箸……127
先入先出陳列……229
探り箸……127
ささがき……111,112
刺し箸……127
殺菌……194
サプリメント……35,38
サルモネラ菌……186,188
酸化型変敗……199
産業の空洞化……260
傘寿……84
山椒は小粒でもぴりりと辛い……131
山水の法則……120
三枚おろし……113
三里四方の野菜を食べろ……132
残留農薬……209,274
直箸……127
死去……85
嗜好……98
仕事エネルギー……43
脂質……27,35,47,168,199
自然環境……98
自然毒……187
七五三……80,85,86
実験商法……269
しちせき……79
漆器……123
卓袱料理……104
死に筋商品……227
死の四重奏……52
脂質異常症……29,52,56
島陳列……229
社会環境……98
しゃくし……109
ジャンブル陳列……229
収入……261
ジャストインタイム物流……245
十二指腸……48
十三参り……85,86
重量ベース自給率……288
熟成……200
旬……94,95,102,104
循環型社会システム……280
旬の盛り……94
旬の名残り……94
旬の走り……94
旬はずれ……94
升（しょう）……99
上巳……79
消化……20,47,48,49
商慣行……239
正月……80
消極的休養……61
精進料理……80,81,85,104
小腸……48
消毒……195

消費期限 ……158,229
消費者 ……224,242
消費者起点流通 ……245
消費者物価指数 ……258
商品陳列 ……228
菖蒲の節句（あやめの節句） ……79
賞味期限 ……158
磁器 ……123
除菌 ……195
食あたり ……186
食育基本法 ……21
食塩相当量 ……168,169
食材別の切り方 ……112
食事のマナー ……125
食事バランスガイド ……22
食生活学 ……21
食生活指針 ……22
食体験 ……98
食卓の席次 ……129
食中毒 ……186
食中毒予防 ……193
食品安全基本法 ……275
食品因子 ……31
食品衛生法 ……154,195,202,209,274
食品加工 ……151,152
食品添加物 ……38,89,157,206,208,274
食品などの数え方 ……98,99
食品の化学変化 ……199
食品の成分による分類 ……150
食品の凍結点 ……202
食品の分類 ……150
食品の保存方法 ……200
食品表示法 ……154,168,274
食品マーク ……171
食品容器包装 ……154,156,167
食品リサイクル法 ……278
植物性自然毒 ……187
植物性脂肪 ……29,55
植物性食品 ……50,150
食文化 ……53,90,96,98,130
食物繊維 ……29,30,31,53,54,55,169
食料自給率 ……288
ショッピングセンター ……233
所得 ……261
脂溶性ビタミン ……29,35,37,40
新型インフルエンザ ……210
新型コロナウイルス ……211
申告納税 ……263
心臓病 ……38
人日 ……79
身土不二 ……90
心理的要因 ……98
水産物 ……150,155,160,162,277
垂直陳列 ……229
水平陳列 ……229
水溶性食物繊維 ……30
水溶性ビタミン ……35,36,40
スーパーバイザー ……234
スーパーマーケット ……232
スーパーマーケットのグループ化 ……232
スタグフレーション ……259

ストレーナー 109
ストレス................. 21,55,60
スローフード 90
世界保健機構 20,273
生活習慣病.............. 22,52,59
生活の質 59,224,260
生産額ベース食料自給率............ 288
生産者 242,243
生産情報公表 JAS マーク.......... 172
生産形態 150
生産流通履歴情報把握システム...... 275
静菌.......................... 195
精神的疲労.................. 60,61
生鮮食品 150,154,160
生鮮食品に近い加工食品........... 161
製造年月日.................... 159
製造物責任法.................. 277
制度価格 239
生物的加工.................... 152
生物学的消化 47
西洋料理 105,121,128
生理的要因..................... 98
世界の食べ物・飲み物 106
世界の料理.................... 105
セキュリティ技術............... 285
セキュリティ問題............... 284
せせり箸 127
節供...................... 78,79
積極的休養..................... 61
節句........................... 78
石けん洗浄.................... 194
摂食障害 45
節分........................... 80
背開き 113
セレウス菌 186,189
せん切り...................... 112
洗浄................... 194,195
洗浄剤 195
潜伏期間 188,189
ゼロエミッション 280
全頭検査 210
蠕（ぜん）動運動................. 47
倉庫機能 247
総菜................... 225,226
相乗効果 98
そぎ切り 113
促成栽培 89,95
卒寿........................... 84
そら箸 127

た行

ダイエタリーファイバー 30
ダイエット 45
ダイオキシン類 208
代謝........................... 43
大腸........................... 49
対比効果 98
唾液........................... 47
炊く.......................... 114
たたき箸 127
立て塩 201
建値制度 239

棚落ち……227
棚からぼたもち……135
七夕……79
多頻度小口物流……235,245,246
食べ物にまつわる言葉……130
端午……79
短冊切り……112
誕生……85
炭水化物……27,29,168
胆石症……56
たんぱく質……27,28,49,168,190,199
抱合わせ販売……239
地域自給……90
地域特産品認証制度……173
チェーンストア……234
畜産物……150,160,162,277
地産地消……90
窒素……28
地方税……261
チャネル……243
チャンスロス……245
中国4大料理……105
中国5大料理……105
中国料理……105,128
腸炎ビブリオ菌……186,188
腸管出血性大腸菌……189
重陽……79
調理器具……108
調理の目的……108
調理方法……114
直接税……262
直接流通……243
貯蔵エネルギー……43
チルド食品……202
ついで買い……229
通過儀礼……78,85
月とすっぽん……133
月見……80
漬物法……201
強火の遠火で炎を立てず……134
デート商法……267
手洗い……196
低温法……201
ディスカウントストア……233
テクスチャー……98
手塩にかける……134
鉄……39,50
鉄分……50,54
デパートメントストア……232
デパチカ……225,226
デビットカード……285
デフレーション……259
デフレスパイラル……259
デポジット……281
電子商取引……284
電子マネー……236
斗(と)……99
陶器……123
糖質……27,29,47,169
冬至……80
糖尿病……52,54
動物性自然毒……187

動物性脂肪 29,53
動物性食品 50,150
動脈硬化 29,56
豆腐にかすがい 134
時知らず 95
特異動的作用 43
毒素型 186,188,189
土産土法 89
特色 JAS マーク 172
独占禁止法 240
特定 JAS マーク 172
特定危険部位 210
特定原材料 167
特定保健用食品 173
特別栽培農産物 171
特別用途食品 173
ドラッグストア 232
ドリップ 193
トリフェニルスズ 209
トリプシン 48
トリプチルスズ 209
トレーサビリティ 275

な行

ナイアシン 36
内職商法 269
中食 225
ナショナルブランド 261
ナトリウム 38,39,168
七草 79
斜め切り 112
生酢 / 鱠 / 膾 102
涙箸 127
煮上げ 115
新嘗祭 80,81
煮切り 115
握り箸 127
肉体的疲労 60,61
煮こごり 115
煮転がし 115
煮しめ 115
煮つけ 115
日配品 229
煮ても焼いても食えぬ 134
日本食品標準成分表 150
日本農林規格 172,274
日本料理 102,120,126
二枚おろし 113
煮物 102,115
乳飲料 173
乳酸 60
煮る 114,115
濡れ手で粟 132
ネガティブオプション 268
猫に鰹節 134
値ごろ感 261
ネット通販 235
熱エネルギー 43
熱量 168
ねぶり箸 127
年中行事 79,80
年末調整 263

農産物……150,154,162
脳卒中……38,55
ノニルフェノール……209
ノロウイルス……189

は行

バーコード……226
バーチカル陳列……229
ハイパーマーケット……232
白寿……84
派遣店員制度……240
箸使い……127
発酵……200
初節句……85
初誕生日……85
初宮参り……85
初物……94
花見過ぎたら牡蠣食うな……133
花より団子……134
腹開き……113
春彼岸……80
ハレ……78
パワーセンター……233
半月切り……112
パントテン酸……36
販売協力金……240
販売時点情報管理……226
ビオチン……37
ヒスタミン……187
ビスフェノール……209
微生物……190,195,199,200
ビタミン……27,35,190
ビタミン B_1……27,36
ビタミン B_2……36
ビタミン B_6……36
ビタミン B_{12}……36
ビタミンA……35,37
ビタミンC……36
ビタミンD……27,37
ビタミンE……37
ビタミンK……37
必須アミノ酸……28
非ヘム鉄……50
肥満……29,30,53
肥満症……52
病原菌の増殖……190
拍子木切り……112
漂白剤……194
貧血……36,54
品目別食料自給率……289
ファストフード……90
フードファディズム……169
フードプロセッサー……109
フードマイレージ……244
フィトケミカル……31
フェイス……228
袱紗料理……102
河豚（ふぐ）は食いたし命は惜しし……133
ふたり箸……127
物価……258
物価指数……258
物流……243,247

物理的加工 152
物理的要因 98
物流 242,247
物流センター 247
ブドウ糖 29,30,54
腐敗 199
不溶性食物繊維 30
フランチャイザー 234
フランチャイジー 234
フランチャイズチェーン 234
振り込め詐欺 269
ブロードバンド 285
プライベートブランド 261
プリオン 209
プリペイドカード 285
米トレーサビリティ法 276
ペプシン 48
ヘム鉄 50
変質 199
変敗 199
返品制度 239
米寿 84
包丁 109,110,111
報奨金 240
ホームセンター 233
ホームミールリプレースメント 226
ホールセールクラブ 233
ポジティブリスト制度 209
ポストハーベスト 209
ボツリヌス菌 188
ホリゾンタル陳列 229
本膳料理 102
本部 234

ま行

マーチャンダイザー 234
まき塩 201
マグネシウム 39
マスマーケティング 228
混ぜる 114
窓口問屋制 247
マネーストック 258
迷い箸 127
マルチ商法 266,268
マンガン 39
慢性疲労 60
ミールソリューション 225
蜜柑が黄色くなると医者が青くなる 135
みじん切り 112
水 31
ミネラル 27,38
茗荷を食えば物忘れする 132
無季 95
無機質 38
無酸素性運動 60
蒸す 109,114
無店舗販売 235
メーカー希望小売価格 240
目玉商品 229
滅菌 195
もぎ箸 127
餅は餅屋 135

索引

持ち箸……127
盛り付け……120,121

や行

焼く……114,115
薬食同源……133
病は口より入る……135
有害微生物……194,201
有機酸……200
有機 JAS マーク……171
有機農産物……171
有酸素性運動……60
雪平鍋（行平鍋）……109
ゆでる……114
容器包装リサイクル法……278
葉酸……37
ヨウ素……39
用途による分類……150
抑制効果……98
抑制栽培……95
横箸……127
寄せ箸……127

ら行

乱切り……112
リサイクル……171
リサイクルマーク……174
リターナブルマーク……174
リデュース……280
リードタイム……245
リバウンド……45
リベート……240
流通……89,242
流通経路……243
リユース……174,280
両端陳列……229
リン……38,39
累進課税制度……261
霊感商法……269
冷凍食品……150,202
レギュラーチェーン……233
レトルト食品……150,202
レトルトパウチ食品……202
ロイヤリティ……234
ロジスティックス……246

わ行

和牛……156
輪切り……112
和食の五……115
渡し箸……127
われ鍋にとじぶた……135
割戻し金……240
ワントゥワンマーケティング……228

pass：shoku005

著者紹介

【執筆】

村井 美月（むらい みづき）

株式会社ワークスプランニング代表取締役。　http://www.works-p.com/

一般社団法人 日本栄養睡眠改善協会 代表理事

http://eiyo-suimin.jp

一般社団法人 FLAネットワーク協会　食生活アドバイザー®公認講師

食生活（栄養・健康・食材）に関する企画・執筆、講師育成などに従事している。

食生活における講師としても大学や専門学校、また全国各地で講演活動をする。

女子栄養大学卒。同大学院にて修士（栄養学）取得。

NPO法人　岡山コーチ協会 理事（食育指導コーチ）

NPO法人　睡眠時無呼吸症候群ネットワーク理事

著書：「3ステップで最短合格！食生活アドバイザー®検定2級テキスト＆模擬問題」（秀和システム）、「快眠は作れる」（角川新書）、「朝ごはんで人生を成功に導く方法」（電子書籍　アドレナライズ）、「マンガでわかるうつゼロ」（マキノ出版）他。

株式会社ワークスプランニング編集チーム

市野 由美（改訂版・企画・執筆協力）

食生活アドバイザー®公認講師／介護食士／調理師／スーパーフードアドバイザー／栄養睡眠改善トレーナー／企画・ライター

血糖値コントロールを意識した食事や介護食、作り置きやリレーレシピによる時短技を提案。

食セミナーや調理実習など多数開催。

実践的な調理法の指導には定評がある。

亀井　里恵

パーソナルトレーナー（NESTA-PFT）／ヨガインストラクター／ピラティスインストラクター／食生活アドバイザー®

整体院やヨガスタジオでの指導経験を持つ。

現在は整体院で機能改善やダイエットのためのトレーニング指導や食事のアドバイスを行っている。

■ カバーデザイン：三枝未央

■ 校正：株式会社新後閑

3ステップで最短合格！
食生活アドバイザー® 検定3級
テキスト&模擬問題［第5版］

発行日　2023年　2月25日　第1版第1刷

著　者　一般社団法人FLAネットワーク協会
食生活アドバイザー® 公認講師　村井　美月

発行者　斉藤　和邦
発行所　株式会社　秀和システム
〒135-0016
東京都江東区東陽2-4-2　新宮ビル2F
Tel 03-6264-3105（販売）Fax 03-6264-3094
印刷所　三松堂印刷株式会社　Printed in Japan

ISBN978-4-7980-6902-9 C2034